シンボル化の政治学

政治コミュニケーション研究の構成主義的展開

烏谷昌幸
Karasudani Masayuki

新曜社

はじめに

本書誕生のきっかけを辿れば、二〇一一年三月の福島原発事故へと行き着く。事故を契機として多くの人が日本の原子力政策の歴史的淵源に関心を向けるようになった。広島、長崎の原爆被害を経験したはずの日本が、なぜかくも原子力政策に熱心な国になり得たのかという疑問が多くの人によって繰り返し問われたことは周知の通りである。

この問題について長らく考えるうちに、筆者はやがて敗戦後の多くの日本人にとって原子力が「希望のシンボル」であったという仮説が決定的に重要であるとの確信を抱くようになった。この仮説の妥当性を論証するためには、日本人にとっての原子力技術が広島、長崎の悲惨な記憶と結びついた「恐怖のシンボル」から豊かな未来をもたらす「希望のシンボル」へと転換されていった過程を詳細に論じなければならない(1)。つまり、原子力のシンボル化のプロセスが明らかにされなければならない。

そう思い至ってシンボル論についての既存研究の調査に取り掛かったのだが、始めた当初はいくつかの主だった学説を参考にすれば、原子力問題の調査や分析の助けにもなるだろうという程度の認識でしかなかった。シンボルに関する議論の歴史は古く、その源流を辿ろうとすればアリストテレスの『命題論』にまで遡ることができるといわれている(2)。近現代の人文、社会科学においても実に多くの人がこの問題を論じてきたはずであって、今更このテーマについて正面から本格的に取り組み、何か新しいことが言えるとは到底思えなかったからである。

おそらくこれは多くのメディア研究者や一部の政治学者にも共通していることではないかと思われるが、シンボル論は意識の片隅でそれなりに気にかけるものではあっても、新しく挑戦すべきメインテーマとは思われにくいのが今日の一般的感覚なのである。

現代政治シンボル論の代表的研究書『政治の象徴作用』を執筆したマーレー・エーデルマンの存在も、政治シンボルという研究テーマを筆者が敬して遠ざけてきたひとつの理由であった。筆者が所属していた政治コミュニケーション研究を専門とする慶應義塾大学大学院法学研究科の大石裕研究室[3]では、異色の政治学者エーデルマンはレジェンドとしてリスペクトされていた。だが、彼の文章は、随所に印象深い洞察をちりばめ深遠な理論研究の薫りを漂わせながらも、その全体像を掴み取ることが若い頃の筆者には極めて困難に思われた。政治シンボルというテーマは押さえておくべき重要なテーマではあるものの正面から取り組めるテーマとは思えなかったのである。

だが、シンボル論に関する文献を読み進めるうちにエルンスト・カッシーラーやスザンヌ・ランガーらの著作と出会うこととなった。そしてこの出会いを通して、筆者は「シンボル化の政治学」なるものについて漠然とした考えを抱くようになり、やがて、その研究に正面から本格的に取り組む決意を固めるに至ったのである。二〇世紀初頭、言語学、人類学、精神分析学の領域を筆頭に、シンボルや記号についての極めて重要な研究成果が集中的に現れた。それら研究成果を人文、社会諸科学の広範囲の領域から貪欲に摂取することで生まれたカッシーラーの「シンボル形式の哲学」、またその成果を継承したランガーの「シンボルの哲学」は筆者にとって極めて衝撃的なものであった。

端的にいえば、現代の政治コミュニケーション研究を新たに根本から基礎付け直すことを可能にする極めて重要な考察が、「シンボル論」という形で展開されていたのではないか[4]。しかし、これまでのところ多くの人はその研究の深まりの意義や可能性についてほとんど気づかないか、あるいは不当に軽視したままきてしまったのではないか、というのが筆者の得た正直な直感であった。あるいは、こう言い換えてもいいかもしれない。つまり、政治コミュニケーション研究と隣接するメディア社会学の領域においては、二〇世紀の後半、現象学的社会学や記号論の成果が咀嚼され、マクルーハンのメディア論やカルチュラル・スタディーズ[5]が広く流布し、フーコーの言説分析や批判的言説分析についての議論が受け入れられてきた。こうした蓄積の上に立って初めて、カッシーラーやランガーのシンボル論の根本的重要性がはっきりと見えるようになってきたということなのかもしれない。

もちろんエーデルマンはカッシーラーやランガーの世代において生じた知の転回の意義を早くから理解して独自の政治シンボル論を打ち立てたし、エーデルマンの先駆的業績に導かれるようにして後続の政治学者や社会学者たちが重要な道を切り拓いてきたことも事実である（Cobb & Elder 1983; Gamson 1988; 大石 1998, 2005）。第1章冒頭で取り上げるアメリカの政治社会学者ウィリアム・ギャムソン、チャールズ・エルダーとロジャー・コッブ[6]、日本の政治学者石田雄[7]、大石裕は本書に先立って、まさにこの道を歩いた先行者といえる。本書ではこれらのうち、ギャムソンや大石によって示された立場を政治コミュニケーション研究の構成主義と呼ぶことにするが、この先行研究を前進させる重要な原動力として機能していたシンボル論の意義がいまや正面から本格的に研究されるべきであり、より一層広い領域へと押し広げていくべきだと思われるのである。

とりわけ、人間が自らの経験を絶えずシンボルへと置き換えることを欲する根源的な「シンボル化（symbolic transformation）の欲求」（Langer 1957=1960）を持つというランガーの学説は、現代の政治シンボル論における基礎理論となるべきものだ。われわれは未だに古代の哲学者がつくり出した主観／客観の概念図式で認識論の基礎について考えようとする傾向が強いが、この概念図式はもはや現代の政治コミュニケーション研究を牽引する力を失っているように思えてならない。シンボルがいかにして人間の感情と深く強く結びつくのか、あるいは「強いシンボル」がいかにして人間の潜在的欲望を可視化するのか、そしてそれら人間の感情や欲望と密接に繋がる「強いシンボル」が、政治や経済の領域に取り込まれて、どのように利用されていくのかを注意深く観察するための理論的枠組みを構想していくことが必要である。

動物としての人間が根源的欲求として「シンボル化の欲求」を持つという点から出発して、現代の政治コミュニケーションに関わる諸現象、メディア社会の様々な問題を考えるための理論的枠組みを構築していくことができるのではないかというのが、筆者が思い描く「シンボル化の政治学」の構想であり、本書はその試論的考察の成果である。

この研究の主眼は、第1章後半部分で提示するように、ランガーの問題意識を政治学的な文脈において展開してみるところにある。つまり、個人的な次元で「シンボル化」を論じるのではなく、政治シンボルと社会の循環プロセスに焦点を当てること、また集合的なシンボルが構築されていく局面を概念的に切り出してその分析に着手するというのが本書の最大の狙いといってよい。ここで提示されることになる「政治シンボルと社会の循環図式」、また「結晶化」、「浸透」、「転換」というシンボル化の集合的次元を分析するためのカテゴリーこそは、本書の最大の収穫であり、「シンボル化の政治学」の今後の研究の方向性を具体的に示すものでもある。

だが、「シンボル化の政治学」を始めるということは、新しい研究の枠組みを提示するということにとどまらない。これまでの政治コミュニケーション研究、メディア研究に有益な成果をもたらしてきたものの根拠を改めて辿り直すことも同時に必要とされているように思われる。例えばシンボル論は、近年大きな注目を集め、また広く批判されてきたメディア・イベント論の意義を再評価するための重要な補助線になり得るであろう。私見では、カッツとダヤーンが象徴人類学を踏まえながら論じたメディアの創出する「非日常的」時間なるものは、「強いシンボル」を創出する極めて重要な社会的条件であり、シンボルの社会的生産過程を考える上で有益な示唆に富むものなのである。

また近年の日本のメディア研究においては、メディア史の領域において極めて豊かな研究業績が生み出されていることが印象的である。メディア史の研究者たちの生産力の秘密に迫るような考察が真剣に行われる必要があるが、シンボル論はまぎれもなくメディア史の研究に重要な貢献を行っているようにみえる。
メディア史から学ぶべき重要な示唆のひとつは、政治の象徴性（第1章第2節を参照）というテーマへの理解が歴史的な文脈を通して一層深められるということだ。例えばシンボル論の重要性に注目しながらメディア史という研究ジャンルを発展させてきた代表的研究者である佐藤卓己は、ドイツの著名な歴史学者であるジョージ・モッセの「シンボル政治史」の意義を解説する文章の中で次のようなことにさらりと触れている。

それにしても、モッセが儀礼とシンボルと演劇の黄金時代である十七世紀バロックの政治史を専門としていたことが、本書を読み解く鍵ともなる「シンボル」——理念を可視化し政治運動を発展させる手段——の独自な概念を確立するのに役立ったことは容易に想像できる。（佐藤 1994: 362）

ここで示唆されているのは、時代によって人々が抱える「シンボルへの衝動」（Mosse 1975=2021: 27）に大きな違いがみられるということだ。「強いシンボル」のホットスポットと呼び得る時代や地域、あるいは争点を敏感に発見し、資料的に読み解いていくメディア史の研究者の嗅覚から学び取れるものは極めて多いであろう。
興味深いのは、こうした発想がおそらく現代シンボル論に先鞭をつけたカッシーラーの世代の問題意識と逆向きにみえることだ。一九二七年に刊行された重要な著作である哲学者アルフレッド・ノース・ホワイトヘッドの『象徴作用』においては、冒頭次のような記述がみられる。

いろいろな文明時代を少し調べてみただけで、それぞれの時代が象徴作用（symbolism）というものに対しても つ態度に、大きい差異があることがわかってくる。例えばヨーロッパの中世においては、象徴作用は人間の想像力を支配したように思われる。建築は象徴的であったし、儀式もそうであったし、また紋章も象徴だったのである。しかし宗教改革とともに、ある反作用が始まった。ひとびとは、「空しく創案された愛玩物」としてのさまざまな象徴を排除しようとし、究極的な事実というものを、直接に把握することに熱中したのである。

しかしその種の象徴作用は、生活の周辺に存在するものであって、それはみずからの成り立ちの中に、どうしても必要だとはいえない要素をもっている。ある時代でそれが獲得され、他の時代で棄て去られるということの事実は、まさにその種の象徴作用の浅薄な性格を証明するものである。

それよりはもっと根深いタイプの象徴作用が存在するのであって、それらはある意味で人為的ではあるが、それなしにはわれわれが生活し得ないていのものである。書かれたり話されたりする言語は、この種の象徴様式の一つなのだ。一つの語の単なる発声音や、紙に書かれたその語の外形、といったものはなんでもないが、その語は一つの象徴であり、その意味は、それが聴くひとの心の中に惹起するところの、さまざまな観念や心象、感情によって構成されるのである。（Whitehead 1927=1980: 11–2）

歴史学者はある時代に固有のシンボルの姿を克明に記述しようとするが、ホワイトヘッドは哲学者として、時代を超えた人間とシンボルの根本的関わりに研究の焦点を絞ろうとしたのであろう。人間を「シンボルを操る動物」と呼んだカッシーラーが同様の問題意識を持っていたことも容易に想像できる。二〇世紀の前半において、哲学者たちが人間とシンボルの根本的関わりについて極めて重要な研究業績を残したことは間違いのない事実である。今日、改めてシンボルの研究を行おうとする者は必ずやその業績の真価に触れることが必須であろう。

だが、本書の目的はあくまでも政治コミュニケーション研究の領域において、シンボル論を展開させていくことにある。この領域においては、ホワイトヘッドが「浅薄な」シンボル作用と呼んだものに、時に人々が己の人生の全てを捧げて死んでいくことさえあるという事実にこそ眼を向けなければならない。そもそも今純粋に理論的な関心のみに基づいて、改めてカッシーラーやホワイトヘッド、ランガーの著作を熱心に読み返そうなどという人間は、哲学を専門とする研究者以外にほとんどいないであろう。本書が一九五〇年代の日本社会において原子力が「希望のシンボル」であったことに心底驚くところから出発したように、大なり小なり「浅薄な」シンボル作用に驚いた経験をもたない人間が、人間にとってシンボルとは何かということを切実に考えたりするであろうか。

原子力の事例に限らず、歴史的に振り返ってみれば「浅薄」にしかみえない過去のシンボル作用の例は無数に挙げられるだろう。例えば、かつての日本人が天皇の御真影を守るために、火事で燃えさかる炎の中に飛び込んで何人もの人が殉職を遂げた（岩本 1989）などと聞いても、今日のわれわれからすれば、ただ信じ難い気持ちになるばかりだ。しかし、たかが一枚の写真のために人間が命を賭けることがあるという事実に驚き、目を見張ればこそ、人間の生身の命と等価交換されるほどの「強いシンボル」がいかにして社会的に生み出されるのかということが切実に問われるようになるのではないだろうか。

さて、ここでごく手短にシンボル概念の基本的説明を先に行っておこう。

まずシンボルは、抽象的な理念、概念、意味を具体的に表すものと定義することができる。例は無数に挙げることができるだろうが、一九九〇年代に出版ブームの観を呈した「シンボル辞典」の類には古今東西の著名なシンボルの事例が満載されていて、眺めていて飽きることがない。人物、動物、植物、鉱物、身体の部位、色彩や形、身の回りの調度品や自然現象、あらゆるものが古今東西の民族の文化の中でどのような象徴性を帯びていたかが細やかに紹介されている。これら無数のシンボルのリストをみればよく分かることだが、原則として、人間の心を捉えるものであれば、どんなものでもシンボルになり得る。いずれであっても抽象的な意味や概念と結びつけられる場合、それらはシンボルと呼ばれることになる。

富士山という際立った特徴を持つ印象的な山が、人々に「日本」を連想させる大きな力を持つように、シンボルの持つもっとも基本的な政治的機能は、人々の間に共通の認識、感情をつくり出す点にある。人間集団の規模が大きくなればなるほど、共通認識を創出することは困難を極めていく。コミュニケーション概念の一般的な説明を行う際に、われわれは今でも一対一の向かい合った二人の人間の相互作用を想定して考えることが普通である。この場合情報のやり取りを通して、「意味の共有」をはかることは比較的容易だ。しかし巨大な人間集団の中に共通認識、共通感情を生み出すことは至難の技であり、それを維持していくことも容易ではない。シンボルとは、人間がその恐ろしく困難な課題に挑戦する際に古くから用いてきた不可欠の資源なのである。

シグナル（信号）を用いたコミュニケーションはほとんど全ての生物が行っているものであるが、シンボルを駆使して「意味の宇宙」をつくり出すことができるのは人間だけである（Cassirer 1944=1997）。人間は幼児期の言語学習を通して、シンボルを操る力を徐々に獲得し、「意味の宇宙」への鍵を手に入れる。人間はシンボルに通じることなく意味の世界に接近することはできない。シンボルこそが意味の世界の扉を開く鍵であり、アン・サリバンの導きによって「言葉」の存在を知ったヘレン・ケラーの劇的な物語が教えるように、その扉を開く以前と以後とでは人間の経験の豊かさは天と地ほども違うのである（同：79-83）。

個々のシンボルが他と関連づけられてひとつの体系だった「意味の宇宙」をつくり出しているような場合、それらシンボルの結合プロセスや集合体をシンボリズムと呼ぶ。シンボルのネットワークを紡ぎあげながらシンボリズムをつくり出す人間の能力と情熱こそが、宗教、芸術、科学を生み出すことを可能にしてきたといってよい。

シンボルという言葉を聞いて多くの人が思い浮かべるもっとも一般的なイメージは、ナチスの鉤十字やアメリカの星条旗、日本の日の丸のような旗ではないかと思われる。あるいは日本人の多くは象徴天皇制のことを連想するかもしれない。だが、シンボル概念はこれらに限定されるものではない。これらはシンボルとしての機能を事前に期待されて意図的につくられたシンボルであり、ここでは「狭義のシンボル」と呼んでおこう。本書はそれよりも広義のシンボル概念を重視して、「シンボル化の政治学」について考えていきたい。

なお、ここでは特定のシンボル形式が形成され、発展していくプロセスのことを「シンボル形成」と広く呼んでおきたい。シンボル形成は、思いつきでつくった趣味のクラブのシンボル・マークを考えるといった小さな活動から、ある民族の言語発展の長い歴史までを一括りにする幅の広い概念といってよい。シンボル形成に関する学問研究は、これまで幅広い分野で行われてきたが、特に宗教史や芸術史はシンボル形成の研究の宝庫といってよいかもしれない。

例えば、キリスト教徒が胸の前で十字を切る所作をしたり、仏教徒が南無阿弥陀仏や南無妙法蓮華経といった念仏を唱えることは広く知られている。こうした慣習的な所作や一片の念仏は、長い時間をかけて構築されてきたそれぞれの宗教的教義の体系において特有の位置を占め、特別な意味を持つものである。シンボル形成というのは、例えばこうした教義の体系の骨格を構成するシンボルのネットワークを編み上げていく営みのことをいう。

宗教史や芸術史が人間のシンボル形成に関わる豊かな記録に満ちているのは、おそらく、これらの領域が人間の表現動機が強く生じる領域だからであろう。言い換えるなら、「生と死」や「美」の価値というといつの時代においても人間が強い関心を寄せてきた宗教や芸術の領域は、人間の「シンボル化の欲求」が集中的に噴出する領域なのだと考えられる。

そして、政治の領域においても類似の事情が存在するということに眼を向ける時、政治学がシンボルの研究を必要とする理由も自ずと明らかであろう。政治の領域においても人々は表現する強い動機を持っている。単に権勢を誇示したいとか、恐怖心を植え付けたい、好感度をアップしたいなど様々な動機を思い浮かべることはできるが、総じて統治者たるもの人心を掌握し、権力基盤を安定させたいと望むのが普通であろう。また、人心の掌握とまではいかなくとも、いつの時代にもどんなケースにおいても、統治の役割を担う者は、権力基盤を固めて秩序を安定化させるために「統治の正統性」を表現し、演出することを求められる。

政治の領域は、宗教や芸術から深い影響を受けつつも、独自のシンボル形式を発展させる。古くからある指導者の演説やＳＮＳ時代におけるツイッターの活用まで、政治のシンボル形式がどのように開発されてきたのかは興味深いテーマだ。前述したドイツの著名な歴史学者であるジョージ・モッセの『大衆の国民化』はシンボル政治史の名著と言われているが、ここでモッセが中心的に取り組んだのは、大衆民主主義が出現した近代西欧社会の政治領域において、その新たな政治を支えるシンボル形式がどのように開発され普及していったのかという問題であった。

こうしたシンボル形成の問題とランガーのいう「シンボル化（symbolic transformation）」の概念は、密接に関わるものではあるものの、一応区別しておく必要がある。シンボル化は人間が自らの経験をシンボルに置き換えていくことであり、あくまでも、特定のシンボルに自らの感情や記憶や理念を結びつけていくプロセスのことである。なお、社会学者のピエール・ブルデューは芸術の領域を例にしながら、新しいシンボル形式が古いシンボル形式に取って代わるプロセスのことを、「シンボル革命（symbolic revolution）」と呼んでいる（Bourdieu 2017）が、この場合も問題とされているのは「シンボル形成」であることに注意する必要があろう。

最後に、シンボルと記号はどう違うのかという点についても説明が必要であろう。とりわけメディア研究がこれまで記号論の少なからぬ影響を受けてきたことを考えるならば、この二つの概念の異同をどう考えるかは軽視できない。シンボルの研究においては、シンボルやシグナルの概念を包括するより一般的な概念として記号（sign）を想定するのが普通であるが、現代の記号論に大きな影響を及ぼしたフェルディナン・ド・ソシュールの存在が問題を複雑にしている面がある。やや誇張した言い方をするならば、現代思想の領域において、ソシュールの記号論にスポットライトが集中することで、シンボル論は目立たない脇役の座に置かれることになったといってよい。

言うまでもなくソシュールが主張した「記号の恣意性」の考え方は、記号を構成するシニフィアン（意味するもの）とシニフィエ（意味されるもの）の結びつきに必然性がないこと、つまり恣意的な約束事に過ぎないことを強調するものであった。いわば必然的な繋がりを持つわけでもないシニフィアンとシニフィエの結びつきがいかにして生まれてくるのかを主題化することによって豊かな批評の地平を切り拓いたといってよい。

フランスの著名な文学批評家であるツヴェタン・トドロフが、「ソシュールには、象徴的なものが占める場所はない」（Todorov 1977=1987: 445）と指摘する通り、実はソシュールの提唱したシニフィアンとシニフィエという概念は、シンボル概念を否定することによって成立している。ソシュールは、シンボルという概念を用いずにシニフィアンという新しい概念を持ち出した理由について、シンボルが「完全に恣意的であることは決してないという特徴」をもつからだと述べている（ソシュール 2016: 104）。例えば「正義」の象徴の天秤を、戦車のようなものに変えることはできないと述べている（同：104）。シンボルとは対象が持つ顕著な性質を「抽象化」して取り出すところに重要な特徴を有しており、ソシュールが強調した「記号の恣意性」という命題と矛盾する性質を持つのである。

どうやらシンボルと記号の違いは、類似概念の定義をどう切り分けるかという瑣末な定義論にとどまらない奥の深い問題のようである。[8] トドロフはアリストテレスにまで遡って西欧の記号学の歴史的展開の中で様々な立場がどのように枝分かれしていったかを詳細に論じ、その中でシンボル概念を切り落としたソシュール的記号論を位置付けようとした（Todorov 1977=1987: 422-45）。ブルデューは、カッシーラーのシンボル論とソシュールの記号論を統合する理論的立場を模索しながら新たな社会学理論の可能性を模索していたようである（Bourdieu 1991）。

シンボル論と記号論の関わりについて、最後にもう一点触れておきたいのは、日本のメディア研究者山本明の研究である。日本で記号論が脚光を浴びる一九八〇年代に先立ち、六〇年代から七〇年代にかけて山本はシンボル論の視点から興味深い研究成果を残している。広告論をテーマとした『シンボルとしての広告』や、カストリ雑誌に現れるシンボルの解釈を通して敗戦直後の「風俗」を鮮やかに読み解いていった『カストリ雑誌研究』は今日の目から読み返しても新鮮な驚きに満ちた作品である。

『カストリ雑誌研究』のあとがきには、山本が当時勤務先の同志社大学で教授職にあった鶴見俊輔から、スペインの研究者シルロによる『シンボル辞典』の存在を教えられた経緯が紹介されている（山本 1998: 370–1）。山本は、先に触れた日本の出版界における「シンボル辞典」ブームにはるか先駆けてその成果に注目し、研究に役立てたというわけだ。彼はこの辞典から得られる示唆を手がかりに、敗戦後の風俗をシンボル分析の観点から研究し、〈未亡人〉〈接吻〉〈パンパン〉といった言葉が一種の言語シンボルとして当時の人々のどのような意識を象徴するものであったのかを興味深く読み解いていったのである。

「シンボルとしての広告」という考え方は、山本自身の回想によれば一九七〇年代の石油危機に際して発生したモノ不足のパニックによって吹き飛んでしまったという。広告が人々に提供するイメージよりも、直接的なモノの方がよほど大事だという考え方が広告論に大きな打撃を与えたのだという。その後一九八〇年代には消費社会論の流行とともに広告研究も再び華やかな脚光を浴びることになるが、その際にはシンボル論ではなく、記号論が大きな注目を集めることになったことは周知の通りである。山本がその際、次のような感慨を抱いたという事実は、記号論とシンボル論の関わりを理解する上で記憶に留めておいてもよい事実であろう。

> 記号論が流行しはじめても、すぐとびつこうと思わなかったのは、何をいまさらという気もあったし、その理論が歴史について弱いことが不満でもあったからである。（山本 1985: 101）

さて、本書の狙いは大きく分けて二つある。ひとつは「シンボル化の政治学」の構想についてのラフスケッチを描き出してみること。この点については第1章で詳しく論じることとするが、スザンヌ・ランガーの「シンボル化」の概念を集合的次元において敷衍していくための分析枠組みを提示してみたいと思っている。政治シンボルの存在を最初から前提とするのではなく、「強いシンボル」がいかにして社会的に生産され、政治の中に取り込まれていくのか、また、ある歴史的状況の中で特定のシンボルがいかにして強力な政治的機能（正当化の機能、動員の機能、統合の機能など）を獲得していくのか、そのプロセスに焦点を当てるための理論的枠組みを打ち出してみたいのである。いまひとつは、原子力政策をはじめとする様々な事例研究を通して、「シンボル化の政治学」の理論的枠組みが有益なものであることを具体的に示していくことである。

各章の概要は、以下の通りである。

第1章は本書の心臓部分にあたるもっとも重要な箇所である。まず前半部分において、政治コミュニケーション研究の構成主義の延長線上に「シンボル化の政治学」の構想が位置付けられ、スザンヌ・ランガーの「シンボル化の欲求」説へと到達するシンボル論の知的鉱脈を辿り直す課題の重要性が論じられる。その上で後半部分においては、ランガーのシンボル化の概念を政治学の領域へと敷衍していくための視座として、「政治シンボルと社会の循環図式」、「シンボル化の集合的次元」の考え方が打ち出されることになる。

第2、3章はいずれも、政治コミュニケーション研究の構成主義の考え方がどのような特徴を持つものであるかを、具体的な事例研究に沿って示そうとしたものである。

構成主義の立場は基本的に、常識や規範などの「共通の知識」が構築されるプロセスを繊細に読み解いていくことに大きなエネルギーを注ぐ。そのため、「メディアの権力」を分析するにあたっても、極めて複雑な相互作用や影響力の錯綜するプロセスにメスを入れていくことになる。

こうした点は、シンボル化の研究を進めていく上でも決定的に重要な理論的、方法的前提となるものだ。第2、3章では、シンボル論の用語で分析を行っているわけではないが、シンボル化のプロセスにおいて「メディアの権力」をどのように分析し、記述していくかという基本的視座は、これらの章における考察を通して獲得されたものである。

第2章は、六〇年代アメリカのベトナム反戦運動とメディアの関わりについて分析したメディア社会学者トッド・ギトリンの著名な研究書に焦点を当てて考察を加えたものだ。ギトリンは早くには、ネオ・マルクス主義的なメディア研究を行った人として知られていた。だが、彼が執筆した著書、論文において、ネオ・マルクス主義の理論的色彩が強い箇所の記述は、今となっては古びたものにしかみえない。逆に、膨大なインタビュー調査をもとに、当時の新左翼学生たちのベトナム反戦運動とアメリカ主流メディアがどのように相互に依存し合いながら関わっていたのかを分厚く記述した箇所は、今なお新鮮であり見事という他ない。この章では、メディア・フレームの形成過程をめぐって複雑に錯綜する運動組織とメディア組織の相互関係を描き切った彼の記述の意義を、構成主義的な「メディアの権力」に関する研究という位置付けにおいて、積極的に再評価した。

第3章は、川辺川ダム問題に関する一九九〇年代の報道を事例とした研究である。川辺川ダムは、一九九〇年代後半の環境庁の調査で「日本一きれいな川」と認定され、この川の水質に悪影響を及ぼすことが危惧されたダム建設工事には大きな批判が集まることになった。このダム事業を「無駄な公共事業」の典型としてシンボル化していった毎日新聞記者の調査報道と、ダム事業の賛成派と反対派が地域社会を分断する状況を何とか修復しようと試みた地元紙熊本日日新聞の連載記事を対比させて分析することがこの章の課題である。この章では、政治学者杉田敦の「境界線の政治学」の議論に依拠しながら、敵対的な「境界線」を強化したり相対化したりするメディア言説の権力について考察を加えた。

第4章から第6章にかけては、集合的なシンボル化のいくつかのタイプ（結晶化、浸透、転換）にそれぞれ焦点を当てながら事例研究が行われる。

第4章では、一九九五年に起きた高速増殖炉「もんじゅ」のナトリウム漏れ事故の報道を事例として、ニュース生産過程においてシンボル化がいかにして生じるのかを分析した。「もんじゅ」の事故は、純技術的にみるならばそれほど深刻な事故ではなかったが、事業者である動力炉・核燃料開発事業団（動燃）が、事故現場を撮影していたビデオ録画を隠蔽していたことが発覚したことで大問題となった。ニュース生産の社会学理論を踏まえつつ、「ビデオ隠し」のエピソードがシンボル化されていく過程に焦点を当て、このシンボルを媒介として事故に対する共通認識が「結晶化」していくことが論じられた。

第5章では、水俣病事件と関わり続けた作家石牟礼道子の『苦海浄土』の世界観が持った影響力の大きさについて考えようとしている。シンボリズムやシンボルの取り込みというシンボル論の概念を用いながら、石牟礼のシンボリズムの社会的浸透力を研究するための予備調査として位置付けられる論考である。水俣病事件初期報道を整理しつつ、石牟礼の「シンボリズム」がジャンルを横断して新聞、雑誌、テレビ・ドキュメンタリーなどのメディア表象の中に「浸透」していったプロセスを詳細に辿っていくメディア社会学的な研究が今後必要になることを論じた。

第6章では、敗戦後の日本社会において、原子力技術がいかにして希望のシンボルとなったかが論じられた。シンボル化のプロセスを「希望のシンボルの間主観的構造」、「過渡期のシンボル」、「シンボルの掌握」、「原子力報道」という側面に区別しながら、記述を試みた。この問題を考える上で、一九五〇年代の日本社会が体制転換期における「過渡期」であったこと、また原子力政策の「胎動期」であったことのシンボル論的意味合いについて理解を深めていくことが研究の発展において今後極めて重要であることが明らかにされた。

終章においては、本書全体から得られた知見の整理が行われると同時に、シンボル化の政治学の本格的展開に向けての展望が語られる。

シンボル化の政治学——目次

装幀――吉田憲二

第1章　シンボル化の政治学序説

第1節　言語論的転回以後の政治コミュニケーション研究

二〇世紀初頭に生まれたマス・コミュニケーション研究は、戦時プロパガンダの研究や政治指導者の演説レトリックの研究、また選挙キャンペーンの効果研究を早くから重要な研究テーマとして位置付けてきた。これら一連の研究は、二〇世紀の政治学がマス・メディアの政治的影響力を無視しては到底成立しないものであることを示してきたといってよい。

政治学とマス・コミュニケーション論の交錯する領域はやがて政治コミュニケーションと呼ばれるようになっていった。政治コミュニケーション研究が二〇世紀から二一世紀へと世紀を跨いで発展を遂げていく中で、極めて重要な二つの大きなインパクトがこの領域に及ぼされた。ひとつはインターネットの普及に代表されるメディア技術の革新であり、いまひとつが「言語論的転回（linguistic turn）[1]」と呼ばれる人文、社会諸科学における知的革新であった。

メディア技術の革新が政治コミュニケーション研究に多大な影響を及ぼしてきたことについては周知のことであろう。一点のみ言及するのであれば、思想家の東浩紀が『一般意志2・0』やアーキテクチャ論において示していったように、新たな情報技術の発展によって、政治コミュニケーションの重要テーマであったはずの「説得」や「討議」を迂回する形で民意を集約したり、人間の行動を制御したりする方法に現代社会がますます依存し始めているということだ（東 2002, 2011）。できる限りコミュニケーションを省略したいという動機が、現代の複雑化した社会において強まりつつあることは重々承知しておくべきであろう。

本書のテーマにとって直接的な関わりを持つのは、もう一方の言語論的転回の方である。言語論的転回とは、人間と社会を観察する方法が、言語についての反省を通して深まっていった現象ということができる。議論の発端は哲学の分野だが、その広がりは特定の分野に収まるものではない。いわば人文、社会諸科学の広範な領域で生じた知的変革の総称であり、政治コミュニケーション研究の分野においてもそれは例外ではない。

言語論的転回以降の政治コミュニケーション研究においては、表象[2]や言説[3]というキーワードがしばしば用いられるようになり、政治コミュニケーションという言葉には、送り手から受け手への「一方向的な情報の流れ」という既存のイメージとははっきりと区別される新たなイメージが伴うようになった。すなわち、公的なメディア空間において可視化される表象や言説を一種の文化的資源として人々が利用しながら、共通の認識、感情、規範を構築していくプロセスというイメージである。

ウィリアム・ギャムソンの構成主義的アプローチ

こうした政治コミュニケーション観の刷新にもっとも大きな影響力を及ぼした人物のひとりが、アメリカの政治社会学者ウィリアム・ギャムソンであった。ギャムソンは社会運動の研究における資源動員論と呼ばれる立場の有力な理論家として知られた人物で、一九六〇年代から七〇年代にかけて社会運動論の重要な著作を相次いで発表している（Gamson 1968, 1975）。その後ギャムソンは一九八二年にミシガン大学からボストン・カレッジに移籍して Media Research and Action Project を創設し、マス・メディアと世論に関する一連の影響力ある諸論文を執筆していった（Gamson 1988, 1992; Gamson & Modigliani 1987, 1989）。そこで打ち出されていったのが政治コミュニケーション研究の「構成主義」④の立場であった。

ギャムソンのいう構成主義は、厳密で体系化された方法論を指すわけではなく、マス・メディアと世論の研究に関する新しい傾向を抽出し、そこに自覚的な理論的意味合いを与えようとしたものであった（Gamson 1988）。そこには次に挙げられるようないくつかの特徴がみられた⑤。（1）選挙キャンペーンの研究に集中していた政治コミュニケーション研究が多様な争点、領域、事例に関心を拡散させていく傾向がみられたこと。（2）マス・メディアから世論への短期的で一方向的な効果・影響という問題意識が相対化され、メディアと世論が相互に深く関わりながらも互いに独立した言説構築のシステムとして把握されるようになったこと。（3）フレームを始め、スキーマ、ナラティブなど人間が出来事に意味を付与する認知のメカニズムを分析するための数多くの概念に関心が注がれるようになったこと。

半世紀近くが経過した今日においてもなお、この時ギャムソンが観察した傾向は消失していない。というよりも、彼が政治コミュニケーション研究における構成主義的パラダイムの出現をいち早く宣言した時から現在に至るまでの歩みは、まぎれもなくこれら一連の傾向の着実な定着のプロセスであった。

ギャムソンの研究を受け継いだその後の研究者たちは、常識や規範などの「共通の知識」が構築されていくプロセスを詳細に記述していく方法を構成主義の立場の際立った特徴として位置付けていくようになった（Neuman, Just & Crigler 1992=2008: 22-5）。この考え方は、本書においても受け継がれている。本書は、大規模な人間集団の中にいかにして共通の認識、感情が創出されるかという問題が、政治コミュニケーション研究にとって決定的に重要であるという確信のもとに執筆されている。そして、この問題をもっとも説得的に解き明かすことができるのが、本書の中心的テーマであるシンボルの概念なのである。

表象も言説も、そしてシンボルの概念も、「意味」の問題と密接に関わる概念であるがゆえに、そこには意味分析の方法的妥当性の問題が常につきまとう。この問題に関してギャムソンのとった戦略は、バーガーとルックマンらが知識社会学の理論を展開させるにあたって推奨したものと基本的に同じものと思われる。つまり方法論を厳密に突き詰めることよりも、経験的な調査研究成果を積み上げていくことを優先させていくというプラグマティックな判断だ（Berger & Luckmann 1966=2003: 19）。

二〇〇〇年代以降、社会学においては方法論をめぐって盛んに議論が行われてきた。一種の知的流行となった「言説分析」をめぐっても根本的な批判が提出されたことがあり（佐藤 2006; 遠藤 2006）、社会学者の中には、それら一連の議論を鮮烈な印象とともに記憶している人もいるであろう。これらの議論が投げかける批判の刃を本書も免れることはできないが、あまりにも厳格な方法論の迷宮の中に足を踏み入れることは、経験的な政治シンボルの分析に主眼を置く本書にとって得策ではない。それゆえ本書もまたギャムソンにならってプラグマティックな判断を優先し、経験的な調査分析を行うための理論的枠組みの構築に専念することにしたい。

「シンボル化の政治学」の出発点としての構成主義

さて、ギャムソンの提唱した政治コミュニケーション研究の構成主義の考え方は、本書が構想する「シンボル化の政治学」にとって出発点となり得るものだ。政治コミュニケーション研究の構成主義の意義を再評価する議論を通して、「シンボル化の政治学」は自らの歩み出す道筋を見出すことができるだろう。そのように考えられる積極的な理由としてここでは二つの点に注目してみたい。

ひとつは、ここでいう構成主義の知的系譜が、シンボル論へと到達することによって実り豊かな収穫を得られると評価できるからだ。言い換えるなら、本書が取り組もうとするシンボルの研究とは、構成主義の今日的展開という意味合いを持つのである。

この道筋を最初に歩いたのは、現代シンボル論の金字塔である『シンボル形式の哲学』を執筆したエルンスト・カッシーラーその人であった。カッシーラーは、自らの哲学のエッセンスを凝縮した晩年の著作『人間――シンボルを操るもの』の冒頭の一文において、哲学の最大の目的は、己を知ることにあるとシンプルに述べている（Cassirer 1944=1997: 18）。彼の壮大な「シンボル形式の哲学」は、この己を知るという哲学的営為が、人間の精神史においてどのように位置付けられるのかを照らし出すような試みであった。カッシーラーの著作からは、神話的思考の中で生きていた人間が、複雑な言語システムを獲得し、さらには洗練されたシンボル・システムを発明しながら科学的思考を発展させていく歩みが読み取れる。哲学を含む学問や芸術の出現や発展は、全て新しいシンボル形式の獲得という観点から理解されるのである。

いうまでもなく、この己を知るという哲学的課題は、カッシーラー以前にも長らく哲学者たちによって様々な方法で取り組まれてきたものだ。例えばそのもっとも初期の例が、「存在とは何か」について考えるというアプローチだ。そして、この存在をめぐる哲学的考察において、今日の構成主義者の源流となる考え方が登場することになる。

カッシーラーによれば、多くの哲学者たちが「存在とは何か」について延々と積み上げた議論を、プラトンは「存在」についての観念の問題に一変させてしまった（Cassirer 1923=1989: 21）[6]。その知的転倒作業が、文字どおり世界の見え方をひっくり返すようなショックをもたらしたことは想像に難くない。カッシーラーの言葉を引用しておこう。

……観念論の歴史的展開においてもさまざまな段階で、同じような類型を示す基本的動向が繰りかえしあらわれてくる。実在論的な世界観が、事物のなんらかの究極的な状態をあらゆる認識の基礎と認めて安んじているときに、観念論はほかならぬこの状態そのものを思考の問題へと一変させてしまうのである。哲学史だけではなく、個別科学の歴史にもこのような進展が認められる。個別科学にあっても、道はただ「事実」から「法則」へ、そして「法則」からさらに「公理」「原理」へと遡ってゆくだけではない。認識のある段階で、終局的で完全な解決の表現であるこの公理や原理が、もっと後の段階でふたたび問題とならざるをえないのである。したがって、科学がその「存在」だとか「対象」だとか呼ぶものは、もはやまったく単純で分解不可能な事態ではなくなり、新たな考察方法、新たな考察の方向がそれぞれにみな、その「存在」なり「対象」なりに即してある新たな契機を開示することになる。こうして、硬直した存在の概念がいわば流動化され、ある普遍的な運動に転ずるように思われる、――そして、存在一般の統一性なるものがなお考えられるとしても、それはこの普遍的な運動の目標としてでしかなく、その出発点としてではないことになるのである。このような洞察が科学そのもののうちで展開され貫徹されてゆくその度合に応じて、認識に関する素朴な模写説も科学においてその基盤を奪われることになる。あらゆる科学の基礎概念、つまり、科学がそれによってみずからの問題を提起し、その解決を定式化する手段はもはやある与えられた存在の受動的な写像ではなく、みずからつくり出した知的なシンボルだと考えられるようになる。（Cassirer 1923=1989: 21–2）

以上のようなカッシーラーの説明は、細部を書き直せばそっくりそのまま今日の構成主義（構築主義）についての解説となるであろう。カッシーラーは自らの研究がこの観念論の系譜にあると位置付けた上で、その現代的展開として「シンボル形式の哲学」を構想したのであった。今日的な言い回しでいえば、カッシーラーは人間のつくり出したシンボル形式こそが、人間にとっての「現実」を構成すると考えたのである。

本書冒頭で言及したように、人間は「意味の宇宙」の中に生きるが、最初から自動的に意味の世界にアクセスできるわけではない。一定の言語学習環境の中に育ち、言語の使用を学び、シンボルを操る力を獲得することによって初めて「意味の宇宙」の中に入り込んで行くことができるのである。したがってカッシーラーは、シンボルの研究を通して、「意味の宇宙」に生きる人間の姿を描き出そうとしたといってよい。本書もまた、カッシーラーの基本構想から多大な示唆を得つつ、政治コミュニケーション研究の構成主義の今日的展開として「シンボ

表 1-1　政治コミュニケーションの効果研究の領域分類

	非累積的	累積的
ミクロ	投票行動	政治的社会化
マクロ	アジェンダ構築	政治統合・発展

出典：大石（1998: 90）より

ル化の政治学」を構想するものである。

不可視の権力論

いまひとつ注目したいのが、ギャムソンの研究を政治コミュニケーション研究の構成主義的展開という文脈において展開させていった日本の政治社会学者・大石裕の研究である。ギャムソンは必ずしも政治コミュニケーション研究という表現を積極的に標榜していたわけではない。だが、社会運動研究における資源動員論の立場からマス・メディア研究に深く入り込み、メディア分析、世論分析のための新たな研究手法を熱心に開拓していったギャムソンの研究姿勢は、それまでの典型的な政治学者、社会学者、メディア研究者の像に上手く収まらないものであった。大石は、この新たに出現した領域横断的な研究のあり方に対して、政治コミュニケーション研究の発展の可能性を見出したといってよい（大石 1998）。

大石は著書『政治コミュニケーション』において、政治コミュニケーションの効果研究の領域を表1－1のように示した。大石の議論において重要なことは、コミュニケーションを権力行使過程として読み解くという理論的視座を力強く打ち出したことだ。その上で、権力論の理論的展開を踏まえながら、表1－1に示される政治コミュニケーションの効果研究のいずれのカテゴリーにおいても、表層的な権力観に限定されていることが批判された。その上で、「不可視の権力」と呼ばれるものにまで考察対象を深化させていく必要があると主張されたのである。

ここでいう「不可視の権力」とは、「潜在的な権力行使」に注目する諸概念を総称するものといってよい（大石 2005: 11）。人々の認識形成に影響を与え、政治的な意思表明を消極化させたり、自発的な服従が引き出されていくプロセスに焦点を当てる考え方は、いずれも「不可視の権力」論を構成するものといってよい。権力論が人間の認識形成のレベルにまで踏み込んでいくことによって、表象や言説などの概念が中心的な役割を果たすようになってくる。政治コミュニケーション研究が構成主義的な語彙によって論じられる必然性が、ここによく見て取れるであろう。

自発的服従に関わる論点は、一般的な政治学においては、権力ではなく権威という概念によって主に議論されてきたといってよい（同：11–2）。しかし現代においては、先進国の社会ほど剥き出しの政治的暴力が発動される機会が減少しながらも、安定した社会秩序が維持されるという傾向が広くみられる。こうした先進国の社会秩序を説明するためには、権威という政治学的な用語だけでは足りないという感覚が「不可視の権力」論の地平を拡大してきたものと思われる。大石の著書においても、文化、国家、常識、儀礼、言語などの諸概念が「不可視の権力」論を構成する諸概念として検討され、その権力性について考察が加えられている（同：11–20）。

興味深いのは、ギャムソンの研究を大石が独自の視点から、「不可視の権力」論の文脈へと読み換えていったことである。そのことは大石がギャムソンの議論における「争点文化」という考え方を重視している点に端的に示されている（大石 1998: 193–208）。争点文化の考え方を理解するためには、ひとつの具体例に言及した方が分かりやすいかもしれない。アメリカの著名なジャーナリスト、ウォルター・リップマンは『世論』という著書の中で市営地下鉄の適正運賃をめぐる紛争が、「国民」の利益を優先するか企業側の「利潤」を優先するかという形で争点としてシンボル化された事例に言及している（Lippmann 1922=1987: 67）。その事例においては、八セントという具体的な運賃が運動の盛り上がりの結果、とうとう「反アメリカ的」と同義になったと記されている（同：67）。

この場合、争点文化とは、地下鉄の運賃問題という争点を表象するものの集合体を意味している。この事例であれば、運賃の具体的な値段や地下鉄の運賃を上げたり下げたりする理由などが色々な言葉で語られているであろう。それら表象の集合体を「争点文化」と呼んでいるわけだが、大事な点は、それら表象の意味が、「国民」や「利潤」、さらには「反アメリカ的」などの政治シンボル群に沿って組織化され、構造化されていることだ。八セントという具体的な運賃の数字が、リップマンの表現でいう「大象徴（great symbols）」（同：66）すなわち人々の熱情と直接的に結びついた影響力の強いシンボルである「反アメリカ」によって政治的な意味を与えられている点が重要である。八セントという取るに足らないはした金であっても、それが「反アメリカ」のような「大象徴」と結びついてしまう場合、人間が生死を賭けて争うほどの大ごとになってしまうことへの驚きがリップマンの言葉には込められている。ここには、シンボル化という概念を通してわれわれが考えるべき問題の一端が鮮やかに記されているといってよい。

ギャムソンの争点文化論は、政治シンボルの果たす重要な役割を認識することで初めて理解できる。大石は本書冒頭で言及したマーレー・エーデルマンの政治シンボル論、およびその研究に大きな影響を受けて展開されたエルダーとコッブの研究を補助線としながら、ギャムソンの争点文化論を政治シンボル論へと読み換えていった。その狙いは、マス・メディアと世論の相互作用を分析するために考案された争点文化論を、政治シンボル論を経由しながら政策論へと接続していくことにあったといってよいだろう。

大石は、『政治コミュニケーション』において、政治シンボルには人物、建築物、儀式など色々な種類があるものの、しかし、もっとも重要なのが言語シンボルではないかという考えを明確に打ち出している（大石 1998: 203）。これは政策論を標的にする以上自然な判断といえるだろう。政策は膨大な文書の形で作成され、重要な政策であれば国会、そしてマス・メディアにおいて激しい議論の対象にもなる。膨大な言葉を費やして政策が語られる以上、そこに政治シンボルとして強い力を持った言葉が入り込んでくることによって意思決定過程がどのような影響を受けることになるかは極めて重要な研究テーマとなってくる。大石はこうした事情を踏まえた上で、「政治シンボルとしての政策」という観点が成り立つことを強調しながら、政策が「言葉」として広まっていくプロセスに注目することの重要性を論じている（同：203）。

以上のような考え方が『政治コミュニケーション』に続く著書『ジャーナリズムとメディア言説』において、大石が批判的言説分析（Critical Discourse Analysis：以下CDAと表記）を積極的に導入していく動機となっているとみてよいだろう。CDAは一九七〇年代に登場した批判的言語学にルーツを持つ研究で、その後ミシェル・フーコー、ピエール・ブルデュー、ユルゲン・ハーバーマスなどの社会理論と結びつきながら、言語利用を通して不平等な社会関係が再生産されるプロセスを批判的に研究する理論的枠組みを構築してきた。CDAの中心人物のひとり、ノーマン・フェアクラフに象徴されるように、言語利用を権力行使過程として捉える明確な立場が打ち出されており（Fairclough 2001）、この点大石の政治コミュニケーション研究の考え方と強く共鳴するものといえる。既存の社会理論に欠けていた詳細な言語学的考察がCDAから供給されることで、政治シンボルの研究が大きな推進力を得られると期待されたといってよい。

シンボルの「魔力」

だが、今日の時点から振り返ってみるならば、CDAが他ならぬ政治シンボル論を一層深化させる力になるものであったかどうかについては慎重な評価が下されるべきだと思われる。CDAがマス・コミュニケーションや政治コミュニケーションの過程を「一方向的な情報の流れ」ではなく、言説の生産と消費を通して社会構造が再生産されていくプロセスであるという新しいシンプルなイメージへと転換していったことは高く評価されるべきであろう。これはまぎれもなく、積極的な貢献であったといってよい。

しかし、CDAは世界的に大きな成功を収めていく中で言語分析のマニュアル化を熱心に推し進めたものの（例えばFairclough 2003）、それら言語学上の知見が常に政治シンボル論に有益な示唆をもたらしてくれるとは限らない。「言語論的転回」と呼ばれる現象は、言語学が「諸科学の王」になるという話ではなかったのである。

むしろ言語学の専門的研究は、時として言語がシンボルであることを忘れている点に注意しなければならない。言語の専門家は言語の存在そのものを自明視して、それがもっとも複雑で洗練されたシンボルシステムであることへの驚きを忘れていることがあるのだ。柄谷行人の次のような言葉は、今日においてなお妥当と思われる。

言語学者には言葉に対する驚きがなく、経済学者には商品に対する驚きがない。それらの「魔力」の前に立ちどまったことのない者が、何を語りえよう。（柄谷 1990: 236）

必要なのは、詳細な言語学上の知識というよりも、ここでいう「魔力」を究明するための理論的視座であろう。CDAの業績は必ずしもシンボル論を深めてくれるとは限らず、むしろ社会分析のツールとして評価する場合には、かえってシンボル論によってふるいにかけることこそが必要と思われる。例えば、イスラム学者であると同時に優れた言語学者でもあった井筒俊彦(7)は、シンボル研究の優れた成果を前提とするところから言語研究を出発させようとした。彼は一九五六年に出版された*Language and Magic*（日本語訳は『言語と呪術』と題して二〇一八年に出版された）という重要な著作の「予備的考察」部分において次のように述べている。

私はまず、言語と呪術はともに最終的には人間の心がもつ基本的な要請にまで遡ることができる、とある程度の確信をもって仮定することから始めた。その要請は、経験の象徴化されたさまざまな姿を、つねに心そのものに供給しようとする傾向、つまり象徴形成へ向かう人の本性的傾向である。両者の相互関係については、呪術が言語進化におそらく先立つと言えるであろう。なぜなら、より低次の象徴化の諸過程がすでに横溢し、増殖した場所でなければ、人間言語のように精巧で高度な形態の象徴体系が出現しえたとはとても考えにくいからだ。（Izutsu 2011=2018: 15）

井筒がここで確信に満ちた「仮定」と呼んでいるもの、「経験の象徴化」あるいは「象徴形成」と呼んでいるものこそが、本書の「シンボル化の政治学」の構想を根幹部分で支えるランガーの「シンボル化の欲求」説である。井筒はカッシーラーからランガーへと展開したシンボル論の決定的重要性にいち早く注目しながら自らの言語学研究を打ち出したのである。ランガーについては後でまた言及することになるが、ここで確認しておきたいのは、井筒がランガーの説の意義を率直に認め、その重要性を極めて明快に語ってくれたこと、そして自らの研究においては極めて自覚的に、言語学をシンボル研究として展開しようとしたことである。

政治コミュニケーション研究もまた、井筒の戦略にならってみるのがよいのではないか。つまり、政治コミュニケーション研究が拠り所として求めるべきは、言語学やCDAというよりも、これらを含む「シンボル論」であるべきではなかろうか。言語の「魔力」に迫ろうとするならば、言語のシンボルとしての機能に光を当てなければならないのであり、その意味においては言語学もCDAも本当は「シンボル論」の洗礼を受ける必要があるのではないか。以上が政治コミュニケーション研究を政治シンボル論として展開していこうとする本書の理論的動機といってよい。

この場合の「シンボル論」は言語学のような一研究領域のみによって担われるものではなく、言語学も含む、人類学、精神分析学、論理学、発達心理学、動物行動学、哲学、社会学、文学などの諸学が交錯する領域のことである。柄谷がいうところの「魔力」の前で立ち止まって考えた人々の数々の知見が領域を超えて結集したものこそが、本書でいう「シンボル論」なのである。したがって極めて広範囲な学際的広がりの中で展開されたシンボル論の全貌を見渡すことは極めて困難を極めるものの、その知的鉱脈を辿り直してみることは、現代の政治コミュニケーション研究の深化、発展にとって必ずや有益なことである。

以下におけるシンボル論の知的鉱脈[8]に関する論述は未だ手探りの域を出ないが、いくつかの重要な論点をはっきりと拾い出すことには成功している。以下においてはまず、政治コミュニケーション研究を政治シンボル論として展開していく上で不可欠の論点である政治の象徴性について言及し、二〇世紀の「シンボル論」を大きく前進させた中心的推進力であった人類学と精神分析学の存在にも触れてみたい。その上でそれらの成果の蓄積の上に生まれたランガーの「シンボル化の欲求」説を取り上げ、そこから「シンボル化の政治学」へと展開させるためのアイデアを提示してみたい。

第2節　政治の象徴性

政治の象徴性という言葉で意図しているのは、政治という営みが本質的にシンボルを必要としているということだ。あるいは、もし「本質的に」という表現に反発を覚えるのであれば、政治がシンボルを必要とする根本的理由を問うための言葉と言い換えてもよい。

本書の中心的キーワードであるスザンヌ・ランガーの「シンボル化の欲求」説については既に「はじめに」の箇所で触れた。この表現を用いて言うのであれば、政治の領域において、どのような形で「シンボル化の欲求」が表出してくることになるのかを考えるための言葉が、政治の象徴性である。

政治資源としてのシンボル

先に触れたリップマンの古典的名著『世論』は、大衆民主主義の問題点について語ったものとして一般にはよく知られているが、政治の象徴性についての基礎的な考察においても示唆に富む記述に満ちている。とりわけ彼自身が直接関わった第一次大戦の和平交渉プロセスにおいて、強力な政治シンボルとして機能したウィルソンの

「十四か条」について焦点を当てながら、「共通意志の形成」について論じていくくだりは政治シンボル分析の白眉といってもよい。そして、「十四か条」の政治的象徴性について興味深い議論を展開した上で、リップマンは政治がシンボルを必要とする必然性について次のように語ったのである。

成功した指導者の場合、自分の支持者たちを統合するさまざまな象徴は実用上きわめて重要であったから、どんなに多忙であってもそれを大事に育てない者はいなかった。特権が階層制の内部で果たす役割を、象徴は一般大衆について行う。象徴は一体感を保つ。指導者たちの中には自分自身はその象徴を信じていない者も多かったが、トーテム・ポールから国旗まで、木の偶像から目に見えぬ王である神まで、呪文からアダム・スミスやベンサムの水増し解釈まで、彼らはさまざまの象徴を大事にしてきた。象徴はさまざまの差異がそこで融合する焦点だったからである。距離をおいて観察する者は、象徴を守るための「愛国心あふれる」アメリカ的儀式を軽蔑するかもしれない。……しかし指導者は、象徴がその役割を果たしたときのみ自分がハンドルを握って群衆を動かせることを経験から知っている。象徴の中で、感情は共通の標的に向かって放たれ、現実の諸観念がもっているそれぞれの特異性は拭い去られる。(Lippmann 1922=1987: 65)

リップマンがここで語っているのは、統治技術としての「シンボル操作」というよく知られたテーマである。「シンボル操作[9]」という言葉はメディア研究の領域ではよく知られた言葉であるが、多くの場合は政治権力者を無条件に悪者扱いする「情報操作」、「マインドコントロール」などの通俗化した表現と同一視されがちである。その意味において、この言葉を強調しすぎることは、本書が「シンボル化」の概念で主張しようとする内容を台無しにしてしまいかねない。「シンボル操作」の概念はあくまでも、なぜ政治がシンボルを必要とするのか、その根本的理由を考察するための重要な概念として理解する方がよい。

小さな組織の内部においては、特権を餌に忠誠心を植え付けることも可能である。しかし巨大な人間の集団を方向付けようとする場合、包括的な政治シンボルを駆使する以外の方法は存在しないとリップマンは考えていた。だからこそ為政者はいつの時代にも一度有益な政治的機能（例えば正当化機能、動員機能、統合機能）を獲得した政治シンボルを大事に育てて管理しようとしてきたし、それが壊れてしまわないように気を配ってきたのである。

本書の「はじめに」の箇所でも触れたが、われわれは今でもコミュニケーションという言葉から一対一の二人の個人が向かい合ったイメージを漠然と思い浮かべることが多い。しかし政治シンボル論への理解を深めていく上で、このイメージは非常にミスリーディングである。向かい合った一対一のコミュニケーションであれば、単純なシグナルのやり取りだけで人間は最低限用を足すことができる。しかし、集団の中に共通の認識や感情を生み出そうと思えば、シンボルが不可欠である。シンボル、しかも人々の感情や欲望と強く結びついた「強いシンボル」は、集合的な感情や欲望を方向付ける決定的な政治資源となるのだ。

そして、リップマンに改めてこの点を考えさせるきっかけとなったのが、技術の発展によってもたらされたコミュニケーションの可能性の広がりであった。彼は「海底ケーブルやラジオ、電信、毎日の新聞がなかったら、『十四か条』の実験は不可能であったろう」（Lippmann 1922=1987: 30）と語っているが、コミュニケーション技術の発展によって、世界各国の指導者や大衆が、「十四か条」という政治シンボルについて同時に考え、議論することが可能な環境が出現したのであった。それまでには考えられなかったような「十四か条」の実験に当事者として立ち会えたことが、リップマンを政治の象徴性の考察へと促していることは明らかであろう。技術の発展が、地球規模で同時に「共通意志」を結晶化させることを可能にしたのであり、その技術的前提の変更によって出現した政治コミュニケーションの諸相を見極めようという問題意識がリップマンを政治シンボル分析へと導いている点は十分留意されてよいだろう。

統治のシンボル形式

二〇世紀前半の歴史的文脈の中で政治の象徴性というテーマに目を向けたのは、もちろん、リップマンだけではない。むしろ政治シンボルの研究について言うならば、「現代政治学の父」といわれるチャールズ・メリアムの業績の方がよく知られている。

政治学の領域における「シカゴ学派」の重鎮メリアムは、一九〇〇年にシカゴ大学の講師に赴任して以来シカゴ大学の職を離れることはなかったが、一九三二年、避暑も兼ねて著書執筆のためにドイツを訪れた（斎藤 1973: ⅷ）。同年六月途中に立ち寄ったベルリンで彼が目撃したのが、ナチスが初めて第一党の座を獲得することになったドイツの国政選挙だったのである（同：ⅷ）。佐藤卓己が『大衆宣伝の神話』において詳細に論じているように、この選挙においては躍進著しいナチス（国民社会主義ドイツ労働者党）に対し、社会民主党が激しい「シンボル闘争」を仕掛けたのであった（佐藤 2014; Chakhotin 1940=2019）[10]。類例のない大規模かつ壮烈なシンボル政治の事例を目の当たりにしたことがメリアムにあの有名なミランダとクレデンダに関する考察を促したことが容易に想像できるであろう。

メリアムは、政治権力についての十分な理解を得ようと思えば、それぞれの時代において権力の表の顔と裏の顔、肯定的要素と否定的要素の両面を見極めることが必要であると論じている（Merriam 1934=1973: 225）。権力の表の顔とは、人々を魅了し、納得させる側面であり、政治権力を正当化し、正義をつくり出す力の問題として把握される。他方で権力の裏の顔とは、その暴力性、欺瞞性、汚職や硬直性などの人々に政治を嫌悪させ不信感を抱かせる側面のことである。ある時代の政治権力の安定性や強さを理解しようと思えば、人々が政治権力の表の顔にどの程度魅了され、また裏の顔にどの程度の嫌悪感と不信感を抱いていたかを具体的に検証し、総合的に判断しなければならないということだ。

ミランダとクレデンダは政治権力の表の顔を構成するものとして位置付けられている。いずれも政治権力を正当化する方法を指す概念であり、ミランダは人間の情念に訴えかけることで権力を正当化し、クレデンダは人間の理性に訴えかけることで権力を正当化しようとする。そして、このミランダこそが政治シンボルの研究テーマとして考えられたものであった。

ここで注目したいのが、ミランダの説明にあたってメリアムが持ち出した「統治のシンボル形式」（同：151）という考え方である。統治のシンボル形式は多岐にわたるものであり、時代とともに新たな形式が考案されていくものであるが、メリアムが具体例として挙げたのは、記念日、記念碑、音楽、旗、装飾品、彫像、制服、物語、歴史、念入りに仕組まれた儀式、行進や演説を伴った大衆的示威行為などであった（同：152）。これらのシンボル形式を通して、視覚、聴覚、美的感覚などに訴えかけることで人々に強い印象を与え、人々を魅了し、人々を感情的に動員していくプロセスを研究することが現代政治学にとって極めて重要になりつつあることを強調したのであった。

メリアムの論述には、ドイツで目の当たりにしたシンボル闘争の影響がはっきりと刻印されている。彼は、「現代政治においては、……象徴をつくりだす競争に勝つために、お互いに死に物狂いの闘争をしなければならない」（同：52）と指摘した上で、次のように述べている。

昔の指導者たちは斧をふるい、太古からの氏族の魔神に祈願し、あるいは敵との会合で和睦の徴しとして煙草を回しのみしたりしたが、最近の指導者たちは、急激に変化しつつある世界のなかで、……その時どきに価値のある象徴をつくりだすことにますます励まなければならない。たとえ最後には力に頼るとしても、そのためには、力の行使に好意的な態度をつくりだすこと・憎悪や崇敬・約束や予言・ふさわしくない権力保持者に責任を冷酷に押しつけること・非常に多くの人々の情緒や知性に訴えることなどによって、あらかじめ力の行使への道が用意されなければならない。（同：53）

なおメリアムが『政治権力』を執筆するにあたって参照し得たシンボル論は、それほど多くはなかったようだ。だが、彼がこの著書の脚注においてシンボルの研究が未だ本格的に行われていないと指摘しつつも、アルフレッド・ノース・ホワイトヘッドの『シンボリズム』を優れた研究例として挙げている点は見過ごせない。というのも、このホワイトヘッドは、スザンヌ・ランガーの師であり、彼女の『シンボルの哲学』の扉に「偉大なる師友」として献辞が捧げられていることからみて、カッシーラーと同様にランガーの「シンボル化の欲求」説に深い影響を与えた人物であることが予想されるからである。「シンボル論の知的鉱脈」として、この点は留意されておいてよいであろう。

政治シンボル概念の定義

メリアムの統治のシンボル形式の議論は、アイデアの素描にとどまるものであり、政治シンボルの詳細かつ本格的な研究はその後に託される格好となった。メリアムの問題提起をもっとも自覚的に引き受けた研究者のひとりが、メリアムの教えを受けたハロルド・ラスウェルであったことを否定する人はいないだろう。ラスウェルの政治シンボル研究の全体像を見通すことは容易ではないが、ここではその代表的業績のひとつとみなされる一九五〇年刊行の政治権力論に関する著書『権力と社会』に触れておきたい。この著書は第二次大戦が始まる少し前にロックフェラー財団の寄付によって連邦議会図書館に設けられた「戦時コミュニケーション研究プロジェクト」の副産物として書かれたという（Lasswell & Kaplan 1950=2013: 1）。プロジェクトに課せられた中心的ミッションが、マス・コミュニケーション研究の理論的枠組みを完成させることであったが、そのためには権力やコミュニケーションに関する理論的検討が必要とされた（同：1–2）。その理論的検討の産物が『権力と社会』であったということだ。つまり同書は、マス・コミュニケーション研究の基礎研究として執筆された政治権力の理論書という位置付けなのである。

興味深いのは、この著書がラスウェルの単著ではなく、言語哲学の研究者であるエイブラハム・カプランとの共著であるということだ。記号論や意味論に長年携わっていたカプランは哲学者としてシンボル論に深い関心を持っていたことが著書の冒頭に紹介されている（同：2）。つまり、この著書は政治権力を主題としたものであるが、シンボル論に強い関心を寄せる政治学者と哲学者の共同研究の成果なのである。この著書においてシンボル論が重要な支柱とされていることは一目瞭然であり、ラスウェルにとって政治シンボル論が政治権力論と表裏一体のものであることも明らかである。単なるシンボルではなく、権力行使の過程で重要な機能を果たすのが「政治シンボル」であり、政治学におけるシンボル分析はあくまでもこの意味における政治シンボルに集中するものだというラスウェルの姿勢は、シンプルな指摘ながら極めて重要な研究上の準拠点を定めるものである（同：139）。

ウェーバーの『社会学の根本概念』を彷彿とさせるような重要概念と基本命題についての簡潔な説明の集合体である『権力と社会』は、読み物としての面白さは希薄であるが、シンボル概念を類似概念（神話、教義、公式、権威、威信、体制）と関連させてどのように把握すればよいかについての突き詰めた理解が得られるという点において慎重な検討に値する一冊といえる。

シンボル政治史

メリアムの投げかけた統治のシンボル形式の探究という課題を、おそらくもっとも洗練された学術作品として提示したのは、「シンボル政治史」と呼ばれる全く異なる研究の文脈から登場したジョージ・モッセだったのではないだろうか。ドイツの歴史学者であるモッセは一九七五年に出版された『大衆の国民化』において、メリアムが直接目撃した戦間期のファシズムの台頭を歴史的に位置付ける仕事を行った（Mosse 1975=2021）。彼の研究が登場する以前は、ファシズムの台頭をもっぱら戦間期ドイツ社会の特殊な病理現象として捉えるフレームワークが一般的であったが、少なくとも今日の学術研究領域においてはそうした考え方は妥当性を欠いたものとみなされるようになってきた。

モッセの極めて影響力ある研究によって、二〇世紀前半の大規模な大衆扇動、大衆宣伝技術の発展は、一八世紀以来の「新しい政治」の出現と発展の延長線上において捉えられるべき問題と考えられるようになってきたのである。ナチスの大衆宣伝は、西欧近代における特殊例外的なものではなく、フランス革命においていち早く開花した民衆が自らを崇拝するシンボル形式の発展型として位置付けられるべきものと考えられるようになった(同:20)。同様に日本の近現代においても、先行する西欧社会のシンボル政治の技術を取り込みながら、「新しい政治」がどのように発展していったかを問い直す必要性も指摘されるようになってきた(有山 2004:236)。

モッセのいう「新しい政治」の議論がメディア研究にとってどのような意味を持つのかを詳細に論じてきたのが、メディア史研究者の佐藤卓己である。佐藤は『大衆の国民化』の翻訳を行い、その解説文において、モッセが「プロパガンダ」や大衆の「操作」という表現でナチスを捉えることに一貫して批判的であったことを強調している(佐藤 1994)。エリートによる大衆の「操作」として論じるのではなく、大衆がシンボルを介して政治に「参加」し、自らのアイデンティティを獲得していく経験にこそ研究の重点が置かれなければならない。大衆意識に対する一方的な「操作」がどのように行われたかではなく、シンボルがどのような利害や具体的行動と結びついていったかという錯綜する「媒介(mediation)」のプロセスこそが詳細に分析されねばならない(同:363)。佐藤はモッセが、この「媒介」概念をシンボル政治史の基本概念にすべきと提唱していることを紹介した上で次のように述べている。

たとえば、ドイツにおける反ユダヤ主義の妄想はモッセによれば、経済的社会的な意味でのユダヤ人の存在自体やその解放とはまったく無関係であった。むしろユダヤ人という「シンボル」が中産階級の疎外感や社会的ヒエラルキーの危機感、あるいは都市化への不安などにたまたま結びついたにすぎなかった。このようなシンボルの威力を解明するには伝統的な政治分析のカテゴリーではなく、宗教的祭儀の効果を説明する神学のカテゴリーが必要なのである、とモッセは各著作で繰り返している。（同：363–4）

ナチス、あるいはアドルフ・ヒトラーという存在は、近代的なメディアの威力を語る上で、おそらく史上もっとも有名な例としてジャーナリスティックな議論においても頻繁に引き合いに出されることが多い。そのナチス研究においてここまで明確なパラダイム転換が起きていることの意味を、政治コミュニケーション研究に関わる者はよくよく慎重に吟味しなければならないだろう。モッセの著作に出現する「シンボルへの衝動」（Mosse 1975=2021：27）や「政治の美学」（同：45）といった用語が単なる表現上の技巧ではなく、彼の理論的視座から滲み出てくる必然性を理解する必要がある。モッセが紡ぎ出したシンボル政治史を語る言語は、政治の象徴性、つまりなぜ政治がシンボルを必要とするのかという根本的テーマに対するわれわれの理解をまぎれもなく豊かなものにしてくれたのである。

第3節　人類学と精神分析学

異色の政治学者マーレー・エーデルマン

リップマン、メリアムが先鞭をつけ、ラスウェルも取り組んだ政治の象徴性というテーマについて、もっとも集中的な理論的検討を加えたのは、まぎれもなく異色の政治学者マーレー・エーデルマンであった。エーデルマンは、一九一九年に生まれ、イリノイ大学で学位を取得した後、同大学准教授、教授を経てウィスコンシン大学教授を務めた人物である（法貴 1998: 329）。一九八八年から一九八九年にかけてアメリカ政治学会の副会長を務めたこともある（同 : 329）。

彼が一九六四年に出版した『政治の象徴作用』は、数多くの研究者によって引用され、政治学以外の分野でも幅広く読まれてきた[11]。政治シンボル論の領域で彼のこの著書に言及しないものはいないといってもよいほどである。エーデルマンの研究に対する本格的検討は今後の課題としてなお残るが、ここでは彼の研究の学説史的意義について一点だけ触れておきたい。

エーデルマンの研究の第一の意義は、人類学、精神分析学、言語学、社会学、文芸批評、哲学など、政治学の外側で広範囲に生じていたシンボル論に関する研究成果を拾い集めて政治学のテーマとして読み換えていったことにある。エーデルマンの著作をもっとも強く特徴付けるのは、政治を論ずるための新しい理論言語を創出しようとする強い意志である。そのためには、ありとあらゆる領域の研究成果を余すところなく貪欲に吸い上げてみせようという姿勢がみられる。

エーデルマンが政治学者としてのキャリアを軌道にのせ始めた時代、行動主義政治学[12]と呼ばれる考え方がアメリカの政治学の主流を占めており、そこでは、いかにして人間が自らの利益を実現するのかという技術的問題にばかり関心が払われる傾向が強かった。彼は行動主義全盛期の政治学に対し、政治を表象するための理論言語の貧困を見て取ったといってよい[13]。エーデルマンは『政治の象徴作用』の冒頭において、政治を一種のシンボル形式（a symbolic form）とみなして検討を加えることを宣言した上で、次のように述べている。

従来、政治学はもっぱら、人々がその欲するものをいかにして政治から手に入れるか、ということを研究してきた。それに対して本書では、人々が何を欲し、何を恐れ、何を可能と考えるのかということに影響を及ぼすものとして、さらに、人々がどのような存在であるのかということにさえ影響するものとして政治を考え、そこに成立しているメカニズムを焦点としていく。(Edelman 1964=1998: 28)

政治を論ずるための新たな理論言語の創出に意欲を燃やしたエーデルマンの著作は、多様な領域からの刺激を受けて成り立っている。逆にいうと、彼の著作は現代シンボル論の知的鉱脈の広がりに触れるための格好の案内書といってよい。当然ながら二〇世紀のシンボル研究を大きく前進させてきた人類学と精神分析学の意義についても深い理解がみられる。本書はエーデルマンの理論に必ずしも忠実とは限らないが、人類学と精神分析学における研究の深化がシンボルの研究に決定的影響を及ぼしたことをいち早く理解し、その成果を貪欲に政治学へと摂取しようとしたことをひとつ取り上げてみても、エーデルマンの研究の重要性を思わずにはいられない。

反省期の産物としてのシンボル研究

一九世紀に人類学が学問として形を整え始めた頃からシンボルに関する研究は行われていたが、今日に通ずる重要な研究として、二〇世紀初頭にデュルケムの『宗教生活の原初形態』が出版されたことは見過ごせない。オーストラリアの氏族に関する豊富な人類学的調査の成果をもとに、トーテム(部族のシンボルとして用いられる動物や植物のこと)を媒介とした集合的沸騰の過程を論じたこの著作は、シンボルによる集団の創出という極めて重要な論点を力強く明快に打ち出したものであった(Durkheim 1912=1975)(14)。

デュルケムの研究以後も人類学者によるシンボルの研究は存在したが、一九七〇年代に入るとシンボルに研究対象を絞った人類学の立場が登場した。いわゆる象徴人類学と呼ばれる研究パラダイムである。人類学者の青木保は、象徴人類学の代表的研究者であるヴィクター・ターナーが来日した際に対談を行っており、そこで興味深い発言を引き出している。青木がなぜ一九七〇年代に入ってシンボルの研究に脚光が当たったのかと問いかけたところ、ターナーは、シンボルの研究は「反省期」において注目を集めると答えた（ターナー・青木 1984: 298–9）。人間の社会にはシンボルが満ち溢れているが、反省期を除いてそれらのシンボルに強い関心が寄せられることはまずない。だが、社会が「反省期」に入ると、社会の中で普通に用いられている言葉や事物の人為的構築性が目につき始める。シンボルとそれによって意味される概念の間の自然な結びつきが壊れていくことで、シンボルの意味が自明性を失い、その意味の社会的構築過程が研究者の問題意識によって捉えられていくようになるのである（同：299）。

この指摘は非常に示唆に富むものである。周知の通り、マス・コミュニケーション研究においても一九七〇年代は、ニュースの「客観性」の考え方やニュースを「社会の鏡」とみなす考え方に強い批判が集中し、ニュースの政治性が強い関心を集めるようになった時期であった（Epstein 1973; Tuchman 1978=1991）。人類学において象徴人類学が台頭したことと、マス・コミュニケーション研究においてニュースの政治学とでも呼ぶべき関心が台頭してきたことには共通の背景があったといえそうである。

本書の問題意識に大きな影響を及ぼした原子力問題についていうならば、一九七〇年代に入ってアメリカでも日本でも原子力発電の安全性が社会問題化していく。その際にいち早く批判されたのは、一九五〇年代、六〇年代に無批判に受容されていた「原子力の平和利用」という言語シンボルの欺瞞性であった。産業目的であるにせよ、商業用原子力発電所の原子炉が巨大化していくことで、そのリスクは到底無視できないものになっていくということが原子力安全論争で繰り返し指摘されるようになった。また「平和目的」と称してインドが一九七四年に核実験を行ったことも、原子力の「平和利用」という言語シンボルの欺瞞性を人々に強く印象付けた。

象徴人類学も、ニュースの政治学も、こうした現実における言語シンボルの虚偽性、欺瞞性に対する強い問題意識を苗床として育ってきたものといえる。そうであるならば、福島原発事故を経て、改めて「シンボルとしての原子力」について考えようとする本書もまた「反省期」の産物といえるかもしれない。

心的エネルギー

フロイトやユングらの精神分析学による貢献も忘れてはいけない。精神分析学は、人間がみる夢を無意識が表象される一種のシンボルとみなしてその解釈のための理論的枠組みを発展させた。フロイトから影響を受けつつ、フロイト以上に夢とシンボルの関係について詳細な研究を行ったユングは、夢が「一見矛盾した無意味なイメージの連続であるが、翻訳すれば意味のあきらかになる思想の材料を含んでいる」(Jung 1952=1992: 32) ものと考えた。

ユングの詳細な夢解釈の事例分析が本書にとってどれほどの意義を持ち得るかは慎重に判断した方がよいだろうが、ユングが用いた「心的エネルギー」の概念は極めて興味深いものである。心的エネルギーの存在を知らせる経験は、おそらくはどんな人間にとっても馴染みのあるものだ。物理的に重いものを運んだり、長い距離を歩くことで人間は肉体的な疲れを経験するが、これは物理的にエネルギーを消費しているからである。同じように、ただ椅子に座っているだけなのに、内心恐れている上司の前であれば、いつもより疲れるはずだ。それは、目に見えない何らかのエネルギーが消費されているからであり、日本の精神分析学者である河合隼雄は、心的エネルギーが消費されたと考えればこうした現象を上手く説明できると述べている（河合 2017: 52)。

心的エネルギーの源泉としてフロイトが性的なものを特別視し、それをリビドーと呼んだことはよく知られている。だが、ユングはその源泉として、どれが根源的なものであるかということを特定せず、性的なものも含めたより一般性のある概念として心的エネルギーを仕立て上げた（同：53)。こうして例えば、会社の上司に理不尽な叱責を受けることで生まれた精神的ストレスが、家に帰って子供を叱ることで解消されるといった日常的な経験の中にも心的エネルギーの動きを見出すことができるようになる。上司の叱責によって生まれた怒りを無理に抑え込むことで、心の中に滞留した心的エネルギーが、「出口を求めて流動している」状況が、代理物を見出すことによって流出し、平衡状態が生まれるという説明が与えられることになるのである（同：53)。

こうした精神分析学の考え方が本書にとってもとりわけ興味深いのは、心的エネルギーが無意識の中に蓄積されたり、解放されたりするメカニズムによって人間文化の創造的プロセスが論じられていく側面である。河合は、人間が何かを創造するときに生み出されるエネルギーの「運び手」となるのがシンボルであると指摘し、次のように論じていく。

集団の中で創造的な能力のある個人がなんらかのシンボルを見いだすと、集団の成員はそのシンボルによって新たなエネルギーを沸き立たせることになる。これは宗教におけるシンボリズムについて考えてみると真に明白である。初期のキリスト教における十字架のシンボルが、どれほど大量の心的エネルギーを民衆の中に動かしえたかは、誰しも知るとおりである。……シンボルによって無闇に動かされないためには、われわれはその意味を意識的に把握する必要がある。ところが、シンボルの意味が言語化され、自我によって把握されると、それは活力を失い、もはやシンボルではなくなってしまう。十九世紀の合理精神は、多くのシンボルを殺し、世界中の宗教はまるでシンボルの墓場の感を呈するようになった。(同:59)

シンボル政治が活性化したり、失速したりするダイナミズムについて考える上で、ここに示されるような理解は極めて示唆に富むものといってよいだろう。なお、フロイトが「トーテムとタブー」(一九一三年)と題される精神分析学と人類学の研究を架橋させる研究を発表したのは、デュルケムが『宗教生活の原初形態』(一九一二年)を発表したのとほぼ同じ時期である。しかもフロイトのこの業績は、ユングの研究から重要な刺激を受けて生まれたものであった。加えて、記号論の創始者であるフェルディナン・ド・ソシュールが彼の死後『一般言語学講義』としてまとめられることになる講義を行ったのも、一九〇六年から一九一一年にかけてであった。そしてフロイトが一九世紀後半から活躍していたことを踏まえるならば、一九世紀後半から二〇世紀の初頭にシンボルや記号についての新しい理論的地平が一斉に出現したとみることができる。

これら人類学、精神分析学を筆頭に、さらには言語学、発達心理学、動物行動学など諸科学の知見を結集することで、「シンボルを操る動物（animal symbolicum）」（Cassirer 1944=1997: 68）としての人間という命題に到達したのが冒頭に触れた哲学者のエルンスト・カッシーラーであった。カッシーラーが一九世紀後半から二〇世紀に大いに発展を遂げた諸科学の膨大な研究成果を「シンボル形式の哲学」として結晶化させて取り出したことで、現代におけるシンボルの研究は初めてその拠点を自覚的に獲得することができたといってよい。

第4節　シンボル化の欲求

ランガーの「シンボル化の欲求」説

カッシーラーの「シンボルを操る動物」としての人間という命題をさらに一歩前進させたのが、アメリカの哲学者スザンヌ・ランガーであった。ランガーは、著書『シンボルの哲学』において「シンボル化の欲求」という極めて重要な考え方を打ち出した。それは、人間という動物が自らの経験を絶えずシンボルへと置き換えることを欲する根源的欲求を持つという考え方だ（Langer 1942=1960: 47）。この欲求は人間の生まれ持った「本能[15]」というわけではない。ランガーは精神分析学、発達心理学、言語学など一連の諸研究成果を踏まえながら、人間が生まれてのち、言語習得に必要な一定の条件のもとで発達を遂げることによって獲得される欲求として位置付けている。

以下、ランガーの説明を抜粋してみよう。

シンボルを作り出す機能は、食べたり眺めたり、または動きまわることと同様に、人間の基本的活動の一つである。それは人間の精神の根本作用であり、たえまなく行われる。

……思考の材料がシンボルであるとすれば、思考する生物体は、思考作用を前進させるために、それの経験をたえずシンボルに翻訳していなければならない……実際は、シンボル化は、……思考にとって本質的な、しかも思考に先行する行為である。シンボル化は精神の本質的行為であり、精神は通例思考と呼ばれる以上のものを包括している。……あらゆる精神には、……シンボルの材料が莫大に貯えられており、それは種々な用途に供せられるか、またはおそらく全然なんら用途に供せられない場合さえある。……頭脳は観念を――睡眠中の本人が、なにものを思考するためにも使用していないのに、流れるような、また溢れるばかりの観念を起こし続ける。……それは、経験をシンボルに翻訳するという基本的欲求を充たすために、能動的にその翻訳の作用をなしつづけている。それはたえまない観念化作用を営んでいる。

……感覚によって供給される材料は絶えずシンボルに作りなおされ、これがわれわれの基本的な観念となる。これらの観念のうちで、幾つかはいわゆる「推理」によって結合され、また操作されることができる。他のものはこうした用途には供されずに、自然に夢のなかにはめ込まれたり、あるいは意識的なファンタジーとして発散する。さらにきわめて多数のものは宗教という人間精神のもっとも典型的で基本的な殿堂をつくり上げる。(同：47-8)

このシンボル化の欲求を一度身につけた人間は、自らの経験をシンボルへと置き換えることを絶えず欲するようになる。例えば、われわれが日常生活の中で他の誰かと「おしゃべり」に夢中になる行為は、自分の経験をシンボルに置き換えようとするシンボル化の典型例である（同：50)。驚いたこと、腹が立ったこと、嬉しかったこと、悲しかったこと、面白かったこと、悩んでいることなどを誰かと「おしゃべり」しながら言葉に置き換えていくこと、自分の中にある感情や気分を言語化していくこと、こうした日々繰り返される膨大な営みにおいてわれわれが行っていることはまさに「シンボル化」と呼ぶに相応しい現象なのである。ランガーの学説は、シンボル化の政治学にとって重要な出発点となるものである。このカッシーラーからランガーへと展開した研究の流れを踏まえることなく、現代のシンボル理論を語ることは困難であり不適当であるとさえいってよい。だからノルベルト・エリアスのような著名な社会学者が晩年に執筆した『シンボルの理論』のようなものであっても、カッシーラーの存在さえ知らずに書かれている文献からはほとんど何の示唆も得ることができずに当惑を覚えるという事態さえ生まれてしまうのである[16]。エリアスはピエール・ブルデューがシンボル論をテーマとした著書の出版を計画していることを、自らの著書の出版直前に知り、ブルデューの研究成果を参照できなかったことを残念に思うと自らの著書の脚注に書き残している（Elias 2011=2017: 27）。おそらく、もしブルデューの著書を通してカッシーラーの研究に触れる機会があったならば、エリアスの『シンボルの理論』の内容は全く違ったものになったはずである。

ともあれ、ランガーの議論があくまでも出発点に過ぎないことは、ここで確認される必要がある。「シンボル化の欲求」説を起点として、どのような研究の展開をはかることができるか。おそらく研究の展開の道筋は一通りではなく、いくつもの異なる道に枝分かれしていくことだろう。

例えば、誰がシンボルを形成するのかという論点について考えることは有益である。ランガーの議論ではある人間のシンボル化の欲求が充足されるプロセスにおいて他者の存在はそれほど強く意識されているわけではない。だが、人間は自分の経験や感情を言葉に置き換えるにあたって、常に適切な言葉を手元に持ち合わせているわけではなく、既存の限られた言語リソースでは表現し切れないような感情を抱いたり、経験に遭遇したりするものだ。ある時代環境の中で誰もが漠然と感じながらも言語化し切れないような経験や感情に新しい名前を授ける能力に秀でた人間は、人々のシンボル化の欲求を充足させる役割を担い得る。このような観点から、ある種の人々をシンボル・エリート[17]として位置付け、そのシンボル生産の過程や社会的役割についての研究を深めていくことができるように思う[18]。

またシンボルの種類に注目することも可能であろう。ランガーは日常のおしゃべりをシンボル化の典型例として挙げたが、これはメディア研究の視点からすれば音声言語を用いたシンボル化の欲求充足ということになる。しかし活字や写真、動画などにおいてもそれぞれのメディア特性に条件づけられたシンボル化の欲求を想定することができるであろう。例えば今日のデジタル化されたメディア環境においては、高精細度の写真がデジタル版のニュース記事に添付されていることをわれわれは当然のように期待し、活字だけの文章を読む場合には著しく物足りなさを感じるようになっている。

こうした視覚性に関わる欲求は、シンボル化のプロセスに付随する媒体性に関する欲求といってよい。そしてこの媒体性についての欲求水準は、メディア技術の開発と普及によって一度社会的に確立されてしまうとそう容易く引き下げることができなくなってしまうものである。ランガーの学説はメディア論によって積み上げられてきた研究の知見との対話によって有益な展開を期待できるのではないかと思われる。

現実を制御していく資源としてのシンボル

シンボル化の欲求は、シンボルを用いながら不透明な状況を制御していこうとする人間の欲望と深く密接に関わっているようだ。この点については数多くの議論の蓄積を見出すことができる。例えば、記号論の研究者である石田英敬は、フロイトが一歳半の甥の糸巻き遊びの様子を観察しながら、そこから興味深い知見を引き出していったことを興味深く論じている（石田 2003）。フロイトの幼い甥は母親にみたてた糸巻きを放り投げてそれが見えなくなる状況と、ひもに引っ張られてまた見えるところに戻ってくる状況を自分でつくり出しながら遊んでいたという。この遊びがその幼い甥にとってどんな意味を持っていたのかについて、石田は次のように論じていく。

この糸巻き遊びを発明する前は、お母さんがいなくなれば不安になる、帰ってくれれば喜ぶというように、子供は現実に翻弄されるままだったわけですが、糸巻きをお母さんの代理の象徴としてつくりだすことによって、母親の不在や帰還を自由につくりだすことができるようになります。ひとたび象徴ができてしまうと、現前も不在も現実とは関わりなく引き起こすことができるようになる。つまり、現実を象徴によって支配し、現実から自由になることができるようになるわけです。(同：268)

フロイトのオリジナルの論考は、ここまで詳しくシンボルとしての糸巻きの意味を論じているわけではない。むしろ石田がフロイトの議論を敷衍するような形で議論を展開しているのだが、この説明は極めて示唆に富むものである。人間が様々なシンボルをつくり出し、それを自在に操ろうとするのは、自分を翻弄する現実を何とか自分の手で支配しようとする試みに他ならないことがよく分かる。幼子が母親という大きな存在に翻弄される状況から何とか脱しようとして、無意識のうちに糸巻きをシンボル化して操縦していくプロセスは、シンボルを駆使して人間が自らの置かれた状況を支配しようとするシンボル政治の原型のようにも思える。

同様に、エーデルマンによる以下の説明は、自然環境に翻弄されてきた人間たちが自分たちを取り巻く不透明で混沌とした状況に耐え抜くために儀式を必要としたことをよく説明している。

儀式とは参加者を共同の企てに象徴的に取り込んでいく力能的活動であり、自分たちがたがいに関わりあい一体の利益を有することに、いや応なく人々の注意を向けさせるものである。その結果として、儀式は人々の同調を促進し、また、同調することに対する満足感と喜びを喚起する。人は混乱し、判断のつけがたい状況に置かれたとき、本能的に意味と秩序を見出そうとするものである。例えば、未開人は季節の節目の祝祭において、舞踏などの力能的活動によって、官能の「とてつもない混乱」にも揺るがぬ宇宙の基底的秩序を再確認し、各人それぞれがあらためて基底的

> 秩序に対する同調の必要に思いを致す。雨乞いの踊りや勝利の踊りでは、人々は共通の利益を再確認し、疑念を払拭し、求める結果をあらかじめ演じることで、彼らが集団として必要とし、望んでいるものを象徴的に達成する。こうした力能的活動を他の人々と共にとり行なうことにより、誰もが異分子は存在しないという安堵感を抱き、その集団の企てることに対して矜恃と満足感を覚えるのである。……信じられるべきことを演ずることは、心理的に見て、確信を植えつけ将来の行動を型にはめこむには効果的なやり方なのである。(Edelman 1964=1998: 23)

ここで論じられていることは、ランガーのいう「シンボル化の欲求」の典型的な説明とは少し異なる。つまり、実際に自分の経験したことをシンボルに置き換えるという行為ではなく、これから経験したいと強く望むものを、あらかじめシンボリックに演じるという行為である。未来を先取りし、望ましい結果を集団であらかじめ共有することによって、望ましい未来を実現する力に変えていこうとする人間の欲望が生み出すものが儀式に他ならないとエーデルマンは述べているのである。ここでもやはり、人間が未来という不透明で不確実なるものを何とか掌握しようとする試みにおいてシンボルが重要な役割を果たしている。

最後に、エーデルマンに深い影響を及ぼした人物のひとり、文学批評家のケネス・バークの議論も取り上げておきたい。バークは、人間が受け入れることの困難な状況を受け入れやすくするためにシンボルが重要な役割を果たすことを述べている。

> われわれが普段考えるのを感情的に拒否しているある種の危険が存在する事実を、象徴あるがためにわれわれは確認できるのである。ユーモラスな象徴は状況を卑小化することによってそれを受け入れやすくする。風刺的象徴はわれわれを対象から超然とさせることで、悲劇的象徴はこうした状況のなかに身を置くことの尊厳を感じさせることで、さらに喜劇的象徴は状況を克服する力を身に感じさせることで状況を受け入れやすくする。(Burke & Gusfield

1989=1994: 174)

文学に精通するバークらしく、シンボルの文学的価値を見事に捉えた指摘である。先のフロイトの糸巻きの事例と同じように、ここでもまた、人間が自らを取り巻く手強い状況を制御するために、シンボルが頼りにされている。いわば、シンボルは人間にとって状況の不透明さや不確実さ、混沌や恐怖に主体的に対峙していくために不可欠な資源といえるのではないだろうか。

いずれにせよ、ランガーの基本命題はあくまでも出発点に過ぎず、その命題の周囲には様々な派生的命題、発展的命題が追加されていく必要があることは再度強調しておきたい。シンボル化の欲求は、シンボルを用いて現実を支配しようという人間の欲望と一体化しているという視点が是非とも必要である。

第5節　シンボル化の政治学への展開

ランガーの「シンボル化の欲求」説は基本的には個人の経験の次元に沿ったものに過ぎない。そのため「シンボル化の政治学」の研究を推し進めていくためには、シンボル化の集合的次元について考察するための概念を切り出していくことが何より必要である。

試みに、シンボル化の政治学のテーマの広がりについて例示してみたのが図1-1である。ここでは、本書で今回取り扱われる研究テーマ、および今後筆者が予定している研究テーマの候補を優先的に書き出してみた。横軸に研究テーマが取り扱う時間軸の長さを設定し、縦軸に研究対象となるシンボルが計画的につくられたものか、

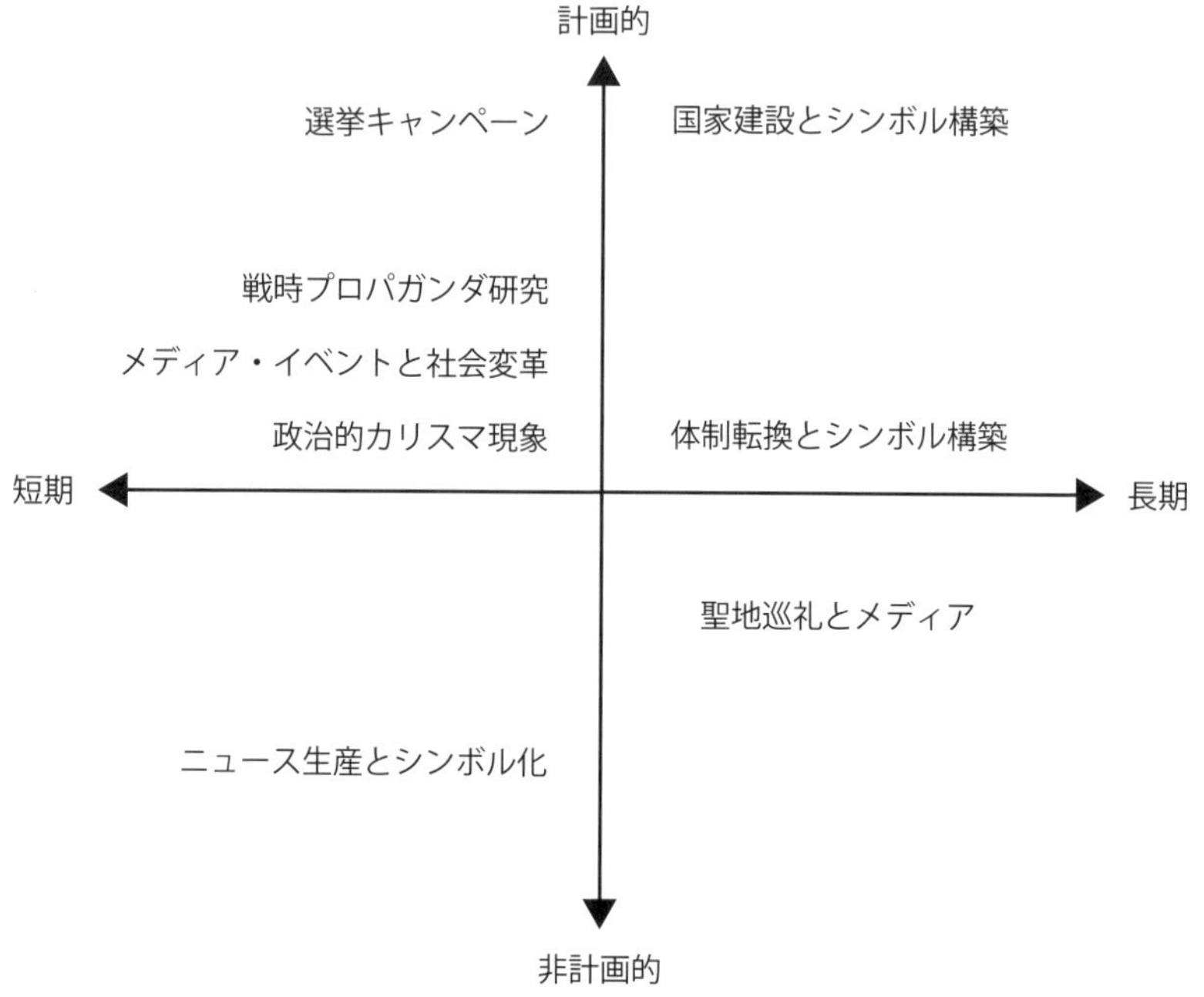

図 1-1 「シンボル化の政治学」の研究テーマ

それとも非計画的につくられたものかという軸を設けた。

この図は「シンボル化の政治学」のテーマが多岐に及ぶものであることを示すことに主眼が置かれている。そのため、それぞれの項目の配置の仕方は必ずしも厳密なものではなく、あくまでも目安に過ぎないことに留意してほしい。一般にシンボルの研究という場合、多くの人が国旗の研究や象徴天皇制のような計画的シンボル（図内では「国家建設とシンボル構築」）のことを思い浮かべるはずである。だが、シンボル概念の一般的な定義に沿って考えるならば、その研究はもっと広く、多彩なテーマを有するものである。そのテーマの広がりを試みに示してみたのがこの図ということだ。

個々のテーマの詳細についてここで論じることは時期尚早である。それよりもランガーが論じたシンボル化の概念を、集合的次元において展開していく上で必要となる分析の視座について検討を加える必要がある。集合的なシンボル化のプロセスを研究するにあたって、もっとも基本的な論点はシンボルの果たす触媒作用であり、この点について考えるためには、エルダーとコッブの議論を踏まえておく必要があるだろう。彼らは政治シンボルが社会統合や合意形成の触媒になると同時に社会的分断や対立の触媒にもなるという観点から、シンボルによる統合化、差異化の様々なタイプを区別して論じている（Elder & Cobb 1983: 132-5）。

具体的には、認知レベルと感情レベルの次元を区別しながら、「実質的合意（substantive consensus）」[19]、「連合的合意（associative consensus）」[20]、「象徴的合意（symbolic consensus）」[21]、「象徴的不一致（symbolic discord）」[22]、「象徴的差異化（symbolic differentiation）」[23]というカテゴリーを設けて論じている（同：133）。ここにおいては、認知レベルと感情レベルのそれぞれの次元で合意が達成されている状態（実質的合意、連合的合意）から、認知レベルにおいて多様でありながら感情レベルでは合意が見られるようなケース（象徴的合意）、認知レベルにおいて一致がみられるものの、感情レベルでは対立状態にあるようなケース（象徴的不一致）、そして認知レベルにおいても感情レベルにおいても差異化が顕著であるようなケース（象徴的差異化）が区別されている。このうち、政治シンボル論において注目される典型的なケースが「象徴的合意」であるといってよいが、エルダーらはそれ以外にも様々なパターンがあり得ることを論じてみせたのである。

だが、この点についてのエルダーとコッブの議論はあくまでも類型論に過ぎない[24]。シンボルによる触媒作用が、人間集団の中にどのようにして合意形成や差異化を推し進めていくのかを具体的かつ詳細に分析していく必要がある。

集合的なシンボル化のプロセスについて考えるためには、社会学者ピエール・ブルデューの象徴権力論[25]への言及も必要であろう。ブルデューの社会理論が、近年のメディア社会学やジャーナリズムの研究において大きな注目を集めてきたことは周知の通りである（Couldry 2003, 2012=2018; 大石 2005; 伊藤 2010）。ブルデューの議論について最初に理解すべきは、彼が本書のように「強いシンボル」が生産されていく決定的局面を切り出して理論化しようとしたのではないということだ。ブルデューの象徴権力論の基本的構えは、日常の社会生活の中に遍在する権力を捉えようとするものであった（Thompson 1991: 23-4）。日常の社会生活において権力は、剥き出しの暴力という形をとることがほとんどない。むしろ「言葉」を交わしたり、「贈り物」を送ったりというシンボル交換を基本として作動している。このような社会権力の日常の姿を把握しようとするときに、シンボルを媒介とした権力の作用を捉えることが課題となってくるのである（同：23-4）。象徴権力という言葉としてはかなり大袈裟な響きを持ちながらも、理論の基本的構えが異なることから本書への示唆は限定的なものにとどまるというのがさしあたってのブルデューに対する評価である[26]。

集合的なシンボル化のプロセスを論ずるために踏まえておくべき学説は他にもあるが、ここからは、本書における試論的見解を提示することを優先したい。

政治シンボルと社会の循環図式

まず最初に、政治シンボルと社会の循環に関する基本図式とでも呼ぶべきものをここで取り上げたい。先に取り上げたエルダーとコッブは、シンボル付与（symbolic attachment）という概念を提起して、人間が用いる「シンボルはどこから来るのか」を問いかけている（Elder & Cobb 1983: 28-56）。政治シンボル論の場合、有力な政治シンボルの由来を問うことは研究上常に必要とされるであろう。エルダーらはシンボル付与のプロセスについて詳細な検討を加えているが、ランガーの「シンボル化の欲求」説を踏まえていないため、理論的基礎が脆弱にみえる。この点について本書は以下のように考える。

有力な政治シンボルは、その社会の内側から生まれるシンボルと強く結びつかなければならない。借り物の政治シンボルでは、強い影響力を獲得することはできない。その社会の中に生きる多くの人間の心の中に根を下ろ

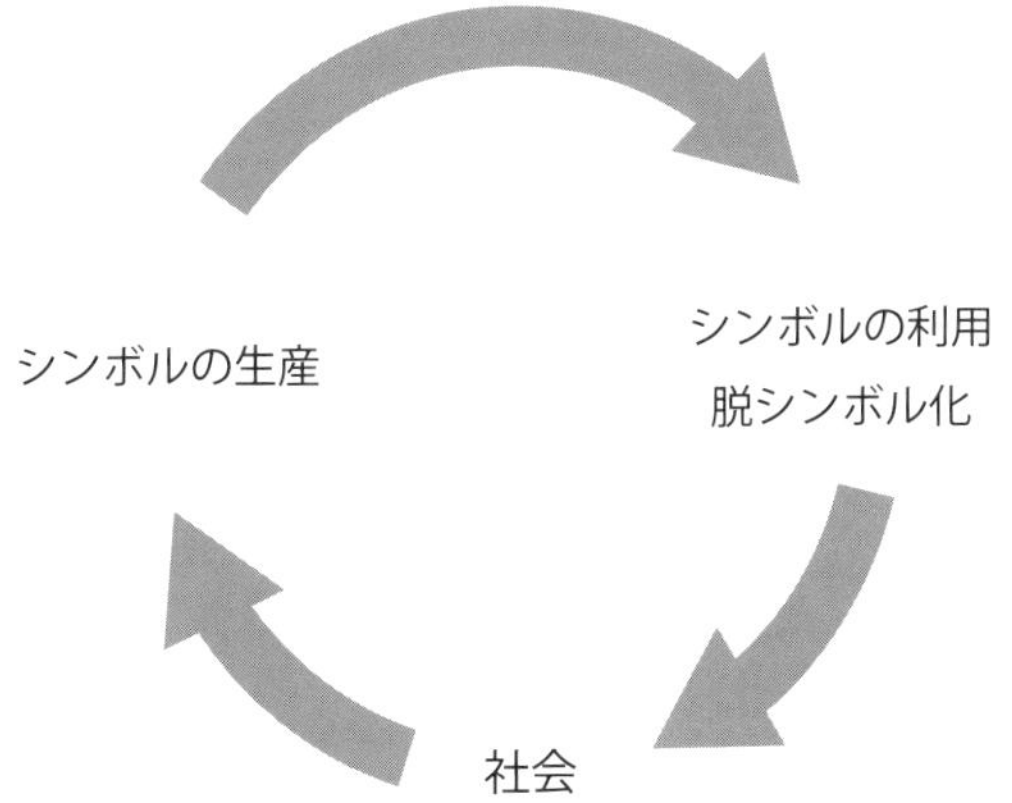

図 1-2　政治シンボルと社会の循環

している「強いシンボル」を取り込むがゆえに、そのシンボルの掌握が人心の掌握を可能にするのである。したがってシンボル化の政治学は、常に社会の内側からシンボルが生まれてくるプロセス、あるいは社会の中に根付いているシンボルが政治の中に取り込まれていくプロセスを研究しなければならない。これはエーデルマンが（ミードのシンボル論を参照しながら）政治シンボル論のもっとも基本的な視点として強調したものであり、その後カーツァーの研究などにおいても引き継がれていったものである（Edelman 1964=1988: 5; Kertzer 1988=1989: 11）。

図1－2では、社会の中から生まれてきたシンボルが、政治の中に取り込まれて利用されていくプロセスが示されているが、基本的な考え方として大切なことは、そのプロセスが多くの場合一回限りでは終わらないということである。それは再帰的、循環的なプロセスとして理解されるべきものである。例えば、日本の天皇制のように、社会の中に制度として定着しているケースを思い浮かべれば分かりやすいであろう。政治シンボルの威力や効力を維持するためには、社会の変化にその都度適応していく必要があるのだ。

この図が典型例として想定しているのは、社会の中で生産された「強いシンボル」を政治の領域が取り込んで、政治的影響力の資源として活用するというプロセスである。だが、シンボルの政治的な利用の面だけを考える研究ではおそらく不十分である。「シンボルの利用」がしばしば「脱シンボル化」のプロセスと表裏一体であるという点にも留意することが必要だ。

ここでいう脱シンボル化とは、ある特定のシンボルが獲得した威力や効力を減退させようとする試みに関わるものだ。例えばある政治家が、メディアにスキャンダルを暴露されて極めてネガティブなイメージがもたれるようになった場合、その政治家が所属する政党は、そのネガティブなイメージが政党全体に打撃を与えないように処分を下すなどの対応を求められる。肯定的で積極的なシンボルを資源としてどう利用するかという問題と同時に、「負のシンボル」が及ぼす効力を封じ込めることが必要になってくるということだ。

脱シンボル化については、原発事故後の風評被害などを事例として改めて論じてみたいと考えている。ただしそれは今後の課題とさせてもらう。以下においては、シンボルの生産過程に関わる問題、シンボルの利用過程における政治シンボルの管理の問題に限定して議論を進めていくことにしよう。

(1)「非日常性」が生み出す強いシンボル

シンボル生産の過程においては、「強いシンボル」をつくりだす社会的な条件や力学が探究される必要がある。この点に関してメディア研究が取り組むべき課題は多い。例えば、われわれがいまや日常の風景として目にしているネットの「炎上」がどのようにして生じるのかについて、多くの議論が費やされてきた。決定的瞬間を捉えた一枚の報道写真や一片の動画が世論の流れを大きく変えてしまうようなこともある。大統領選において人々の心を捉える政治的サウンドバイト（YES WE CAN や MAKE AMERICA GREAT AGAIN）がいかにして生み出されるのかという点も政治コミュニケーション研究にとって軽視できない問題だ。現代人のライフスタイルを大きく創出するような一種の流行語がメディアによって生み出されていくプロセスも重要な研究テーマといってよい（嶋・松井 2017）。近年のトランプ現象やフェイスブック・スキャンダルを通してメディアが人々の怒りを掻き立てる「アウトレージ・インダストリー」(Berry & Sobieraj 2014) として機能している点も見過ごせない問題である。またこうしたメディア状況に対応するための理論的枠組みとして、「情動の社会学」(伊藤 2013, 2017) や「感情の政治学」(Wahl-Jorgensen 2019=2020) などの理論的視座を発展させていくことも有益と思われる。(27)

ただし、これらについての本格的な検討は今後の課題として、ここではこれまで論じてきたシンボル論の知的鉱脈とメディア研究が直結して生まれた成果に注目していきたい。それは、集合的沸騰について論じたデュルケム以来の人類学的、社会学的研究の成果、なかでも象徴人類学の考え方を取り入れたダヤーンとカッツのメディア・イベント論である。

周知の通り、ダヤーンとカッツはテレビ・メディアが放映する「非日常的」なイベントのことをメディア・イベントと呼んだ (Dayan & Katz 1992=1996)。日本のメディア研究においてはメディア史の領域を中心に独自のメディア・イベント論が発展し、メディアが主催するイベントという条件を満たしていれば「メディア・イベント」と呼ばれることもあり、「非日常性」という条件は特別重視されることはない (吉見 1996)。だが、ダヤーンとカッツの人類学的なメディア・イベント論においては、この「非日常性」こそがテレビの社会的影響力を決定づける力の源泉として重視されたのである (Dayan & Katz 1992=1996: 18)。テレビが通常の番組編成を「中断」し、あらゆるチャンネルがひとつの歴史的イベントに集中的に注目することによって、社会全体にそのイベントに関与しなければならないような雰囲気や義務感をつくり出す。単なる観客ではなく、イベントに参加しなければならないという感覚がつくり出されるのである (同 : 28)。

このよく知られた議論が本書にとって極めて重要であるのは、テレビ・メディアが社会の中に出現させる「非日常」の時間、決定的な歴史的瞬間を目の当たりにするという感覚こそが、新たな「強いシンボル」を創出する重要な力となるからである。日常のテレビを一瞥する視聴行為においては個人ごとの関心の強度にばらつきが多いため、通常はさほど強いシンボルが生まれることはない。集合的な熱狂と興奮の中で経験したことであればこそ、その経験は多くの人の心に深く残る。つまりそのような場面で生まれたシンボルは、多くの人間の感情と深く結びついた極めて「強いシンボル」になり得るのである。カッツらが『メディア・イベント』の冒頭において、自分たちは「ダニエル・ブーアスティンよりも、ジョージ・モッセに、より多くの注意を払っている」(同：8)とわざわざ断っているのも、このようなシンボル論の決定的重要性を示唆したいと考えたがゆえであろう。

このような観点からすれば、誰がイベントの主催者であるかということは特別重要というわけではない。どのような経緯であれ、あらゆるメディアが日常の業務の流れを中断して特別な注目を特定のイベントに集中させることこそが決定的に重要なのである。あるいは、もう少し慎重に言い換えるならば、メディア・イベントが帯びる「非日常性」は、イベント主催者、メディア、観客／視聴者の三者によるある種の価値付与の集積プロセスによって決まってくるといってよい。メディアだけが日常を中断しても、観客の側に日常の中断を許す条件が揃わない場合、メディア・イベントの「非日常」感はエネルギーを削がれてしまうであろう。あらゆる人間が息を呑むようにして見つめる歴史的瞬間が共有されること、またそのようなコミュニケーションを可能にする社会的条件が満たされることこそがシンボル化のプロセスにとっては重要なのである。(28)

メディア研究の近年の傾向からすれば、このような非日常的で特別な瞬間を出現させる力がメディア・システムに本当に備わっているのかという疑問を強調する方が賛同を得やすいであろうか。インターネットが普及してメディアの細分化が進展する今日、テレビ・メディアからはかつて誇った包括性が失われつつある。包括性が失われれば、社会全体を非日常的な時間の中に巻き込んでいく力は低下することになる。

だが、このような議論は、あくまでも一般的傾向を捉えたものに過ぎないことに注意が必要である。例えば東日本大震災のような壊滅的な自然災害が発生すれば、メディアが日常の業務を「中断」することは当然のことであり、視聴者の側もテレビ画面の前で釘づけにならざるを得ない。あらゆるメディアが一斉に注目し、多くの視聴者が前代未聞の映像を目撃する歴史的瞬間がそこで生み出されるのはいうまでもないことだ。震災発生後の国際社会の反応をみれば、あの津波の破壊的な映像は国内のみならず、国境を越えて多くの人間を歴史的瞬間の目撃者にしたことがよく分かるであろう。

その後登場してくることになる「復興五輪」という空疎なスローガン（国内的にみれば復興五輪と称しながら東京で開催するという矛盾が誰の目にも明白）にしかみえないものが、なぜ五輪招致の決め手になったかの事情を考えてみればよい。吉見俊哉は『五輪と戦後』において、あの壊滅的な破壊を経験した日本が、復興を賭けて五輪を開催することを後押しすることは正義だと国際社会が判断したことが、当初劣勢だった東京が誘致を獲得し得た大きな理由であったと論じている（吉見 2020: 9）。つまり東日本大震災の衝撃映像を国際社会が歴史的瞬間として目の当たりにした経験とその記憶が、「復興五輪」というスローガンを強力に政治シンボル化したといってよい。

インターネットの登場や多メディア化の進展は、確かに世論形成過程や社会意識の形成過程に重要な影響を及ぼしていくであろう。だが、それは現在のメディア・システムが「非日常」の時間をつくり出す力を全く失ったことを意味しない。おそらくはメディア・システムが「非日常」をつくり出す方法や形が変わってきていることは間違いのないことであり、この点についての詳細な検討を加えていくことは今日のメディア研究にとって有益な研究課題といってよいだろう[29]。

（2）政治シンボルの管理

さて、シンボル化の研究は、シンボルの生産過程の研究に尽きるものではない。生産されたシンボルが政治資源化され、政治的に利用されていくプロセスにも注意する必要がある。先に触れたリップマンのシンボル論が指摘していたように、一度政治的統合機能を獲得したシンボルは極めて希少な政治的資源であり、その管理には最大限の配慮が与えられる。強い統合機能を持つシンボルを壊すことは、恐るべき政治的財産の喪失であり、とりわけ危機的な状況においては、そのような事態は何としても回避すべきである。

この点については日本の天皇制が豊富な事例を提供してくれる。日本の政治権力者たちが重宝してきた天皇の権威は、自然発生的に生まれ、何のメンテナンスもせずに維持されてきたものではない。その威光を守るために常に細心の注意が払われてきた。なかでも戦争による敗北は、日本の近現代史上、天皇の権威にとってもっとも深刻な危機をもたらしたはずであった。

猪瀬直樹は『ミカドの肖像』において、日米開戦の直前に近衛文麿内閣が総辞職し、東條英機内閣が成立した際に、天皇の側近であった木戸幸一内大臣が日記に書きつけた内容に注目している（猪瀬 2005: 830）。当時近衛内閣が倒れた後には、東久邇稔彦内閣を妥当と考える人が少なからずいた。皇族である東久邇以外に、もはや軍部の独走を抑えることができないと考えられていたからである。しかし結局できあがったのは東條内閣であった。猪瀬は当時の木戸の日記を参照しながら、木戸が日米の戦争に明るい見通しを持てなかったがゆえに、東久邇が首相になることに消極的であったことを鋭く指摘している（同：830）。敗戦によって天皇の権威が地に堕ちることを強く恐れていたのである。

戦時中天皇が既に普及していたラジオに登場して積極的に国民に語りかけようとしなかったことも同じ理由で説明ができる。天皇が「神」といわれた「絶対天皇制」の時代、天皇を神として演出するためにもっとも効果的に利用されたメディアが「御真影」であった（猪瀬 2013: 111）。御真影は天皇、皇后、皇族の肖像写真、絵画のことであり、戦前全国の学校に配されて皇国教育の重要なアイテムとして利用された。猪瀬は、『欲望のメディア』において、御真影の陰に隠れていたがゆえに天皇はその威光を守ることができたのではないかという興味深い指摘を行っている（同：113）。

ラジオ放送は一九二五年に既に開始されており、天皇もラジオを使って国民に語りかけることは技術的には可能であった。しかし、結局敗戦時の玉音放送まで天皇の肉声はラジオに流れることはなかった（同：112）。猪瀬は、長い戦争の間、もし天皇が頻繁にラジオで国民を叱咤激励したならば、過酷な戦争を直接強いてくる天皇に次第に不満を募らせることになり、敗戦後昭和天皇への戦争責任を求める声はもっと厳しいものになっていたのではないかと指摘している（同：一一一）。御真影の陰に隠れ、沈黙を保つことが現人神としての威光を保つ最上の方法であったのだ。

戦時下の天皇制の事例に見られるように、社会の中に制度として定着している政治シンボルは、様々な歴史的局面で存続の危機に立たされることになる。このような事例については、政治シンボルが社会の変化にどのように適応していくのかを見極めていく必要があるだろう[30]。

シンボル化概念の種類

集合的なシンボル化のプロセスは、いくつかの異なるタイプに区別して論じることが望ましい。シンボルとその意味がどのように共有されていくのかという点に注目しながら、ここでは「結晶化」、「浸透」、「転換」という三つの異なる種類のシンボル化について論じてみたい。

（１）結晶化

第一に、「結晶化」から取り上げていこう。これは、あるシンボルの働きによって人間集団の中に共通認識、共通感情、共通意思と呼び得るものが出現するプロセスのことをいう。典型的には、新しいシンボルが短期間のうちに集中的に共有されることによって、人々の中に共通の認識、感情、意思が結晶化していくケースが考えられる。このような短期間における共通認識の創出を可能にするのは、高いインテンシティ（集中性）である。

例えばひとつの具体例として、マス・メディアが集中的な報道を通してある人物や集団の「共通イメージ」をつくりあげていくプロセスを考えることができる。本書の第４章で取り上げた事例は、まさにこのマス・メディアの集中的報道による「結晶化」の例といってよい。この章では、福井県にある高速増殖炉「もんじゅ」で一九九五年に起きたナトリウム漏れ事故を事例としている。この「もんじゅ」を管理していた動力炉・核燃料開発事業団（通称「動燃」）が事故に関するビデオ映像を隠蔽していたことが発覚して、短期間のうちに「嘘つき動燃」の共通イメージがつくり出された。事故の意味付けが競合するなかで、このビデオ隠しのエピソードが事故の意味を象徴するものとして選抜され、結晶化していくニュース生産のプロセスが分析されている。

「結晶化」の事例は他にも豊富に見出すことができる。メディア表象が短期間のうちに人々に共有されていく条件が揃っているところでは、「結晶化」の事例を観察することが可能である。例えば、戦時プロパガンダや各種メディア・キャンペーンの成功事例の中には結晶化の事例が豊富に存在するであろう。もちろん、近代的な組織化された宣伝機関やマス・メディア産業だけが結晶化を可能にすると考える必要はない。流言の研究が示すように、噂話が人々の間を瞬時に駆け巡って共通認識を「結晶化」させる例も存在するであろう。

政治学的にみて興味深い「結晶化」の事例に、政治的カリスマ現象がある。ドナルド・トランプが勝利した二〇一六年の大統領選に際して、トランプを囲む共和党支持者たちの集会を参与観察した社会学者のアーリー・ホックシールドは、トランプが熱狂を生み出していった様子を興味深く描写している。いわばトランプが「生けるシンボル」（Mosse 1975=2021: 330）として人々の間に強烈な連帯感を創出していった様子が興味深く描かれているのである。

「外国に食い物にされるのはごめんだ！」トランプが叫ぶ。
歓声。
「許さない！」
歓声。

「この国はこのままではだめになる。しかし、われわれはもう一度、アメリカを偉大な国にする！」

イェーイ！

「高い壁を作って、メキシコに建設費を払わせる！」

イェーイ！

「われわれは軍隊を増強する！」

オーッ！

「ISをたたきつぶす！」

オーッ！（Hochschild 2016=2018: 316）

「政治的な正しさ」を一切気にすることなく、自由気ままに放言を連発するトランプをみて、支持者たちは解放感に満たされ、会場には〝ハイ〟な空気が生み出された（同：323）。ホックシールドによると、めくるめく解放感に浸った支持者たちの多くは、いつまでもその高揚感の中に浸っていたいと感じるようになり、自分たちの〝ハイ〟な気分に水を差すような異論を退けようとした（同：324）。彼女がインタビューをした人の中には、六時間もの間ずっとトランプのことを話し続けた女性までいたという（同：324）。

ホックシールドの描写は、まさに先に見た「非日常」の熱狂と興奮の中で「強いシンボル」（カリスマとしてのトランプ）が再生産され、そのシンボルを媒介に強烈な共通感情（連帯感）が生み出されていく様子を捉えている。それは単に物理的な集合が興奮を生み出すというだけに止まらない。彼らは一種の背徳感を共有する共同体である。デュルケムの注目したオーストラリアの氏族はコロボリーと呼ばれる儀式において、通常の性規範を大きく踏み越えた禁忌を犯し、「久しくは耐えられないくらい強烈な超興奮状態」に到達したという（Durkheim 1912=1975: 390）。同じようにトランプ支持者たちの共同体は、社会的な道徳規範として要請される「政治的な正しさ」を力強く否定することによって熱狂的興奮状態に到達している。日常生活を支配する道徳規範を打ち壊す言動によって、トランプ支持者たちの集会には独特の「非日常的」な祝祭感がもたらされたと考えられる。トランプが支持者たちの精神を解放する一種の政治的カリスマとして熱烈な支持を得ていったプロセスもまたシンボルの「結晶化」の興味深い事例といえる。

（2）浸透

次に、「浸透」と呼ぶべきタイプのシンボル化についても考える必要がある。これは一定の時間をかけて特定のシンボリズムが人々の心の中に浸透していくプロセスを指す。この場合のシンボリズムという言葉には、多くのシンボルが結びついて特定の世界観を伴ったシンボル体系を構築していくというニュアンスが込められている。浸透という表現を用いるのは、シンボルが人間の内面に深く入り込み、その人間の価値観やアイデンティティの形成に内側から根本的な影響を及ぼすことになる点を強調したいがためである。そのため典型例としてここで想定されているのは、長い時間をかけて人間の内面に静かに深く取り込まれていくシンボルのはたらきである。例えば、ある宗教を信仰するようになった信者が、日々の祈りを通してその教義を内面化していくプロセスを考えてもらえばよいだろう。

ただし、「浸透」という言葉で常にそのような完全な内面化のプロセスだけを想定する必要はない。例えばキリスト教の宗派や教義の内容について深く知ることがなくとも、クリスマスなどのキリスト教的習慣を生活の中に受け入れている人は大勢いる。つまり「浸透」の度合いは人によって大きな違いがあるのが普通である。

シンボリズムの「浸透」が大きな課題になるのは、宗教の布教や政治思想の普及のプロセスである。また、近代国民国家の建設期において、ネーション・ビルディング、つまりそれまでの狭い共同体の相克を脱して、より広い「国民」（ネーション）という集団的アイデンティティを立ち上げていくのに巨大なエネルギーが費やされたこともよく知られている。

政治的革命が起きる際にも、旧体制のシンボルを破壊し、新しい革命勢力のシンボリズムを社会的に浸透させていくことが必須の課題となってくる。新しく創出したシンボリズムが人々の中に深く浸透していくかどうかは基本的には、長期的な時間経過を通して観察していかなければならないであろう。もし有力な政治シンボルの消滅後、新しく創出したシンボルが定着していかない場合、「シンボルの空白」が生じることにもなる[31]。

本書で取り扱う「浸透」の例は、革命思想やナショナリズムの「浸透[32]」に関わるような大きな事例ではなく、もう少し規模の小さな事例である。戦後の日本社会においては急激な経済発展と引き換えに深刻な公害事件が多発した。その中のひとつ、水俣病事件を克明に描いた石牟礼道子の『苦海浄土』は、それまでになかった新しい世界観をつくり出し、公害問題の被害者たちを支援する運動にとってバイブルのような存在といわれるようになっていった。第5章の内容は、石牟礼の世界観をひとつの事例として、新たに創出されたシンボリズムの浸透力について研究するための試論的検討を行ったものである。

シンボリズムの浸透力について考えていくためには、ジョージ・ハーバート・ミードのいう「シンボルの取り込み」の考え方が有益であろう（Mead 1934=1973）。近代社会において発達したマス・メディアは日々新たに産出されるシンボルを広範囲の人々に瞬く間に送り届けるコミュニケーション・ネットワークを発達させた。だが、シンボルを広範囲に拡散させるコミュニケーション・メディアがどれほど発達しようとも最終的にそれらを個々の人間が自らの内面に取り込むかどうか、またどの程度深く取り込むかはシンボルを取り入れる側の事情によるところが極めて大きい。

第5章の冒頭で、石牟礼の文章を読んで深い影響を受け、人生を大きく変えられた人たちについて言及しているが、ある種のシンボリズムにはまぎれもなく人間の生を豊かにする力が備わっている。宗教や芸術のシンボリズムはまぎれもなくそのような豊かな力の宝庫といってよい。先に触れた精神分析学者の河合隼雄は、精神分析学と宗教史、芸術史の交錯する領域における知見を参照しながら、一九世紀西洋で大いなる発展を遂げた合理的精神が、宗教的シンボリズムの持つ豊かな力を相対化していったことの問題に触れている（河合 2017: 58-61）[33]。

このような問題意識からは、「象徴の貧困」（Stiegler 2004=2006）[34]を主題とした文明批評の可能性について考えることもできるだろう。おそらく合理的精神のみが支配する世界で人間が生きていくことは難しいことであり、現代社会の底流に、スピリチュアルなものや陰謀論を求める人々の欲望が蠢いていることに注目していくことは、シンボリズムの浸透力について考える上でも有意義なことであろう。

（3）転換

最後に、「転換」と呼ぶべきタイプのシンボル化について考えることも可能だ。これは人々の心の中に深く根を下ろしている有力なシンボルの位置付けを大きく転換させ、新しい意味を付与していくことをいう。

既に言及した日本の天皇制は、この点についての極めて劇的で興味深い事例を提供している。敗戦を契機として、大日本帝国における絶対天皇制から戦後の大衆天皇制へと大きく転換していったプロセス、「現人神」から「人間」へと転身していくプロセスがなぜかくも成功裏に進んでいったのかは「転換」の事例研究として非常に興味深いものだ。

ジョン・ダワーは『敗北を抱きしめて』において、ＧＨＱが天皇制を存続させることを決定していった背景にある考え方を詳細に検証している。本書の第６章においても言及しているが、その中には例えば次のような指摘がみられた。

……天皇の退位や絞首刑は、日本人全員の大きく激しい反応を呼び起こすであろう。日本人にとって天皇の処刑は、われわれにとってのキリストの十字架刑に匹敵する。そうなれば、全員がアリのように死ぬまで戦うであろう。軍国主義者のギャングたちの立場は、非常に有利になるであろう。戦争は不必要に長引き、われわれの損失も不必要に増大するであろう。
……天皇が日本の臣民にたいしてもっている神秘的な指導力や、神道の信仰が与える精神的な力は、適切な指導があれば、必ずしも危険であるとは限らない。日本の敗北が完全であり、日本の軍閥が打倒されているならば、天皇を平和と善に役立つ存在にすることは可能である。(Dower 1999=2004: 10–1)

マッカーサーを中心とするGHQのスタッフたちは天皇が軍国主義と不可分のシンボルだとはみなさず、軍部から引き剥がすことに成功すれば、十分善用する方向に転換することが可能と考えた。古今東西の様々な統治システムを見渡しても、大日本帝国時代の天皇は、人心掌握に威力を発揮した政治シンボルとして突出した成功例といってよいだろう。人心掌握のための極めて有力なその政治的資源をみすみす廃棄してしまうのではなく、自分たちの占領統治の目的のために役立てようとしたわけだ。

いうまでもなく、天皇制の事例に限らず「転換」の事例は古今東西無数に存在する。より一般的な問題の文脈において考えるならば、革命や政治体制の大掛かりな転換が図られるとき、旧体制の有力なシンボルが新しい体制の中でどのように扱われるかという問題が生じる(Kertzer 1988=1989: 196–223)。その場合この天皇制の事例のように旧体制の有力なシンボルに新しい意味を付与しつつ再利用することもあれば、革命勢力が国王を処刑するように古いシンボルを完全に消滅させようとするケースも存在する。

新旧のシンボル交代劇(転換劇)がどの程度成功裏に進むかは、安易な予測を許すものではない[35]。間違いなくいえることは、体制転換プロセスに伴って生じるシンボルの「転換」は、シンボル体系全体の転換であるということだ。革命や政変によって国家体制が大きく転換するとき、個々の政治的行為や政策を正当化するためのシンボル体系が大規模に再編成されることになる。天皇制の事例についていえば、天皇の意味付けが大きく変わったということは、単に皇室制度が変更されたということにとどまらず、国家の正当性原理が丸ごと変化していったことを意味する。天皇という中核的シンボルの位置付けの変化が、政治的正当性の原理の根本的変化にとってどの程度の意味を持ったのかが理解されねばならない。

第6章で取り上げる原子力の平和利用の事例にしても、体制転換期における新旧シンボル転換のプロセスにおいて、「平和国家」という新しい言語シンボルが国家の正当性原理を構成するシンボル・ネットワークの中にどのように位置付けられていったのかについての綿密な分析を伴う必要があるだろう。

以上、シンボル化の概念を集合的次元において展開していくための分析的視点について取り上げてみた。もちろん、これら三つに尽きるというわけではないし、これら三つの概念規定も十分なものに仕上がっているわけではない。今後より一層、議論を鍛え上げていく必要がある。そのためにも事例研究を積み重ねていく必要がある。

事例研究を進めていく上で、本書の「シンボル化の政治学」の考え方が、政治コミュニケーション研究の構成主義の立場の延長線上にあることを改めて確認しておく必要がある。以下、第2、3章においては、政治コミュニケーション研究の構成主義がどのような特徴を持つものであるかを、改めて事例分析を通して示していきたい。そこで示されることになるであろう「共通の知識」の形成過程をめぐる詳細かつ繊細な記述方法は、シンボル化の政治学を具体的な事例分析の次元において展開していく際に必須の前提となるものである。

続く第4、5、6章においては、第2、3章において獲得された記述方法を用いながら、集合的なシンボル化の分析を進めていきたい。第4章においては「結晶化」、第5章においては「浸透」、第6章においては「転換」に関わる事例の研究を行う。

第2章　メディア・フレームとメディアの権力

「シンボル化の政治学」という考え方は、何もない場所に突如として出現したわけではない。第1章では、それに先行する研究として位置付けられるのが、政治コミュニケーション研究の構成主義の立場であることを論じた。

第2、3章においては、政治コミュニケーション研究の構成主義の考え方がどのような特徴を持つものであるかを、具体的な事例研究に沿って示していきたい。

構成主義の立場は基本的に、常識や規範などの「共通の知識」が構築されるプロセスを繊細に読み解いていくことに大きなエネルギーを注ぐ。こうした特徴は、構成主義の思考パターンに繰り返し接してきた人からすれば今更特筆すべき点でもないだろう。例えば大半の社会学者は聞き飽きた話のように思うかもしれない。しかし、政治とメディアの関わりをめぐって、「支配階級」や「パワーエリート」、あるいは「第四の権力」や「公的情報源」の力について強調する議論がひしめき合っている政治コミュニケーション研究においては、その含意は今なお軽視できない。

社会の中を流通する情報や知識の内容や方向づけをめぐって、あるカテゴリーに属する人々が独占的な影響力を持つという発想や仮説は、構成主義的な視座によって相対化され、その妥当性は常に厳しく吟味されることになるのである。こうして、「メディアの権力」を分析するにあたっても、極めて複雑な相互作用や影響力の錯綜するプロセスにメスを入れていくことが要請される。

本章の目的は、この「メディアの権力」をめぐる複雑なコミュニケーション過程の記述を、ある一冊の研究書を丁寧に読み直しながら詳細に取り出してみることにある。

第1節　孤高のネオ・マルクス主義者

一九八〇年に刊行されたアメリカの社会学者トッド・ギトリンの *The Whole World is Watching* は、メディア研究の名著として知られている。この著書の中から、「メディアの権力」に関する優れた記述を拾い出していくことが本章の課題である[1]。

彼の著書 *The Whole World is Watching* はベトナム反戦運動が社会的に注目を集めるようになる一九六〇年代中盤から後半にかけて、ニューヨーク・タイムズ、CBSというアメリカの有力メディアが、ニューレフトと呼ばれた「民主社会を求める学生同盟」（SDS）の運動を一貫してネガティブに報道し続けた事実に注目したものである。

SDSは六〇年代学生運動の中心的位置を占める存在であり、最盛期にはアメリカ全土に「数万のメンバー、数百の支部、数百万の支持者」を擁する規模の大きな運動体であった（Gitlin 1987=1993: 12）。ギトリン自身もアメリカ・ニューレフトの運動家として著名なトム・ヘイドン[2]などと同じSDS第一世代に属する人間であった。ギトリンはSDSが六〇年代の終わりとともに崩壊していくプロセスを当事者として経験し、このSDS崩壊のプロセスにマス・メディアがいかに関わっていたのかを明らかにしようとしたのである。

ただし、彼がニューレフトの運動から足を洗ってアカデミズムの道に入り、博士論文の題材を求めてメディア研究を開始した七〇年代中頃の時点では、マス・メディアと社会運動の関わりを批判的に分析するための理論的枠組みがほとんど存在しなかった（Gitlin 2002: xv）。そのためギトリンはイギリスのR・ウィリアムズやS・ホールなどからネオ・マルクス主義の思想を摂取しつつ、H・ガンス、E・エプスタイン、G・タックマンなどアメリカの経験的ニュース社会学研究の成果を踏まえ、社会学的フレーム理論を援用することによって *The Whole World is Watching* をまとめあげ、カッツとラザースフェルドがつくりあげた「支配的パラダイム」を鋭く批判することになったのである（Gitlin 1978）。

彼の「支配的パラダイム」批判が説得的で的を射たものであることは、批判を受けたカッツ自身も認めるところである（Katz 1985）[3]。こうして同時期に勢力を拡大してきたカルチュラル・スタディーズの一連の研究成果とともに、ギトリンの研究は一九八〇年代において批判的コミュニケーション研究の重要な一角を占めるに至った[4]。ただカッツがやや鋭く反論したようにギトリンの研究は決してひとつのオルタナティブなパラダイムを強力に形成するような模範例にはならなかった。ホールが「エンコーディング／デコーディングモデル」を提示し、「意味付けの政治学」、「イデオロギーの再発見」などシンボリックなスローガンを掲げてカルチュラル・スタディーズという思想的運動の牽引者となったのと比べると、ギトリンはあくまでも孤立した思想家であったといえる。

日本ではギトリン自身がネオ・マルクス主義を標榜し、ホールから強い影響を受けていたこともあってカルチュラル・スタディーズに同伴する批判的メディア社会学の論客として理解されてきたように思える（大畑 1988）。こうした理解に特に大きな間違いはないが、本章ではギトリンをネオ・マルクス主義のメディア研究者であることよりも、彼が孤立した研究者であったことの積極的な側面に光を当てて考えてみたい。

彼自身の自伝的要素を強く含む大著 *Sixties*（『60年代アメリカ』疋田・向井訳、彩流社）で彼は、自身がリベラルの思想的ゆりかごで育ち、人種差別問題やベトナム戦争などの経験を通してリベラルへの幻滅を深めながらラディカルな政治思想に少しずつ足を踏み入れていった軌跡を詳細に語っている。最終的には危険な「自由主義的傾向」の持ち主との烙印を押されながら運動から離脱していかざるを得なかったギトリンにはやはりリベラルのゆりかごで育った柔軟さ、教条主義的な運動思想に染まりきらない部分がある。この点メディア社会学の研究者としても同じであり、彼の研究を一方的なメディア告発の書として読むことは適切ではない。

これは彼自身が実際に不満として漏らしていることでもある。確かに、*The Whole World is Watching* が提示している議論の構図は一面において極めてシンプルである。それはメディアの無理解、冷淡で嘲笑的な報道は、ニューレフトの運動が挫折していった大きな原因であったというものである。事実、ギトリンは悪意を感じさせる報道例を取り上げて、憤りの言葉を口にすることもないわけでない。

しかし、彼はマニ教的善悪二元論で書いたつもりはないと述べている（Gitlin 2002: xxi）。[5] 彼の著書を熟読すればそれが嘘でないことは一目瞭然である。ギトリンの著書は、マス・メディア批判とニューレフトへの自己批判を同時に含んだ優れた同時代史として読まれるべきである。

一見して分かりやすい議論（＝マス・メディアの権力性批判）の枠組みを表面的に維持しつつも、その枠組みが深い奥行きを持ち、その中に皮相的な世代論を突き抜ける豊かな思考の鉱脈が垣間見えるのである。すなわち、彼はニューレフトの若者たちの稚拙さや性急さが生み出した躓きをひとつひとつ辿り直しながら、われわれが皆与えられた歴史的環境の中を生きる以外に選択肢を持たず、深い挫折を経験した者が何かを語ろうとするのであれば、ただその挫折を導いた歴史の大きな流れとその中で自分がどのように生かされていたのかを冷徹に再把握する以外の選択肢を持たないという事実を読む者に教えているのである。[6]

このことは彼の著書を「メディアの権力」という文脈で読み直す際にも示唆的である。マス・メディア批判とニューレフトへの自己批判を同時に含んだ記述を支えているのは、それぞれの組織双方についての詳細な分析である。ギトリンの著書を読むことで、われわれは「メディアの権力」が送り手から受け手に一方的に押し付けられることによって行使されるのではなく、メディアと社会運動が相互に依存し合う関係性の中で生まれてくるものであることを明確に理解できるようになる。ギトリンはメディア・フレームの形成過程を詳細に記述するという方法を通して、メディアと社会運動組織の複雑な相互依存関係を見事に描き切ったのである。

第2節　メディア・フレーム論の構成主義的アプローチ

ここでメディア・フレームの研究史について手短な整理を加えながら、ギトリンの研究上の位置付けを明確にしておこう。端的にいえば、フレーム分析に関する研究の流れは以下の三つの局面に区別することができる。

第一に、グレゴリー・ベイトソンやアーヴィング・ゴフマンらがコミュニケーション論や社会学の文脈においてフレームという概念を試行錯誤の中で用いた局面が最初に存在した（Bateson 1955, 1972=2000; Goffman 1974）。

第二に、マス・コミュニケーション研究、政治コミュニケーション研究において、ゴフマンの *Frame Analysis* の研究成果に依拠しながら、ギトリンやゲイ・タックマンらが「メディア・フレーム」や「ニュースのフレーム」に関する社会学的研究を行った（Tuchman 1978; Gitlin 1980; Tsuruki 1982）。また、これらの研究動向にいち早く注目して、ウィリアム・ギャムソンが政治コミュニケーション研究における構成（築）主義的パラダイムの出現を宣言した（Gamson 1988）。これら一連の重要な研究は、一九七〇年代から八〇年代にかけて集中的に出現した。マス・コミュニケーション研究においてはちょうどテレビの登場に伴って限定効果論への疑問が出始め、アジェンダ設定研究をはじめとする強力効果論への回帰現象がみられ始めていた時期でもあった。

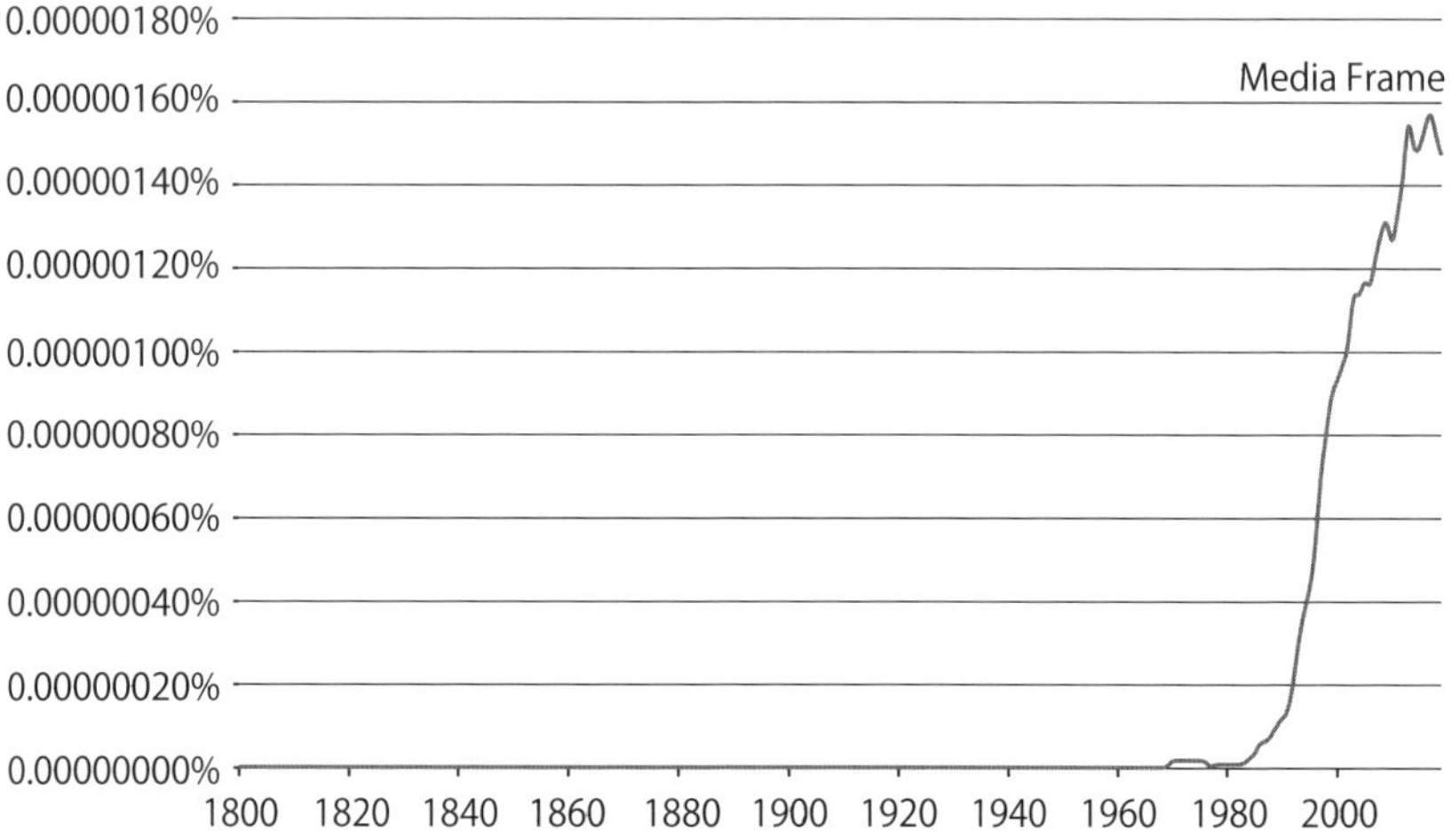

図 2-1　Media Frame の出現頻度（Google Ngram Viewer より）

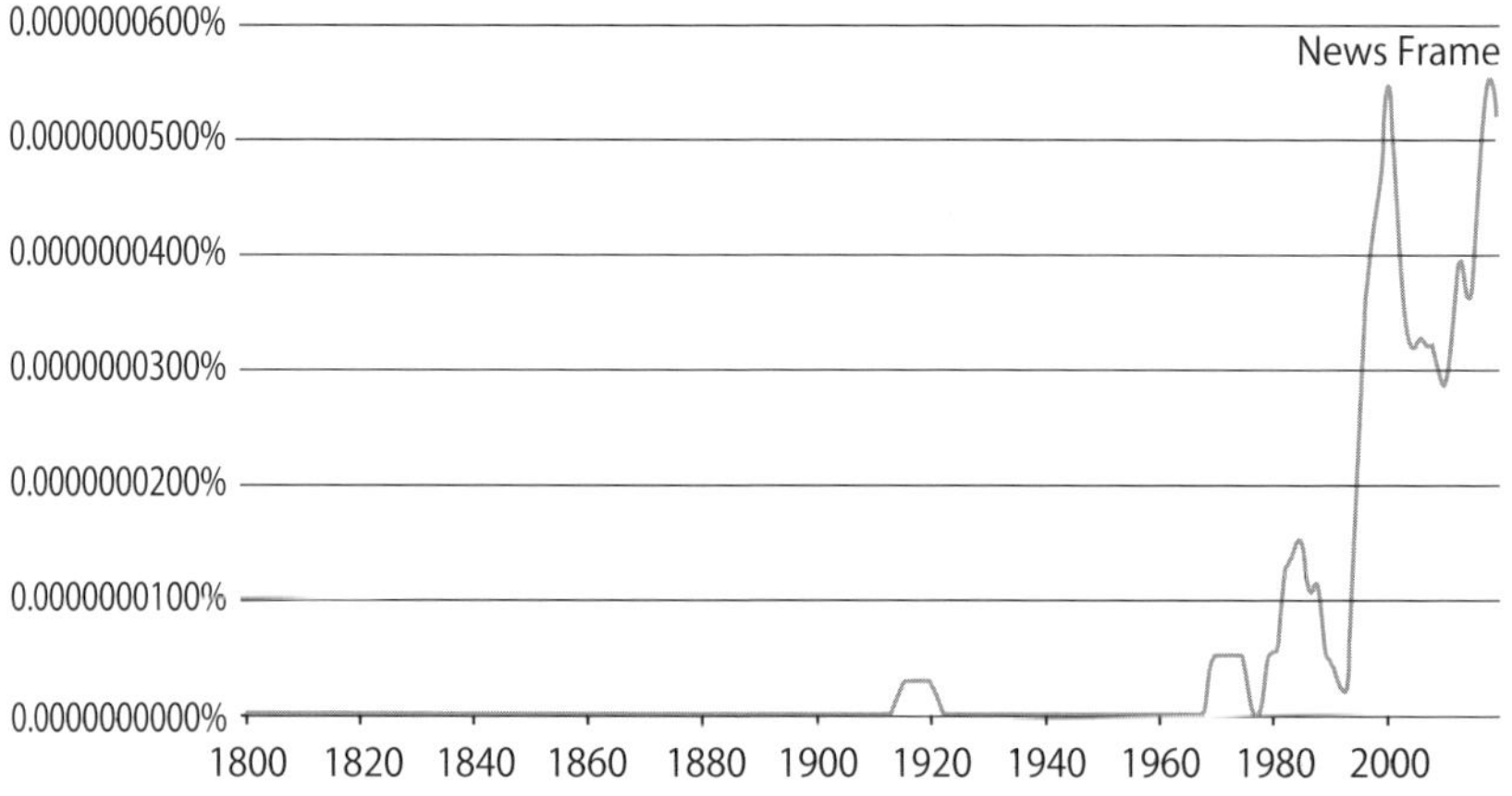

図 2-2　News Frame の出現頻度（Google Ngram Viewer より）

第三に、フレーム分析がマス・コミュニケーション研究や政治コミュニケーション研究にとどまらず、社会科学の多彩な分野において大きな支持を獲得し、定着していく局面である。一九九〇年代から今日にかけて、この第三の局面が継続しているとみてよいだろう。

第三期に該当する今日の研究状況について概観するならば、まず特筆すべきは、その研究の爆発的広がりであろう。今日社会科学においてフレーム分析は、グローバルな規模で人気を博し、特定の専門分野を超えて広く注目されるようになっている。その領域横断的広がりは、認知心理学、人類学、社会学、経済学、言語学、社会運動論、政策研究、マス・コミュニケーション論、政治コミュニケーション論、広報研究、ヘルス・コミュニケーション論など多彩な分野に及んでいると報告されている（Van Gorp 2007）。フレームという概念を用いた事例調査の論文は今日世界中の英文ジャーナルに頻出するようになり、研究として誰がみても大きな成功を収めているようにみえる。

研究の広がりを確認するために、英語文献の言葉の使用頻度を測定することができるGoogle Ngram Viewerの検索を用いてみよう。ここではMedia FrameとNews Frameの二つのキーワードを検索してみた。その結果は以下の通りである。

News Frameの方はやや不規則な変化がみられるが、Media Frameの方は非常にシンプルな変化の仕方である。一九八〇年代に少しずつ広まり始め、一九九〇年代に入る頃から爆発的に普及し、上昇していく様が見てとれる。今日においては安定した高止まり状態といったところであろう。メディアについて語る際の用語として定着し、市民権を得ていることがよく分かる。

だが二〇〇〇年代に入って以降、フレーム分析の領域においては、この大規模な成功ゆえ、あまりに膨大に膨らんだ先行研究をどうすれば正確にレビューできるかという問題が深刻に議論されるようになった。具体的には、大量データ化した先行研究をレビューするための文献調査をもっと真剣にやる必要があるということ（Matthes

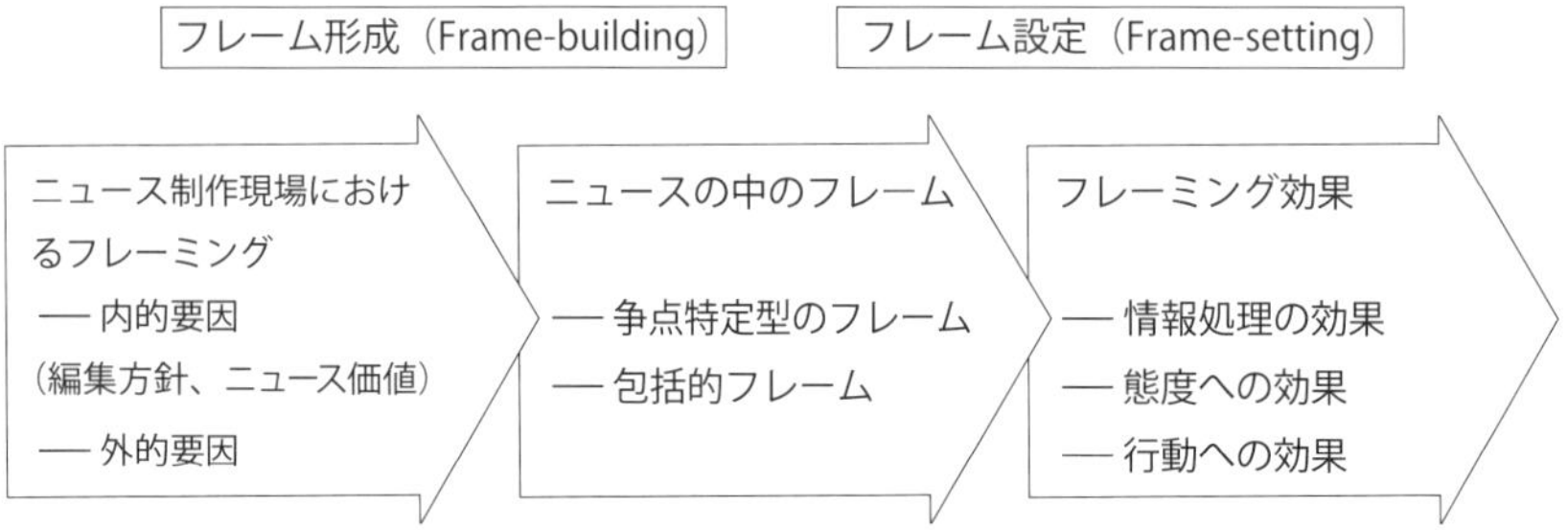

図 2-3　統合的フレーミング・プロセス・モデル

（出典：De Vreese & Lecheler（2012: 293）より）

2009; Borah 2011）、そして膨大な先行研究をどのような分類に仕分けすることができるかということである（Entman 1993; D'Angelo 2002）。

仕分けの方法として重要な議論はやはり「パラダイム」の問題であろう。有力説としてしばしば参照されてきたのが「認知的」、「構成（築）主義的」、「批判的」という三つのパラダイムに区分する方法である（D'Angelo 2002）。

（1）認知的パラダイム

ここでいう「認知的パラダイム」とは、認知心理学に出自を持つフレーム理論をベースとした研究群を指すものである。既存研究のレビューをすれば直ちに分かることだが、この認知的パラダイムこそが、今日のフレーム論の最大勢力を形成しているといっても過言ではない[7]。その研究成果は近年整備が進んで、統合的フレーミング・プロセス・モデルという形で提示されるに至っている（De Vreese & Lecheler 2012）。

このモデルを参照すれば分かるように、実質的な内容は、「拡張された効果研究」である。ここで拡張されたという表現を用いたのは、ニュース制作現場におけるフレーミングのプロセス（＝フレーム形成）も重要な研究領域として視野に収められており、受け手に及ぼされるメディア・フレームのフレーミング効果（＝フレーム設定）だけに終始していないという意味である（Scheufele 1999）。

（2）構成主義的パラダイム

ギャムソンが提唱した構成主義的アプローチ（constructionist approach）[8]は、R・ニューマンら他の研究者によって受け入れられ発展させせられ、もうひとつの有力なパラダイムを形成するに至っている（Gamson 1988 1992; Gamson, Croteau, Hoynes & Sasson 1992; Gamson & Modigliani 1987, 1989; Neuman, Just & Crigler 1992=2008）。ニューマンらの構成主義的研究は必ずしも社会学の理論をベースにしたものではないが、マス・コミュニケーション研究における構成主義的な研究の流れに沿ったものであることは間違いない。すなわち、送り手のメディア・フレームがオーディエンスに及ぼす一方的な効果、影響が問題にされるのではなく、オーディエンス・フレームがメディア・フレームを換骨奪胎するプロセスなども含めたメディアとオーディエンスの間の複雑な「相互作用」を詳細に読み解いていくことこそが研究の焦点となる。

ニューマンらが構成主義のキーワードとして挙げている「共通の知識」は効果研究との相違点をよく物語るものであろう。ここでは狭く定義された個人的な「意見」がメディアによってどう影響を受けるのかということが問題にされるのではなく、ある考え方や規範が社会的に共有され、自明視されていくプロセスを解明するためにフレーミングの概念が用いられていることが特徴的である（同：22-5）。

（3）批判的パラダイム

三番目の「批判的パラダイム」は、ギトリンの研究がネオ・マルクス主義の立場を宣言したものであったことから設けられているカテゴリーではあるが、ギトリンの後に続く有力な研究が実質的に存在していないことを考えると、このようなカテゴリーが実質を伴っているとは言い難い。ギトリンが高く評価したネオ・マルクス主義の立場は、イタリアの思想家アントニオ・グラムシの思想を土台に据えたものであった。だがグラムシの思想がそもそも近代資本主義システムに対する革命思想であったことを考えるならば、東西冷戦の時代が終結した今日、その理論は根本的に再考を迫られるものと言わざるを得ない。

もちろん、かつてネオ・マルクス主義の立場を支持していた一群のメディア研究が、冷戦後に新たな理論展開を目指してきたことはいうまでもないことであるが、これらの研究は基本的にカルチュラル・スタディーズないしメディア・スタディーズという形でマス・コミュニケーション研究から分離、独立していったために今日のフレーム分析の中に批判理論の最新の知見が必ずしも十分に反映されているとはいえないのである。

ここで見落としてはならないのが、ギトリン本人の軌道修正である。彼は二〇〇二年に刊行された新版に序文を添え、その中で自分の考え方が初版の刊行された一九八〇年からおよそ二〇年を経てどのように変わったかについて興味深い説明を加えている。

それによると、初版出版時にギトリンはメディアの権力が人々の抱くイデオロギーに深い影響を及ぼすものであると考えていた。しかし人々の政治意識やメディア状況の変化を通じて、現在においてはメディアの影響力がもっと表層的で感情的なレベルに照準するようになったと指摘している。(9) そのため現在のメディア政治を「ヘゲモニー」のような重武装の理論で説明することが難しくなってきたと述べている（Gitlin 2002: xvii）。ギトリンが好む表現とは思えないが、この説明は明らかに彼自身の「イデオロギーの終焉」宣言を意味するものと思われる。

今日の批判的なメディア理論は、革命の理論ではなく、自由民主主義体制の枠内におけるマイノリティへのエンパワーメントの理論として、また、イデオロギーの分析ではなく、人々の「情動」や「感情」がメディアによってどのように方向付けられていくのかを批判的に分析するものへと変化してきていると考えられる（伊藤 2013, 2017; Wahl-Jorgensen 2019=2020）。

以上、メディア・フレーム論の今日の状況を整理してみたが、本章の意図は、ギトリンの研究を構成主義的な観点から再評価するということにある。構成主義の立場が強調する「相互作用」という表現は、時としてほとんど何も説明していないかのようにみえることがある。だが、権力行使過程の分析という観点から考える場合、ここには極めて重要な含みが伴うことになるのである（三谷 2021）。

とりわけ、構成主義が「メディア効果」の機械的で決定論的なモデルを退けようとする問題意識を強烈に持っていることは重要である。本章の冒頭で強調したように、「共通の知識」「常識」が形成される複雑なプロセスに眼を向ける構成主義においては、強大な権力者が知識形成のプロセスを一元的に支配するという発想を支持しない。つまり告発一辺倒型の権力論は構成主義的発想の圏内では一旦宙吊りにされてしまう。その上でより複雑な知識の社会的構築の過程を思考の中に組み込んでいくことを要求されるのである。ギトリンの研究はこうした複雑なプロセスを見事に描き切っている点が高く評価されるのであり、メディア・フレームの構成主義的アプローチの事例として高く評価することができるのである。

以下においては以上のような問題意識を踏まえながら彼の *The Whole World is Watching* を読み直していく。その上で、ギトリンのメディア・フレームの概念が「マス・メディアの権力」をどのように記述していたのかを明らかにしていきたい。

第3節　メディア・イベントとしての一九六八年シカゴ事件

ギトリンが *The Whole World is Watching* で追求した中心的主題は、ＳＤＳが崩壊していく過程にマス・メディアがどのように関わったかという点である。メディア・フレームの議論は、あくまでもこの大きな主題の中の重要ではあるが一部をなすものに過ぎない。

ＳＤＳ崩壊の直接的な原因は、大学という限られた社会領域に足場を置いているだけの学生運動が革命を性急に目指して暴力的な傾向を強めたがゆえに、社会から浮き上がり、ＦＢＩや警察からの厳しい取り締まりに直面したことにある（Gitlin 1980, 1987=1993）。したがって問われるべきは、なぜＳＤＳがそこまで革命幻想に衝き動かされるほどに急進化することになったのか、その急進化の力学にメディアがどのような形で関わっていたのか、そのメディアの関わりをメディア・フレームの概念でどのように把握することができたのかである。

以下でそれぞれギトリンのメディア・フレーム分析を検討していくが、ここではその前にギトリンの著書を理解する上で避けて通れない一九六八年シカゴ事件について触れておきたい。シカゴ事件は、テト攻勢、キング牧師、ロバート・ケネディの相次ぐ暗殺事件などと並んで一九六八年を象徴する出来事であった。つまり陰惨な暴力がブラウン管を通してアメリカ国民にたびたび伝えられ、アメリカ国民の中にあった政治的コンセンサスが激しく引き裂かれ、政治意識の分極化が進んだ一九六八年を象徴する事件であった。そしてＳＤＳが当時のアメリカ社会でどのように見られていたかを理解する上で、これほど顕著な証拠を示す事例も他にないように思われる。

この年シカゴで開催された民主党大会に際して、ベトナム反戦を訴えるＳＤＳら若者たちと警官隊との間に派手な衝突が起きた。特に八月二九日水曜日、シカゴ市内のヒルトンホテル前で警官隊が情け容赦なく制裁の暴力をふるった衝突劇は、テレビの生々しい映像を通して国民に伝えられ強い反応を生んだ。渦中にいたジェリー・ルービンの描写を引用してみよう。

「こっちだ！こっちだ！」と誰かが叫んだ。「この橋は警備がいないぞ」……ぼくらは無防備な橋を渡り切り、ヒルトンの玄関前になだれ込んだ。ミシガン街をいっぱいに埋め尽くした。テレビの照明が暗い通りを世界のブロードウェイといったようにアカアカと照らし出す中で、警官隊は催涙ガスを発射し、記者を殴りつけ、小柄な老婦人たちを商店のウインドーごしに突き飛ばし、顔をぶっつぶし、ぼくらを全滅させようと総攻撃をかけてきた。イッピーはバリケードを築き、火を放ち、囚人護送車をひっくり返して、道路という道路を徹底的に破壊した。(Rubin 1970=1971: 265)

テレビカメラはこの一連の様子を全米に伝えた。警官が棍棒で若者をめった打ちにする場面、顔面から流血おびただしい若者が仲間に支えられながらよろめき歩く姿、打ちのめされた若い女性が泣き叫ぶシーンなどが生々しく撮影され放映された。ギトリンが著書のタイトルに用いている言葉は、学生たちがこの容赦ない暴力に対して、テレビカメラを意識しながら連呼したフレーズ「世界中が見ているぞ! (The Whole World is Watching!)」[10]である。

この象徴的なフレーズが示唆するように、映像の中で起きている事件はそもそも自然発生的な出来事ではなかった。マス・メディアが早くから注目する中で事前に計画され、準備され、周到に考えられたメディア・イベントだったのである。この予言の自己成就的メディア・イベントがいかに実現したのかは極めて興味深い。まず取り締まる側が事前の段階で相当に強硬な姿勢で臨むことを社会的にアピールしていた。デイリー・シカゴ市長の指示によって警察一万二〇〇〇人が交代で二四時間態勢を敷き、五〇〇〇から六〇〇〇人の州兵が動員され、陸軍部隊六〇〇〇人が火炎放射器、バズーカ砲、銃剣を装備して郊外に駐屯するという過剰とも思える警戒態勢が敷かれた(Gitlin 1987=1993: 454)[11]。このことが事前の報道を通して広く知らされていたので、穏健派の反戦学生たちは「家にいるように」という指示のもとこの場に参加することを敬遠するようになっていった(Rubin 1970=1971: 258)[12]。そもそもデイリー市長は、キング牧師暗殺によって発生した黒人暴動のさなか「撃て、殺してもかまわぬ」と命令を下した逸話の持ち主であり、デモ参加を考える人間にとって恐ろしい相手であった(Gitlin 1987=1993: 451)。

しかし、この危険な雰囲気をむしろ好機と捉える戦闘的な若者たちが少なからずいた。乱闘必至の現場となることが事前に予想されたがゆえに、敢えてそこに飛び込んでいくことに意義を見出す人間だけがスクリーニングされることになったのである。

この時期SDSの中には「分極化」を推し進めようとする戦略的意思が存在した。ギトリンは一九六七年の段階でトム・ヘイドンが語った次のような内容を強い印象とともに記憶している。

対決しなければだめだ、国民を分裂に持ち込まなければ……戦争をやめさせるには、どうしても対決と分裂に持ち込むほかない。そうすれば支配者層は一歩も退くまいとむきになるだろうし、これまで惰眠をむさぼっていた者でも理性ある人々は騒ぎに目覚めて、事の重大性に気づくだろうというのであった。(同：405)

後年トム・ヘイドンはこの発言の内容について、「国内の秩序維持に要する経費をつり上げて、コスト効率を唯一の基準にしている政策決定者の連中を追い込み、ベトナムから手を引かせる作戦……コスト計算しかない冷血の政策決定者に対してどれだけコストを強制できるか」を考えた末での戦略であったと解説している(同：405)[13]。

テレビカメラの存在がデモを過激化させている事実を報道関係者も重々承知していた。ギトリンによると、一九六七年、ニューアークとデトロイトで暴動が起きた後に司法省は連邦通信委員会の代表同席のもと報道局の幹部を招いて人種暴動を報道する際のガイドラインが必要であることを議論している(同：212-3)。報道関係者の中にはテレビが社会統制の道具として機能することには断固反対しなければならないと感じた者もいるようだが、キング牧師暗殺事件とシカゴでの騒動が相次いだ一九六八年、三大ネットワークは自主的に暴動を報道する際の独自のガイドラインを採用するに至った(同：213)。例えばCBSのガイドラインでは報道スタッフに対して

「最高の絵を撮ること、もっともドラマチックなアクションを撮ることが必ずしも最高の報道を生み出すわけではない」と指導している（同：213）。そして過激派の行動を助長するようなデモの生中継を差し控えるようになっていったのである。テレビは自ら煽り立てることになってしまった反戦運動が許容可能な範囲を超えて暴走し始めたことに気がつき、自らの力を注意深く制御しようとし始めたのである。

第4節　メディア・フレームと運動の自己定義

フレーミング装置の分析

「世界中が見ているぞ！」を叫んだ学生たちの狙いは、ひとつには、暴力をふるう警官隊の凶暴さを全米中に見せつけ、自分たちへの支持を得ることにあった。ギトリンはその時の思いを次のように語っている。

カメラが……デイリー〔シカゴ市長〕の手下どもがダン・ラザーやマイク・ウォーレスに暴行を働き、ウォルタークロンカイトが人柄に似合わず荒々しく警備の「暴漢」を非難する姿を映しだしたことが分かると、これにもぞくぞくするような満足感を覚えた。これを見れば、一般の人々も事態をわれわれと同じ目で、つまり警棒で殴られる側の目で見るはずだし、腐敗した政治体制を守る警察の横暴ぶりが体制の信用を落とすものだと結論することは間違いあるまいと思われた。……うぶなわれわれには、テレビに映った襲撃の一画面でも見て、なお警察官を支持する者がいるなどとは常識では考えられないと思えた。（同：470–1）

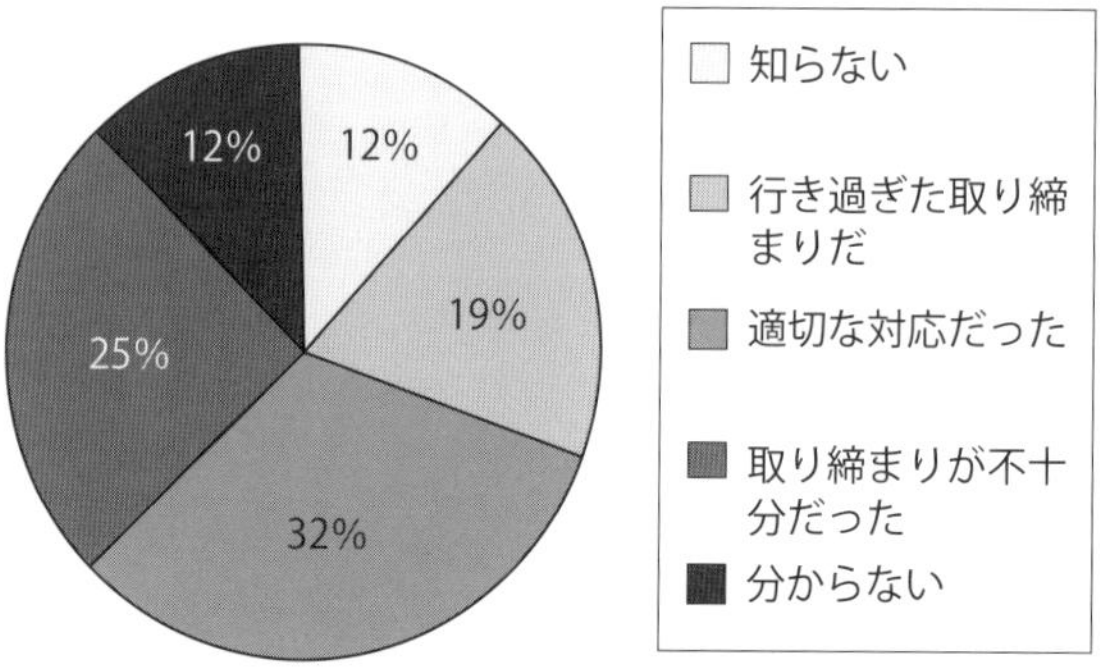

図 2-4　シカゴ騒動・視聴者の反応（出典：Robinson（1970: 2）より）

しかし、この騒動についての世論調査の結果（図２－４を参照）を通して見えてくるのは、警官を相手に暴れまわる学生たちを苦々しい思いでみているサイレント・マジョリティの姿である。[14] ミシガン大学が行った調査では、警官隊の取り締まりが行き過ぎだったと答えた人は全体の一九％でしかなかった。反対に「適切な対応だった」と「取り締まりが不十分だった」を合計すると五七％にも達するという結果が出た。多くの人は、若者たちが人道的正義のためにけなげに闘っているとは思わず、社会を無用の混乱に陥れていると見て、むしろ警官隊の側を応援していたのである。

Ｊ・ミューラーはＳＤＳやイッピーら若者の運動集団が一般視聴者にとって否定的準拠集団として機能していたと指摘している（Mueller 1973: 164）。つまり最初から敵視された存在であったがために、視聴者の多くは自然と警官を応援することになった。ミューラーは過激派の反戦運動は世論への影響という点では逆効果の側面が大きく、もし過激派の運動がなければ、反戦世論はもう少しスムーズに増加していたかもしれないとまで指摘している（同：164）。ギトリンも当時の世論調査の結果を踏まえながら、自分たちＳＤＳが「アメリカで最も嫌われる政治集団」となっていた事実を確認している（Gitlin 1987=1993: 471）。

一体なぜ彼らはここまで嫌われ者になったのだろうか。ギトリンはＳＤＳの社会的イメージ形成を大きく左右したと思われる初期報道に注目して詳細な分析を行った。そこで登場してくるのがメディア・フレームの概念

表 2-1　メディア・フレームの中のニューレフト運動

・瑣末化…運動参加者の用いる言葉、衣服、年齢など瑣末な事柄に注目して話題を矮小化
・両極化…極右やネオ・ナチなど反戦運動に対する対抗勢力を強調し、両者が「過激派」として同類であることを示す
・運動の内紛の強調・周辺化…デモが逸脱的で代表性に乏しいことを示す
・数字を用いた運動の否定、運動の効果を低く見積もる傾向
・政府関係者や他の権威による声明を信頼する傾向
・共産主義者が内部に存在することの強調
・運動が「ベトコン」の旗を掲げていることの強調、デモの暴力性の強調
・引用符を巧みに用いて当事者の言い分の正当性を暗に否定する
・右翼の反対活動に対して大きく注目する傾向

出典：Gitlin（1980: 27–8）より

である。ギトリンがメディア・フレームの定義として提示した「シンボルを扱う人間が、言葉であれ映像であれ言説を規則的に組織化する際に依拠する認識、解釈、提示の持続的パターン、選択、強調、排除の持続的パターン」（Gitlin 1980: 7）というくだりは多くの研究者によって引用されてきた。

では、このように定義されるメディア・フレームは具体的にはどのように分析されるのだろうか。まず、ギトリンはＳＤＳがマス・メディアに報道されるようになった初期段階、一九六五年の春と秋の報道を分析してメディアのフレーミング装置に表２－１に示すような傾向があったことを取り出している。

ここで登場する「フレーミング装置（framing devices）」（Gitlin 1977, 1979, 1980）なる概念は、慎重な検討に値するものであるが、ギトリン自身の分析の方法はいたってシンプルなものだ。ＳＤＳのネガティブなイメージを伝えるメディアテクストの中の記号的要素をことごとく拾い上げているだけなのだ。理論的にいえばテクストの中のあらゆる要素がフレーミング装置として機能しうることが前提とされている。いわば対面で非言語コミュニケーションが行われるとき、手や顔の筋肉が文脈に応じた動かし方ひとつで「親愛」のサインとなったり「軽蔑」のサインとなるのと同じように、メディア・テクストのあらゆる要素は社会的文脈に応じて多彩なフレーミング装置として機能することになる。

例えば大学生が主導する大規模な反戦運動が起きたとしよう。その反戦デモが一万人規模で実施され、これに対抗する右翼のデモが百人規模で行われた状況において、双方の人数の落差を無視して双方を紙面上で平等に扱おうとすることは明らかに一万人デモの政治的意味を低く評価する効果を持つ（Gitlin 1980: 47–8）。こうして二つのデモを写した同じ大きさの写真が掲載される場合、レイアウトされる写真は両者の政治的価値が等しいことを視覚的に表象する一種のフレーミング装置として機能する。

この場合、双方のデモの数の著しい落差が事実として存在しているという政治的文脈があって初めてメディア・テクストの中で視覚的に同等に扱われることのネガティブな意味が決まってくる。写真がいつもフレーミング装置なのではなく、写真はいつでもフレーミング装置になり得るというのが正しい理解である。したがってメディアテクストの中のある記号的要素をフレーミング装置として機能させている社会的な文脈も含めて考えていないと、フレーミング装置の分析はできないということだ。

さて、ここでまず注意しなければならないのは、彼はこうしたテクストの読解から浮かび上がってくる極めてネガティブなメディアの中のSDSイメージが一方的に運動を抑圧したという議論をしているわけではないという事実だ。彼のメディア・フレームの議論はあくまでもマス・メディアと社会運動の相互依存的な関係性に照準を当てている。そこで描き出されるのは、ニューヨーク・タイムズ、CBSというアメリカの有力マス・メディアという巨大な存在とニューレフトの学生運動が相互依存関係を強めていくなかで運動が急拡大し、内部的な分裂が生まれ、自分たちの運動の自己定義を管理、制御できなくなり、急進化し自滅していったプロセスである。肝心の論点は、実はこの運動体の自己定義の制御可能性という点にある。ギトリンのメディア社会学の出発点は、「自分たちが何者であるのか」という自己定義の主導権を全くの他人であるはずのジャーナリストたちに奪われてしまったことへの言い知れぬ驚きと怒りにあるといってよいだろう。

この点についていくつかの論点を区別しておく必要がある。第一に、テレビが果たした運動へのリクルートメント効果を一般世論へのネガティブな影響と区別すべきこと。第二に、運動内部の多面的な性質からひときわ暴力的でネガティブなイメージが突出することになった背景にある「有名性」文化の問題である。

マス・メディアと運動の相互作用

ベトナム戦争は史上初の「テレビ戦争」と呼ばれている。「戦場の生々しい様子をテレビ映像がアメリカ国民に伝え続けたことで厭戦気分が高まり、戦争の継続が困難になった」という説明は現在でも一般に広く流布している。

この説明をどの程度額面通り受け取るかは人によって異なる。例えばマンデルバウム（Mandelbaum 1982）のような不可知論的な立場からは、この「テレビ戦争」論が厳密な精査に耐えられるものではないことが指摘されている。マンデルバウムの議論は傾聴に値する示唆的なものだが、ここで注目したいのは彼のようなテレビの権力に対して懐疑的な立場の人間であってさえ、テレビが反戦運動の拡大にもたらした影響についてだけは否定し得ないという見解を示している事実である。彼は、テレビの反戦デモ報道は、自分と同じ反戦感情を共有する仲間たちが数多く存在することを視聴者の若者たちに教える役割を果たしたという。いわばテレビの報道が反戦運動のメンバーをリクルートする役割を果たしたのである（同：164）。

反戦運動の拡大を促進したテレビの役割について考える時、まず注目すべきは、テレビ報道の成長期とベトナム戦争が本格化するタイミングが期せずして一致していたことである。アメリカがベトナムに本格介入する契機となったトンキン湾事件（一九六四年）に先立つ一九六三年九月、三大ネットワークのＣＢＳとＮＢＣは夜のニュース番組の枠を一五分から三〇分へと拡大させていた（Hallin 1989: 105）。一九六四年に行われたある調査では、もっとも利用するニュース源としてテレビを挙げた人が五八％、新聞を挙げた人が五六％であった（同：106）。この時点で既に、テレビはアメリカ国民のもっとも重要なニュース源として成長していたのである。

マス・メディアがＳＤＳに注目するようになる一九六五年以降、テレビや新聞をみてＳＤＳの新メンバーとなるもの、支持者となるものが続々と現れた（Gitlin 1980: 127）。一九六五年はジョンソン政権が北爆を開始し、戦争がエスカレートしていった節目の年である。この年の中盤以降およそ七年半にわたってベトナム戦争関連の話題がほぼ毎日ニュースで伝えられる状況が生まれたのである。

数々の奇行と派手な言動でニューレフトを代表する有名人となったジェリー・ルービンはベスト・セラー*Do it!*（『Do it! やっちまえ』田村・岩本訳、都市出版社）において反戦運動にとってのテレビの重要性を実に明確に語っている。ルービンによると、テレビがデモの映像を視覚的に映し出すこと、この事実が何より重要である（Rubin 1970=1971: 165）。映像の中でレポーターやキャスターが言葉で何を言おうがさして重要ではない。語られる言葉よりも、何が映されているかが決定的に大事である（同：165）。自分たちと同じ気持ちの若者たちが集まってデモをしているという事実が映像を通して示されること、このことによって問題意識を触発された仲間たちが次々と同じような行動に駆り立てられるというわけだ[15]。

「30歳以上は信用するな」（Gitlin 1987=1993: 229）という過激な言葉が若者たちの間に広まった六〇年代、ニューヨーク・タイムズやＣＢＳなどの有力メディアに登場する分別ある大人たちが語る言葉をそもそもニューレフトに共感するような若者たちははなから信用していなかったのである。

こうしてニューレフトについてのネガティブな意味付けにもかかわらず、テレビによる反戦運動の報道は若者を運動に駆り立てる上で少なからぬ役割を果たした。ベトナム反戦報道が活発化する一九六五年以降新たに加入してきた新世代のメンバーは、ベトナム戦争報道に触発されてＳＤＳへの加入を決めた者が多かったため、第一世代が公民権運動や貧困問題、大学改革など多様な争点に関わる組織としてＳＤＳを運営していたのに対して、ＳＤＳは反戦運動に特化した団体であるべきだと考えていた（同：266）。ＳＤＳは急速に拡大すると同時に、運動の自己定義をめぐる世代間の大きな分裂を抱え込むようになっていったのである。

新世代は出身階層、学歴、ライフスタイル、気質などあらゆる面で第一世代と異なっていた。第一世代の多くがリベラルな白人中産階級出身でユダヤ系が割合として多く、エリート大学を卒業していったのに対し、新しい世代はブルーカラーの家庭で育った非ユダヤ系で、州立大学所属者が多くやや知的素養に欠ける傾向があり、中西部や南西部の出身者が多かったという（同：262）。彼らは「草原パワー」を名乗り、長いひげにブルーのデニムのシャツ、カウボーイスーツというラフな格好を好んだ（同：262）[16]。重要なことは、この「草原パワー」世代が、第一世代よりもあらゆる面で過激な左翼思想の持ち主たちであったこと、そして、第一世代にはこの「草原パワー」世代の暴走を制御できるだけの指導力が備わっていなかったということである（同：263）。ギトリンは、その理由について次のように興味深い説明を行っている。

われわれはリベラルを偽善的と非難することから出発して自らの政治的スタイルをつくりあげた。したがってわれわれ自身が偽善的と非難されることに一番弱かった。われわれは権威というものに対する伝統的な考え方から脱却していたが、それに代わるべき権威の原理がなかったため、より急進的な若い世代からの突き上げに対抗する術が無かったのである。（同：324–5）

若い世代の暴走を抑えられなかっただけではない。「草原パワー」世代の台頭とともに、ＳＤＳ年長世代からはより極端な暴走者が登場してくることにもなった。とりわけジェリー・ルービンとアビー・ホフマンはニューレフトを代表する有名人として悪名を馳せた（Gitlin 1980: 156）。二人とも年齢的にはギトリンより年上であるが、若い世代のヒッピー的対抗文化の思想に強く共鳴し、様々な奇抜な行動でメディアの注目を集めた。メディアがニューレフトに注いだ好奇の視線を理解するためにも、彼らの具体的な行動を以下並べてみることにしよう。

・ルービンとホフマンは一九六七年八月、仲間と一緒にニューヨーク証券取引所の床にドル紙幣をまき散らし、業務を中断させた。そしてそこに集まったレポーターからなぜこんなことをするのかと質問されると、目の前で札を燃やしてみせた（Gitlin 1987=1993: 329）。

・ルービンは衣装に神経を使った。非米活動委員会に召喚された時は独立戦争時代の軍服を着て、ドラッグを打ち、風船ガムを膨らませ、ナチス式の敬礼をし、指を猥褻に突き出した（同：330）。

・ワシントンの警察が強力な催涙ガスを使うと発表すると、ホフマンはレースという薬を使って対抗すると宣言した。それは肌や衣服に付着するとやがて血管にしみ通り、被害者は性的に興奮して場所をわきまえずに裸になりたくなるという触れ込みであった。面白がるレポーターを前に二組のカップルが水鉄砲を使って互いに液体をかけ合った後、カップルはそれぞれ服を脱ぎ始めた（同：331）。

・一九六七年一二月、ルービンとホフマンは他の仲間とともに、「イッピー」と呼ばれる集団を新たに結成した。これは対抗文化とニューレフトの融合を目指した集団で、分かりやすくいえば、堅く真面目なニューレフトの政治思想の中にLSD、フリーセックスなどに象徴される対抗文化の要素を盛り込もうとするものであった。一九六八年の民主党大会に先駆けて、彼らは次のようなスローガンをまき散らして世間の注目を集めた。このスローガンを見るだけで、イッピーの性質がよく分かると思われる。

「われわれはシカゴを焼き払うぞ！」

「われわれはミシガン湖畔でセックスするぞ！」

「政治にエクスタシーを！」

「すべての人にドラッグを！」

「くだらん党大会をボイコットせよ！」

「オルガスムスにはイッピーと叫べ！」（同：332)。

・民主党大会に関連して彼らが力を入れたことのひとつに、本物の豚を大統領候補に担ぎ出すというパフォーマンスがあった。これは、どうせ豚のような人間が大統領になるのだから、いっそのこと本物の豚を対抗馬に立てればよいという発想から出てきたものである。「ピガサス」と名付けられた豚（生後六ヶ月、目方が二〇〇ポンド）は、大会期間中マス・メディアの注目を大いに集めたという（Rubin 1970=1971: 274）。

こうした奇行が逸脱的なフレームの中で語られることは当然のことであろう。問題は草原パワー世代にせよ、イッピーにせよ、より過激でより演技過剰でより逸脱的である者ほどニューレフトの「顔」として「リアル」にみえるとメディアに思われてしまったことである。[17] タックマンはニュース記事を書くために記者が集団や組織を取材する場合、必ず「集団を代表して語ることのできる人物」（Tuchman 1978=1991: 188）が存在するという前提で取材すると論じている。ところがニューレフトは旧左翼の組織があまりに官僚組織過ぎたことへの感情的反発から極端な平等主義的組織原理を採用し、組織を管理する責任ある立場を設けなかった (Gitlin 1980: 146–78)。そのため誰が組織を代表する存在であるかについての決定権を事実上外部のマス・メディアに委ねる格好となってしまったのである。

結果として、より過激でより極端な逸脱行動をするニュース・バリューの高い人間がニューレフトの「顔」のように扱われるようになってしまったのである。それではなぜ彼らイッピーたちは、このようなパフォーマンスを積極的に行ったのであろうか。興味深いことに、ルービンはこれら一連の過激な言動が全てマスコミの気を引くための演技であったことを後に語っている（Rubin 1976=1993: 110–28)。そしてマスコミの気を引こうとしたのは、有名人になりたかったからである。有名人になりたいというのは、現代人にとって一般的な欲望であり、多くの人間がその能力とチャンスに恵まれたならば、そのチャンスを自ら放棄することは難しい。「有名性」とは現代人にとって極めて魅力的な価値ある社会的資源であり（石田 1998）、メディアはこの有名性を取引材料として、この希少資源を望む人間に対してメディアが必要とするものを要求することができるのである。ルービンは「有名性」という資源を手に入れるために、メディアに提供したものが何であったのかについて次のような興味深いコメントを行っている。

> アメリカにおける報道の役割は、最初に神話を生み出し、次にそれを破壊することである。マスコミは、まずドラマをつくり、それから役者を探し出す。60年代には「恐るべき子供たち」という役がまず最初にあり、もし僕がその役を演じなかったとしても、代わりの誰かがそれを演じたに違いなかった。……名声がもつ問題点とは、ひとつの枠の中に閉じ込められたきり、どうあがこうと自分の名前を変えられないというところにある。多くのアメリカ人は僕のことをこうイメージしている——アメリカに憎しみをいだき、爆弾を投げる人間。一日じゅうわめき続け、風呂になどまったく入らない人間。実際には、僕はそんな人間ではない。しかし、そのイメージは、実際の僕よりもずっと目的に適っている。人々は悪魔の役をやらせるために僕を必要としているからだ。彼らは僕のおかげで悪魔と対決する役を演じることができるのだ。僕が演じる悪魔とは、人々が心の中ではひそかに、本当はそれが自分の真の姿なのではないかと恐れているものなのである。（同：115-7、傍点は筆者）

「恐るべき子供」、「悪魔」の役割をルービンが演じることで、この悪魔と対決する道徳家の役割を世の多くの人々が演じることができる。皆が共通して叩ける「憎まれ役」を買って出ることで、彼は悪名ではあるが、「有名性」を手にすることができたのであった。こうした一部の人間の有名願望を満たすことと引き換えにＳＤＳは悪魔的なイメージの若者によって代表されることになってしまった。それは同時にギトリンが思い描いていた次のような運動の自己イメージがニューレフトのメディア表象となることを排除してしまったのである。

……60年代の鉄の確信の劇的な表出の下には、外部からこそ見えねど、さまざまな疑問、果てしなき疑問が出され、延々と続く議論があった。それはすべてが可能だとすればまず考えることこそが大切であり、考えたことは責任をもって実行せねばならないという前提から発したものであった。さながらもつれた糸を解くが如く思案し、再度考え、出来合いの思想を拒み、果てしなく思う――これをわが定めとまで思いつめた60年代の精神こそ、私が最も愛したものだった。（Gitlin 1987=1993: 18）

第5節　正当と逸脱の境界線

ＳＤＳ急進化の力学に関わる二つ目の論点として、アメリカのマス・メディアがベトナム戦争に反対の立場を取るようになった後にも、一貫してＳＤＳを逸脱集団として扱い続けたことが挙げられる。この点を考えるにあたって特に重要なのが一九六八年のテト攻勢後の政治状況である。

テト攻勢とは一九六八年、ベトナムの旧正月にあたる一月三一日に首都サイゴンをはじめとする南ベトナムの三四もの省都が解放戦線と北ベトナム軍によって一斉攻撃された事態を指す（松岡 2001: 86）。テト攻勢はテレビ戦争ともいわれたベトナム戦争におけるひとつの重要な局面である。というのも、一般的説明としては、サイゴンのアメリカ大使館が一時的に敵の手に落ち、奪還作戦が難航する現場の様子がテレビカメラで撮影されることで、それまで「勝利は目前である」との政府の宣伝を真に受けてきた国民の多くが米軍の苦戦する様をテレビ

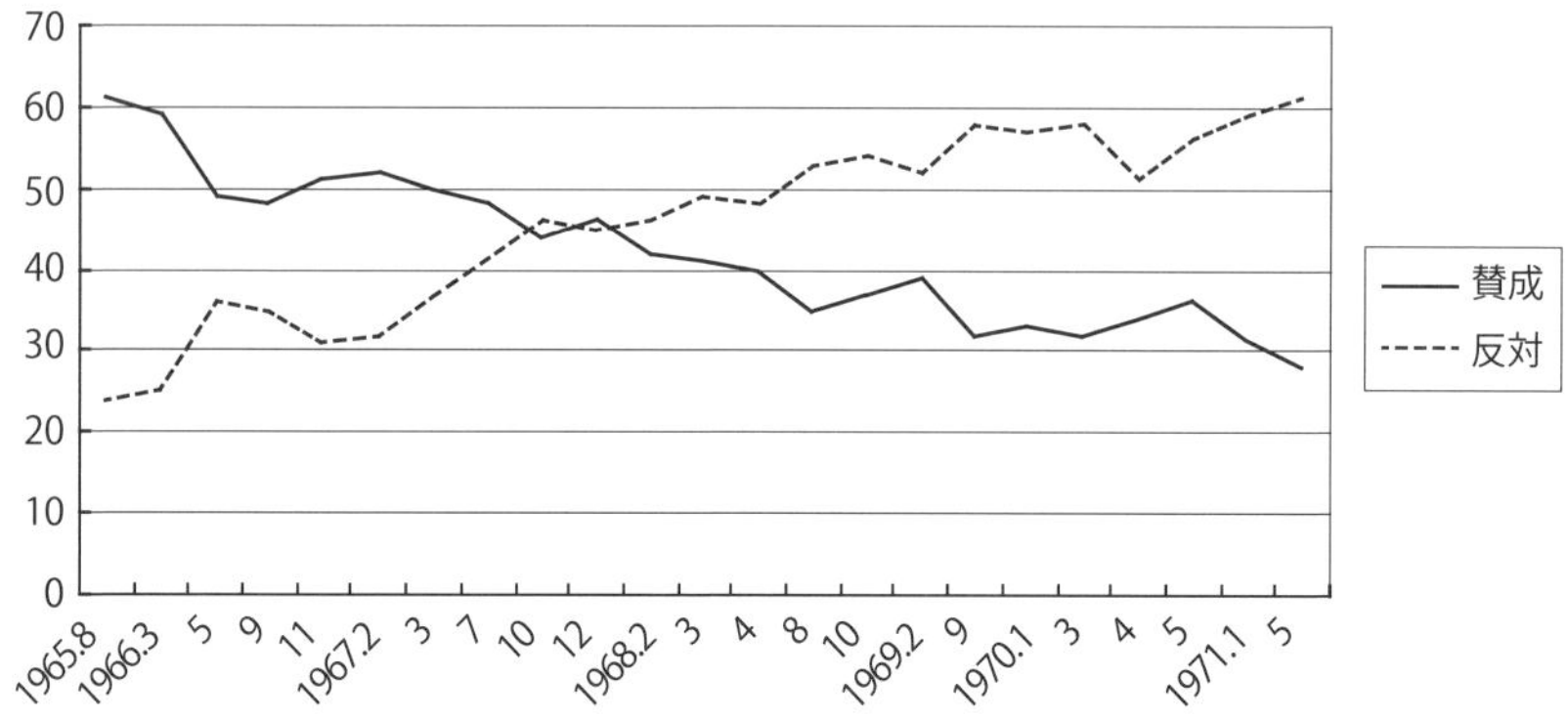

図 2-5　ベトナム戦争に対するアメリカ国内の世論（出典：Mueller（1973: 54–5）より）

で目撃し、戦争が泥沼化している現実に気がつくことになり、ここから厭戦感情、反戦ムードが高まっていく契機となったといわれているからである。事実、このテト攻勢によって米軍、南ベトナム軍は二万人を超える死傷者を出し、大きな被害を被った（同：86）。

正当性の線引き

テト攻勢後、アメリカ社会の多数意見が戦争支持から戦争継続反対へとシフトしていくなかで（図2－5参照）、政治、経済エリートが分裂し、政策判断の「正当性」をめぐる混沌とした状況が出現した。

「テト攻勢はクロンカイトを変えた」とは著名なジャーナリスト、デービッド・ハルバースタムの印象深い言葉である（Halberstam 1979=1983: 456）。CBSの名物キャスターであり「アメリカの良心」ともいわれたウォルター・クロンカイトは、テト攻勢発生後、現地取材に入りその取材成果をまとめた特別番組において、戦争が泥沼化している現状から抜け出すために和平交渉に入ることを提案した(18)。

クロンカイトはアメリカ国民の多くがそうであったように人道的な観点から戦争に反対したわけではない。勝てる戦争なら彼は反対などしなかったであろう。勝つ見込みのない泥沼化した戦争からは速やかに撤退する方が無用な政治的コストの肥大化を抑えることができるので、国益に適うと判断したまでである（Gitlin 1980: 207）。これはベトナム戦争をアメリカの帝国主義的政策の一環として捉え、「ベトコン」と心情的に連帯し、「反米的」言動を公然と掲げたニューレフトの反戦論とは大きく異なるものであった（Gitlin 1987=1993: 369）。

この相違点を明確にすることは有力メディアにとって極めて重要なことであった。ここでメディアが取った戦略は、反戦の中に「穏健」で冷静な反戦勢力と、「過激」で急進的な反戦勢力が存在し、前者こそが正当な存在であり、後者は逸脱的であることを強調することであった（Gitlin 1980: 210）。ギトリンはこのメディアの取った立場を説明するために、「穏健派対過激派」、「正当な勢力としての穏健派反戦勢力」のメディア・フレームが出現したと述べている（同：210）。

だがこのテト攻勢後の政治状況を説明するにあたっては、やや静態的な印象を与えるメディア・フレームよりも、境界線という概念を用いる方が動態的なプロセスを細かくフォローすることができると思われる。つまりこれはギトリン自身も別のところで論じているように正常と異常の区別を定義し、どこからどこまでが政治的に正当な行為であり、どこからが政治的に逸脱的かを決める「メディアの権力」に関わるものである（Gitlin 1978: 205）。

境界線概念は、ここで注目する事例のように正当と逸脱の境目が流動化する状況を分析するにあたって特に有効である。[19] テト攻勢後の状況を理解する上で重要なポイントは、まず第一に有力メディアだけが単独で反戦論を展開したわけではないということである。ダニエル・ハリンはメディアがあくまでも世論の大きな変化を先導した存在ではなく、「多数派」の態度変更を集約し表現していっただけである点に注意を喚起している（Hallin 1989: 163）。[20]

世論の変化を考える上で重要なのは、リベラル派の政治、経済エリートたちの態度変化であったといえる。その先導的役割を果たした存在として、ケネディ政権とジョンソン政権を一貫して支え続けてきたいわゆる「賢人会議」（ディーン・アチソン、ジョージ・ボール、マクジョージ・バンディ、サイラス・バンス、アーサー・ディーン、マクスウェル・テイラー、ロバート・マーフィー、アーサー・ゴールドバーグなど）の面々は象徴的な存在である（Gitlin 1980: 207–9）。クロンカイトの態度変化はこの「賢人会議」に代表されるリベラル派エリートたちの態度変化と足並みを揃えるようにして生じたがゆえに大きな意味を持ったと考えるべきであろう。

こうした政治、経済エリート内部の反戦派が生まれてくることで、社会的地位の高い信頼の置ける人物たちが反戦運動にコミットすることが可能になった（同：207–9）。もはや一部の過激派の手によるものから、反戦の動きは社会の主流へと移行していくことになったのである。その「穏健な反戦勢力」として注目を集めたのがデービッド・ホークとサム・ブラウンの発案によるベトナム反戦モラトリアム・デーである（同：217）。この反戦モラトリアムの運動は、若者たちが中心となったものであったが、上院議員や各界の著名人が協力者として名を連ねた。

一九六九年一〇、一一月にモラトリアム・デーが実施された折には、メディアは好意的にこれを迎え、CBSのクロンカイトは、この反戦運動を「劇的で歴史的規模のものと紹介し、威厳を保ち、責任感の伴った抗議であり、アメリカ人の良心を示すものであった」と述べた（同：221）。

他方ニューレフトの側から見て、有力メディアの引いた境界線は極めて偽善的なものに映ったことであろう。SDSの反戦運動を最初から一方的に否定的に捉えてきたメディアが、勝てないことが分かってにわかに反戦を言い始め、穏健派と過激派の間に線引きをして自分たちだけが正当な反戦勢力であると言うのだから、これは身勝手という他ない。

そもそもメディアが境界線を引く際に依拠する論理は、ギトリンの立場からは理解しかねるものであっただろう。例えば彼にとって重要な意味を持つ境界線は、トム・ヘイドンとルービン、ホフマンの間にあったはずだ。ヘイドンはSDSの良質な精神を代表する人物であり、ルービンとホフマンのような不謹慎で節操のない乱暴者と一緒にしてよい人間ではないとギトリンが考えていたことは彼の著作によく示されている。ところが、メディアの側からみれば、ギトリンにとってのこの重要な区別はほとんど何の意味も持たないものであった。

シカゴ民主党大会の騒乱の後、運動を先導したとみなされた主要人物たちが刑事裁判にかけられることになり、その面々は「シカゴ7」などと呼ばれてマス・メディアの大きな注目を集めることになった。その際メディアは「シカゴ7」を代表する人間としてホフマンとルービンにもっぱら注目した。ギトリンは「なぜヘイドンではなく、ホフマンとルービンなのだ」（同：174）と疑問を投げかけているが、ニュース・バリューという点でいえば彼らイッピーの連中に注目する方がはるかに面白かったのであろう。

さて、正当と逸脱の間に線を引く基準は、メディアと政権の間でも大きく食い違っていた。メディアの引いた「穏健」な反戦と「過激」な反戦の間の境界線を、ニクソン政権は徹底して相対化しようとしたのである。ニクソンの側から見れば、反戦勢力は全て利敵行為に加担する反愛国的な輩に過ぎなかった（同：224）。戦争継続中に国内で実施される大規模な反戦運動は、敵に塩を送る行為に等しく、反戦モラトリアム・デーを大袈裟に持ち上げるメディアの行為は国益を著しく害する「反愛国的」なものでしかなかったのである。

しかし反戦勢力はみな一律に「反愛国的」であるという政権側の姿勢は、メディアにとっては我慢ならないものであった。クロンカイトは、政府高官から「報道はすべからく愛国的でなければならない」と指摘された際に、堪忍袋の緒が切れて「愛国主義というのはどうやって定義するのか」と猛然と反論したエピソードを紹介している（Cronkite 1996=1999: 323）。何をもって「愛国」とみなすかは単純ではなく、間違った戦争に反対する行為こそが本当は「愛国」的なのかもしれない。クロンカイトは自らこそが真の愛国者であるとは強弁しなかったようだが、彼の口調からは、「反愛国的」であるというレッテルが自分の名誉を著しく傷つけるものであった事実がよく伝わってくる。

ニューレフトと新保守主義者の「メディアの権力」批判

テト攻勢後の「境界線の政治」は、そのまま六〇年代後半から七〇年代にかけての言論とアカデミズムの領域で断続的に続き、ベトナム戦争の社会的記憶のされ方、ひいては六〇年代という時代そのものの記憶の形を左右するに至っている。そしてメディア研究それ自体もこの抗争の中に組み込まれてきた側面が強い。事実、ベトナム戦争を形容する「テレビ戦争」や「リビングルームの戦争」といった表現は、敗戦の責任をテレビに押し付ける議論と強く結びついてきた。

テト攻勢はこの文脈においてもやはり重要なケースである。しばしば言われることは、テト攻勢が、軍事作戦としては相手方の大失敗であったという事実である（松岡 2001：86）。大規模な市街戦となったテト攻勢では、密林の神出鬼没なゲリラ戦に手を焼いていた米軍が、自らの近代兵器を遺憾なく使用することができたため、最初不意を衝かれたものの体勢を立て直して以降はむしろ有利に戦いを進めることができた。結果的に解放勢力側が四万五〇〇〇人の被害を出した（同：86）。

この点を踏まえて、ベトナムの敗戦の責任をメディアの「偏向報道」に求める意見が一部の人々の支持を集めてきた（同：291）。敵の敗北を味方の惨敗であるかのように描いてアメリカ国内の厭戦感情を増幅させたことは罪が大きいというわけだ。そしてこの「偏向報道」はベトナム戦争終盤においてニクソン政権が政治争点化した重要なテーマであると同時に、メディア批評、メディア研究を極めて政治性の強いものに変えていったキーワードである。

ニクソン政権はマス・メディア批判を政治争点化し、対決の姿勢を強めていった(21)。この時メディア批判の急先鋒を務めたのが副大統領スピロ・アグニューであった。彼は一九六九年一一月に有名なメディア批判（正確にはテレビ批判）をテーマとした講演を行い注目を集めた。大統領専属のスピーチライターであったパトリック・ブキャナンが書いたといわれるこの演説の内容は秀逸なものであり、アメリカ国民の民主主義の規範に鋭く訴えるものであった（Hallin 1989: 184）。

曰く、選挙を通して選ばれた代表に権力が集中することに対してアメリカ国民は大変敏感である。それなのに選挙に選ばれたわけでもないごく少数の人間たちがつくる偏ったテレビ・ニュースに対して、現状ほとんど何のチェックも働いていないのは大変問題である。テレビ報道に対する政治的検閲を求めているのではない。そうではなく、既にテレビという大きな影響力を持つメディアにおいては、「偏向報道」という形である種の検閲が事実上働いているのではないかと言っているのだ。国民はテレビ局に抗議の手紙を書くなど、賢明な消費者として行動する必要がある[22]。

今日のネットユーザーたちが激しく賛同しそうなマス・メディア批判の内容であるが、ここで政治争点化されている「偏向報道」問題は、既に触れた「境界線の政治」の延長線上で理解していく必要がある。メディアが境界線を引いて「正当性」の配分を行うことに対して、政権はメディアそのものの社会的信頼性を土台から揺さぶろうとした。つまりメディアがどれだけ穏健な反戦勢力を「正当」であると定義しても、メディアの主張そのものがもともと不公正に「偏向」しているのであれば、メディアの「正当性」の線引きに価値などなくなってしまう。つまり細かなイメージ戦略などでメディアのご機嫌を伺うというやり方ではなく、メディアの存在そのものを疑問に付すことで、メディアの引く境界線を相対化しようとしたのである。

こうしたニクソン政権の提起した「偏向報道」問題は、保守系のシンクタンク、知識人の間で共有されるようになり、七〇年代を通じてメディアの「偏向」をめぐる研究成果が相次いで発表されていくこととなった。そしてそれら研究成果は新保守主義と総称される一群の知識人の間で共有され、いわゆる「ニュークラス」批判へと結晶していくことになったのである[23]。ここでいうニュークラスとは、脱工業社会の中で社会的重要性を持つに至った知識人の集団であり、広い意味での公共部門、大学、研究所、マス・メディアなどの文化部門に属する知識人のことを指している（佐々木 1984: 107）。これら知識人がハロルド・ラスウェルのいう「シンボル・スペシャリスト」として政治を支配し、「公共部門での改革を自己目的化」していったというのである（同上：107–8）。
ギトリンのメディア・フレームの概念には、こうした保守の側の「偏向報道」論に対するニューレフトの側からの応答という側面があることは間違いない（Gitlin 1977）。だが、いま改めて双方の議論を見比べて印象に残るのは、ニューレフトと新保守主義のメディア分析の相違点ではなく、共通点である。テト攻勢後の混沌とした政治状況の中で、有力メディアが正当性の領域を言論を通して再構築していくプロセスにおいて、ニューレフトも新保守主義もともにメディアに強い不満を抱き、その力を相対化するためにマス・メディア分析を必要とした。ギトリンが用いたメディア・フレームとヘゲモニーの概念の組み合わせは、新保守主義者の偏向報道とニュークラスの概念の組み合わせに極めてよく似ている。両者は政治思想的には敵対的立場にありながら、ともにマス・メディアに強い不満を持ち、「マス・メディアの権力」を問題化したのである。[24]
ここから浮かび上がってくるのは、政治状況が流動化する局面において、マス・メディアがどこからどこまでが政治的に「正当」であるかという境界線を引きながら、正当性の社会的配分に深く関わり、正当な勢力（われわれ）の範囲を確定し新たな社会的合意を生み出していこうとする姿である。そして六〇年代アメリカ社会においては、政治意識が鋭く「分極化」し、政治的中道のポジションがやせ細って政治的コンセンサスが衰退していく状況が生まれ、多数派形成、合意形成に深く関わるマス・メディアが、その合意形成の境界線から排除される左右政治勢力から挟撃されることになった。すなわちマス・メディアは、政治意識の分極化を促進し、政治的コンセンサスを衰退させるプロセスに自ら率先して関わりながら、まさにそのことによって合意形成機関である自らの権力を告発するニューレフトやニューライトのような批判者を増加させることになったのである。

第6節　公的言論空間における「常識」

これまでトッド・ギトリンの *The Whole World is Watching* を読みながら、彼のメディア・フレームの概念に詳細な検討を加えてきた。以上の検討を踏まえて、構成主義的な立場から「マス・メディアの権力」について考える上で重要な示唆を以下抽出したい。

第一に、ギトリンの議論はマス・メディアの一方的で抑圧的な報道への告発という単純な図式で捉え切れるものではなかった。むしろ彼が描き出しているのはSDSの自滅の形である。ニューレフトの運動がマス・メディアと相互依存を強めていくプロセスを、運動の自滅の形として描き出そうとしたのが彼のメディア分析の特徴的な側面といえる。

マス・メディアの報道が運動に対するネガティブなイメージを増幅したことは紛れもない事実であるが、SDSのイメージそのものの形成過程を理解する上で重要なのはあくまでもメディアと運動の相互依存の形であろう。例えば、運動が指導者を敢えて設けずに全員参加型の直接民主主義にこだわったこと、ニュースのフォーマットとして集団を代表する「顔」が絶えず要求されたこと、「有名」になりたくて敢えて奇抜な行動を強調する「演技」を必死になってやった若者たちが少なからずいたこと、こうした条件が積み重なってSDSのネガティブなイメージが報道を通じて増幅されていった。

第二に、ギトリンは「マス・メディアの権力」がメッセージを受け取るオーディエンスの心理的側面に限定して把握される考え方を「支配的パラダイム」における特有のバイアスと位置付けており、もっと異なる形の「マス・メディアの権力」の記述の方法があり得ることを考えていた。

端的にいって、「マス・メディアの権力」に関するギトリンの関心は公的言論空間における「常識」の再生産過程にマス・メディアが中心的に関与している点に注がれている。メディア・フレームであれ、正当と逸脱の境界線であれ、事件や出来事の社会的意味を公的言論空間における「常識」として書き込むことそのものに「権力」が見出されている。

そして、この視座を支えているのが彼のヘゲモニー論であった。ヘゲモニーとは一般に支配集団がその「支配に対する同意を従属者たちから引き出すために用いる実践的戦略の全領域」と定義されるものである。この意味において「イデオロギーを含むが、イデオロギーに還元されるものではない」のであり（Eagleton 1991＝1999: 241）[25]、イデオロギー分析だけで終わるヘゲモニー論はいかにも物足りない。

しかしギトリンはイタリアの思想家アントニオ・グラムシの議論を参照する中で、支配者が自らの思想を洗練し「従属者の常識（コモン・センス）や日常的実践へと浸透させることを通じて」支配に対する合意を獲得するという点に重きを置いている（Gitlin 1980: 253）。

彼のヘゲモニー論がいま改めて読み直してもなお示唆に富むもっとも重要な点は、少なくともリベラル・デモクラシーの政治体制下にあるアメリカ社会においては、公的言論空間における「常識」形成過程を、政府も他のどのような集団も、そしてマス・メディア自身でさえも、排他的、独占的に支配することはできないという点が一貫して把握されている点にある。この点が彼の記述を複雑化させていることは否めないが、この複雑さを記述し切れないようでは現代の「マス・メディアの権力」について語ることはできない。

政府の情報操作が短期的に世論操作に成功することがあっても、その政治的メッセージが長期的に社会に浸透し、定着するためには小手先の説得では通用しない。時代の価値観にかない、市民社会の中で納得される側面がなければそれは「常識」として定着しない。またマス・メディアも社会「常識」から浮き上がった見解を提示し続ければ視聴者から激しい抗議を受け取ることになるし、何よりも政治意識の「分極化」が急激に進んでいく状況下においてはマス・レベルで統一された「常識」形成は困難となり、マス・メディア主導の「常識」形成の回路が他の政治勢力から激しい攻撃を受けることが、ニクソン政権下におけるベトナム戦争報道のギトリンの分析を通じて明らかにされている。

この分析成果は、インターネットが完全に社会生活の基幹インフラとして定着し、政治意識の分極化が深まりつつある今日のメディア政治を理解する上でも示唆に富むものである。マス・メディアは意図せずして政治意識の「分極化」を推し進め、そのことによって社会常識の更新を通じた社会的合意形成という自らのもっとも重要な役割に対する敵対意識を社会の中に増大させてきたのだ。[26]

公的言論空間で再生産される「常識」が、公的な政治的意思決定を正当化したり批判したりする究極の拠り所となる以上、「常識」の中に同時代の出来事がどのように書き込まれるかは極めて重要な問題である。マス・メディアを形容する言葉としてよく知られる「第四の権力」という称号は、この常識の再生産の過程にもっとも特権的にアクセスできる位置にいることを示すものとして理解するべきであろう。そしてその「第四の権力」であってもこの常識の再生産過程を完全に独占、掌握することはできないということの事実こそ、「マス・メディアの権力」の問題を考える上でもっとも基本的な認識とならねばならない。

以上、本章においては、アメリカのメディア社会学者トッド・ギトリンの *The Whole World is Watching* を読み直す試みを通して、マス・メディアの権力をめぐる複雑なコミュニケーション過程を記述することの意義について論じてきた。こうした点は、「シンボル化の政治学」についての研究を進めていく上でも極めて重要な前提となるものだ。シンボル化の政治学は、政治コミュニケーション研究の構成主義が積み上げてきた成果を共有するところから出発しなければならない。

第3章　川辺川ダム問題と境界線

前章に引き続き本章においても、政治コミュニケーション研究の構成主義の考え方の特徴を具体的な事例研究を通じて示していきたい。

常識や規範などの「共通の知識」が構築されるプロセスを丁寧に論じようとする姿勢こそが、構成主義的な視座の強みであることを前章において強調した。本章においても再度、この点を強調していきたい。つまり、錯綜する複雑なコミュニケーション過程の中で、「メディアの権力」がどのように作用しているのかを詳細に読み解いていける点こそが、構成主義的な方法の長所であるということだ。

本章においては、川辺川ダム問題の報道を事例として取り上げる。この事例は、非常に複雑な経緯を辿って展開してきたために、メディアがどのような角度から現実を切り取るかによって、問題の見え方が大きく異なってくる。事実、この問題に対する全国紙と地方紙の報道の仕方は大きく異なっていた。そこで、本章においては全国紙と地方紙との報道を比較しながら、争点の意味を定義する「メディアの権力」が、どのような形で作用しているのかを詳しく分析してみたい。

第1節　全国紙と地方紙

川辺川ダム問題の概要

熊本県にある日本三大急流のひとつ、球磨川の最大支流川辺川にダム建設計画が持ち上がったのは一九六六年のことだった。高さ一〇七・五m、幅約三〇〇m、総貯水量一億三三〇〇万㎥にもなる九州最大級の川辺川ダムは、流域農家に灌漑用水を供給する利水、球磨川流域の洪水調節を行う治水などを主な事業目的として計画された。

ダム水没予定地の五木村では、当初からダム建設事業に対する村民の意見を一本化することが困難を極めた。だが、反対派の住人たちが抵抗を続けてダム本体の建設事業の着工が延期され続けるうちに、この事業を取り巻く社会的環境が大きく変化していくことになった。とりわけ大きな転換点は、環境問題の観点からダム建設に反対する人々が増加していったことである。一九九〇年代後半に環境庁の調査で、球磨川水系の川辺川の水質が日本一という調査結果が発表されたことは重大な節目となったといってよい。ダム建設事業が、「日本一きれいな川」の水質に悪影響を及ぼすことを懸念する人が増え、反対運動が瞬く間に広がっていくこととなったのである。こうして川辺川ダム問題は単なる一地方の問題ではなくなり、自民党長期政権がつくりあげた利益誘導型政治の典型的弊害、「無駄な公共事業」の典型として意味づけられ、シンボル化されていくことになったのである。

その一方で、五木村ではダム建設事業が進められることを前提として、人口が大量に流出することになり、村の存続そのものが危ぶまれるようになっていった。そのため、村の解体を防ぐために、ダム建設反対派は、反対の旗を下ろし、ダム建設と引き換えの補償事業に村の再建を託さなければならないような状態に陥った。

こうして川辺川ダム問題をめぐっては、五木村に残った村民らがダム事業の推進派となり、下流域の環境保護団体を中心とした反対派と対立する構図が生まれたのである。そして、推進派と反対派の膠着状態が続くなか、ひとつの政治決断が下された。二〇〇八年に蒲島熊本県知事が「ダムは必要ない」と表明し、これを受けて二〇〇九年に民主党・前原国土交通大臣が、事業計画の中止を宣言したのである。実に計画から四〇年以上を経て、ようやく下された政治決断であった。こうして誰の目にも、川辺川ダム問題は政治的に決着した問題であるかのように思われていた。

ところが、二〇二〇年七月に発生した戦後最大規模の豪雨災害によって、球磨川流域では六五人の死者が発生した。その後国の検証委員会にて「ダムがあれば被害を軽減できた」との見解が示されたことを受けて、蒲島知事は「ダムによらない治水」という自らが掲げた政策を撤回し、流水型（穴あき）ダムの建設を国交省に要請するに至った。二〇二二年三月現在においても、この新たなダム建設論をめぐる議論が続いている。

さて、以上のような複雑な問題の経緯を踏まえた上で、本章では、かつてこの川辺川ダム問題に取り組んだ二つの新聞ジャーナリズムの試みに注目する。ひとつは、毎日新聞の福岡賢正記者による一連の記事である。福岡記者は同紙熊本版で一九九一年八月から一九九五年九月まで特集「再考川辺川ダム」を連載し後にそれを『国が川を壊す理由』[1]（1996）にまとめ、その後も断続的にこの問題に関する記事を書き続けた。

いまひとつは、熊本日日新聞「考・川辺川」[2]シリーズの中核として二〇〇〇年一月から二〇〇一年四月にわたり連載された「五木日記」である。本章では連載が収録された著書『巨大ダムに揺れる子守唄の村』（他に「続・五木日記（二〇〇一年九月）」「五木から（二〇〇二年六月から二〇〇四年一一月）」も収録）を取り上げる。

本章における具体的な作業課題は、双方の試みを全国紙と地方紙の視点の比較という観点から検証することである。全国紙と地方紙の視点の相違については既に一定の先行研究がある。その中で例えば森は、「地域と一体化した新聞作りを行う反面、郷土のしがらみを断ち切れず、保守的になりがちな地方紙」と『鋭いよそ者の眼』を持ち、合理的に割り切った取材をする全国紙の記者」という比較対照を行っている（森 1993: 178）。

森は、それぞれの視点の功罪を、ケース・バイ・ケースとしているが、ここでとりあげる二つの試みは、それぞれの持ち味、長所が際立った例であると考えられる。

全国紙毎日新聞の福岡記者はいち早くダムの非合理性を指摘し、反対運動と世論を広く喚起したのに対し、熊本日日新聞では反対世論が最高潮に高まった只中で、忘れ去られている五木村の住民こそが最大の当事者であると地元紙にしかできないような形の問題提起が行われた。

ここにみられるような双方の視点の相違を、実際に書かれた記事のレベルで検証し、かつそこに「メディアの権力」の問題を捉えることが具体的な課題である。そのために本章においてはジャーナリストが『境界線』を引く行為を「権力」の行使として捉えることにする。ここでいう「境界線」とは「われわれ」と「かれら」、「敵」と「味方」などに人間の群れを区分するために人為的に引かれるものとしてまずは定義しておきたい（杉田 2015: 15）。

境界線の政治学

ただし、近年の社会科学において、境界線に関する関心が領域横断的に強まりつつある点には一応言及しておいた方がよいであろう。「境界」ないし「境界線」は、border と boundary という二つの英語表現に該当する。主に国境線を意味する border に関しては、地理学、地政学、国際政治学を中心としたボーダー・スタディーズの胎動がみられる（例えば Medina-rivera & Orendi 2007; 岩下 2010; Wilson & Donnan 2012; Wastl-Walter 2016）。他方で、集団的アイデンティティや様々な種類の社会領域、社会生活上の単位の境界に関わる言葉である boundary については、社会学者を中心としたこれもやはり学際的な研究群の胎動がみられる（Lamont &

Fournier eds. 1992; Lamont & Molnar 2002）。

境界線という概念をめぐっては様々な議論が提起されつつあるが、この概念の理論的有効性について吟味するならば、やはり中核的メタファーとして機能するのは「国境線」であろう。そもそも近年境界線の概念が社会科学のあらゆる分野で関心を呼ぶようになったもっとも大きな背景は、グローバル化の進展によって国境線で囲われた国民国家の内と外の区別が揺らぎ始めていることにある。もちろん国境線の相対化現象が直線的に進んでいるわけではない。国境線が薄れ、国民国家の内と外の区別が揺らぎ、ナショナル・アイデンティティの基盤が弱体化するほどに、それを奪い返そうとする強烈な衝動が形を取って現れ始めていることも紛れもない事実である。

しかし、理論の問題として本質的に重要なのは、こうした外在的な環境そのものではない。むしろ国境線のリアリティが揺らぎ始めた国際環境を背景としながら、国境線という限定的なテーマの文脈を越えて「境界線」概念そのもののより普遍的性質に反省的考察を加える動きが本格化してきたことだ。

政治学者の杉田敦は国境線の内側に自閉した思考を超えるための一連の試行錯誤の試みを「境界線の政治」という言葉によって表現した（杉田 2015）。何より興味深いのは、政治思想史の専門家である杉田が近代という時代の中で国境線が果たしてきた大きな役割を踏まえながら、さらにそこからもう一歩踏み込んで、そもそも「政治」とは常に何らかの境界線によって人間の群れを囲い込む営みであったという新たな説明原理を獲得する水準にまで到達していることである（同：15）。そこから浮かび上がってくる「異質性」「敵対性」の制御技術のメタファーとしての「境界線」概念は、今後の政治コミュニケーション研究やジャーナリズム論にとっても有益なアイデアとなり得るものである。

杉田の議論においてさらに重要なことは、「境界線」をめぐる〈問い〉を、政治思想史を新たに読み直すための読解の切り口としても用いていることである。重要な政治思想の中には明示的にであれ、暗黙のうちにであれ、あるいはその立場が右であれ左であれ、常にこの境界線をめぐる問題が含まれている。例えば以下の分析と考察においても注目することになる、「友」と「敵」の区別の重要性を論じたカール・シュミットの思想がその重要な例である。シュミットは、有名な『政治的なものの概念』において、「友」と「敵」の間に敵対的な境界線を引く「政治的なもの」の論理と価値を高く評価し、これを懸命に相対化しようとしてきた自由主義者の思想を強く批判したことは周知の通りである（Schmitt 1933=1970）。

シュミットの思想の中に「境界線」の考え方を読み取ることは容易だが、見落としてはならないのは、彼が目の敵にした自由主義者の思想もまた「境界線」に対するひとつの思想的表現として読めるということである。人と人の間に引かれる敵対的な境界線の存在を積極的に見ようとすることも、また見ないようにすることも、いずれもひとつの思想的態度表明なのである。もちろん政治思想家のテクストだけではない。社会問題を報じるメディア・テクストにおいても様々な境界線を読み取ることが可能であり、境界線を強く引こうとする立場と極力相対化しようとする立場が観察されるであろう。

以下の分析においても、敵対的な境界線を強く引こうとする立場と、そうした敵対的境界線を相対化しようとする二つの立場のせめぎ合いに焦点が当てられることになる。川辺川ダム問題に取り組んだ毎日新聞福岡記者と熊本日日新聞の立場は、「推進派」と「反対派」の間に強い境界線を引き、「推進派」を徹底的に批判しようとした立場と、「推進派」と「反対派」の間に敵対的な境界線が引かれることで地域社会の中に対話不能な分断状況が生まれることに抵抗し、推進派と反対派を同じ「地元」に住む「われわれ」というカテゴリーに囲い込んだ（つまりは地元とよそ者の間に境界線を移動させた）立場として要約することができるのである。以下この点について詳細な検討を加えていくことにする。

第2節　「受益者」の再定義

ここではまず、毎日新聞福岡記者と熊本日日新聞の記事が書かれた一九九〇年初頭から二〇〇〇年代初頭にかけて、川辺川ダム問題がどのような状況に置かれていたのかを、いくつかの要点に絞って確認しておきたい。

一九五七年制定の特定多目的ダム法に基づく川辺川ダムは、国の直轄事業に区分され、事業主体を国土交通大臣が担う（以下、国と表記）。このことは、二〇〇一年に脱ダム宣言を行った田中康夫長野県知事が中止を決定した県営浅川ダム、下諏訪ダムと違って、知事が事業中止を行う法的決定権限を持たないことを意味している（福澤 2002: 2–3）。また地方自治体ではなく国家組織が事業主体となる「大規模公共事業」の場合、反対運動との社会的距離が非常に大きく事業主体外部からの圧力が強くかからない限り事業の軌道修正や中止の決定は起きにくい（船橋ほか 1985）。ジャーナリズムが喚起する世論は、この場合重要な外部圧力のひとつであるといえる。

ここで問題にしたいのは、世論が喚起され外部圧力が形成される一連の過程に先立って、ジャーナリストが争点に関する「意味を取り出す」局面が存在し、そこに人間の群れを「受益者」「推進派」「反対派」「地元」「よそ者」などの様々なカテゴリーの〈囲い〉の中に組み込んでいく契機が孕まれるということである。興味深いのは、こうした「受益者」なり「推進派」なりのカテゴリーが所与のものとして受け取られるのではなく、「どこからどこまでが受益者なのか」という形でカテゴリーの〈囲い〉の境界線が引かれ直されるということである。

「ダム建設目的の形骸化」を示す材料を収集し、「誰のためのダムか」という問題提起を行った福岡記者の文章の中にはこうした「受益者」カテゴリーの再定義作業を見出すことができる。注目すべきは、「受益者」カテゴリーの再定義作業は、ダム建設事業の公共性、正当性を左右する重大な側面に深く関わっていることである。

「受益者」の公式の定義

多目的ダムとして計画された川辺川ダムは、国の公式説明によると、①洪水調節、②灌漑用水の確保、③流量の正常な機能の維持（渇水時に川に水を送り、動植物保護、川下りの実施を可能にするという目的）、④発電、の四つに事業目的が分類される[3]。福岡記者はこのうち特に①と②について目的が形骸化していることを指摘したが、②に関してはその後「受益者」とされていた農家が「ダムの水は要らん」との立場から国を相手に訴訟（利水訴訟）を起こして勝訴した。

このことは「受益者」なるものの公式の定義が極めて恣意的であることを示唆しており興味をひく。以下建設の主目的とされる洪水調節に限定して議論を進めることにするが、ここでも全く同様の事態が観察される。

球磨川は過去四〇〇年の間に百回もの洪水を経験している「暴れ川」である。一九六〇年代に連続して起きた水害、特に一九六五年に下流の人吉市を襲った大水害では、流域で死者六人、家屋の損傷・流出一二八一戸という大きな被害を経験している（丸野 2004）。こうした経緯があるため、ダム建設計画では、灌漑用水の供給を受ける農家と並んで水害が懸念される流域市町村をダムによる「受益者」と位置付けている。

球磨川に治水事業が必要なのは確かなことであるが、ダム問題が長期化し、「受益者」を取り巻く環境が変化してきた状況下において、治水が絶対にダムによるものでなければならないのか否かが問われるようになっていったのである。福岡記者はダムに頼らない治水こそが望ましいという結論を提示した。興味深いのは、この結論を導き出す過程で境界線の引き直し作業が決定的な役割を果たしているということである。以下三つの点からこの作業を検証してみたい。

「受益者」カテゴリーから退場した人々

第一に当の「受益者」の認識に注目している点が興味深い。具体的には、流域市町村最大の「受益者」とされている人吉市で行われたアンケート調査（一九八一年実施）において、「受益者」であるはずの住民たちがダムの洪水調節機能に大きな期待を寄せていないことに焦点を当てている。「水資源の有効利用」、「防災」、「漁業資源や観光資源への影響」などを含む五つの選択肢でダムに関する質問が行われた結果、ダムの最大目的である「防災のため望ましい」が、全選択肢のうちもっとも低い七・五％であり、もっとも高かったのが「漁業・観光資源に影響を及ぼす」の三二・七％であったという（福岡 1996: 150）。

洪水調節効果への期待が低いことの理由のひとつに、住民の中に根強いダムへの不信感が存在することを指摘できる。ダムが洪水の危険を抑止するよりもむしろ、大雨時に水を一斉放流することでかえって水害の危険性を高めると考える人々が少なからずいるのだ。福岡記者は既存の発電用ダムのために、水害規模が深刻になったと憤る中流部の住民の声を紹介しているが（同：144–9）、先に触れた一九六五年の下流部人吉市を襲った大水害に関しても球磨川上流の市房ダムこそ被害を拡大したのではないかという「市房ダム犯人説」が中・下流住民の中にあるという（福澤 2002: 6）。

流域住民のこうした声に対し、国の担当者は「住民はのど元過ぎれば熱さを忘れがち」であるが、われわれには「国土を保全する使命」があるとの見解を示しているという(4)。これに対し福岡記者は、住民の声に謙虚に声を傾けるべきなのではないかとの指摘を行っている（同：152–5）。「受益者」の定義をめぐる争いをここに見て取ることができるだろう。

河川工学の知見を前提として行われる治水の論争には、一見大雨が実際に降れば「正解」が判明する厳密な客観性が存在しているようにもみえるが、そうではない。例えば川辺川ダム治水論争が継続する中で到来した二〇〇五年の台風一四号が引き起こした水害については、「百十戸に余る家屋の浸水被害があった。地元も治水を早くという声が強い」という国側の見解と、「これほどの被害はダム計画のせい。私たち被災者をダム推進のだしに使わないで」というある被災者家族の意見が正面から衝突している（毎日新聞西部朝刊二〇〇五年九月一七日）。つまり「受益」をめぐる認識の違いで洪水という自然現象の意味付けは大きく変わってくるのである。

「受益者」カテゴリーの囲いの内側に流域住民を組み込もうとする国側に対し、アンケート調査への注目やインタビューを通して、「受益者」扱いされることを拒否する流域住民の声を紹介することは、流域住民を「受益者」カテゴリーの囲いの外側に置き直そうとする試みだといえるだろう。

境界線の強化

第二に、「受益者」の定義を問う作業に加えて、データを用いてダムの非合理性を論証する作業が熱心に行われている。一例としてダムの「洪水調節効果」の問題を取り上げるなら、「80年に一度の洪水でも安全に流れる」という国の計画目標に関して「80年に一度の洪水」の規模が適切に計算されているか否かを自ら検証する作業が行われている。そして国が採用している算出方法に沿いつつ、自ら公開を要求して入手した流域の雨量データを重ねる作業を行った結果、一九九五年に国の計算では「80年に一度の洪水」が起きるはずの大雨が降っているにもかかわらず、実際のピーク流量が計算値よりも低く、流域に大きな被害が出なかったことを突き止めているのである（福岡 1996: 228–34）。

ここで指摘された洪水調節効果の問題は、その後民間研究グループ「川辺川研究会」が国側と同一データを用いながら「80年に一度の洪水」でもダム以外の河川改修などの方法で対応可能という趣旨の報告書を発表したことで大きな注目を集めるようになった[5]。福岡記者は一般読者に報告書の意義を理解してもらうために、これまで国がもっとも頼りにしてきた河川政策の権威とされる人物を取材し「新しい河川法が示すこれからの河川計画のひとつの方向を示したものとして、高く評価します」とのコメントを引き出している（毎日新聞西部朝刊二〇〇一年一一月一〇日)。

以上の試みは、自らが行った「受益者」カテゴリーの再定義作業を補強する試みであるといえる。つまり新たに再定義したカテゴリーの〈囲い〉の内側と外側への振り分け(=流域住民は受益者カテゴリーの外側に位置するという主張)は、「客観的」なデータによっても、また専門家によっても保障されるものであることを示そうとしたのだといえる。

「真の」受益者の特定

流域住民が「受益者」カテゴリーの〈囲い〉の外に置き直され、その作業の補強が図られたことを確認した。ではこの事業にはそもそも「受益者」が存在しないのだろうか。この疑問に対して福岡記者は、「[国が定義する]『受益者』たちの苦闘の陰で、ひそかにほくそえむ者たち」(福岡 1996: 214)がいると指摘する。これが第三点目、「真の」受益者の特定化の作業であり、ここで登場するのがいわゆる政・官・業の癒着の問題である。

特に目をひくのは、国が発注する公共工事が業者や政治家にとって「うまみ」があるという指摘である。予算に制約がある地方自治体と異なり、国が積算する予定価格は人件費や資材の量、工事期間なども実際よりかなり多めに設定されているという。福岡記者が「ある業者」から実際にみせてもらった積算表には、業者が人件費として実際に払う労賃の二倍の単価で、工事価格が見積もられていた(同:189)。大規模な工事の場合地場企業は大手業者の下請けにしか入れないが、元請けから下請けには一五~二五%、さらに孫請けには一〇~一五%の「ピンハネ」が起きるという。それでも事業が成立するのには、このような事情があるからだと解説が加えられている(同:194)。

また熊本県内の建設業者で構成される県建設政治連盟が「地元企業の仕事量確保のため」として、各業者ごとの政治献金とは別に、公共工事の受注業者から受注額に応じた寄付金を徴収し、政治資金団体を通じて自民党熊本県連に献金していた事実が明るみに出たことにも触れている。[6] その上で公共工事費の一部が自民党に「上納」されるシステムが存在するがゆえに自民党熊本県連がダム建設推進に積極的に関わってきたことを説明しているのである（同：196）。[7]

以上、福岡記者による「受益者」カテゴリーの再定義作業を検討してきた。流域住民が「受益者」であることを否定し、政・官・業という「推進派」勢力の癒着の中に「真の」受益者を見出そうとする試みは、ダム建設事業の「公共性」を否定し、その正当性を否定するものであったといえる。「推進派」は決して公共の利益のために事業を進めようとしているわけではないという調査報告は、ダム「反対派」の活動や言論にこそ正当性があることを証明しようとするものであった。

第3節　境界線の相対化

ダム建設反対運動・世論の高まり

ダム建設事業の正当性を否定した福岡記者の問題提起は、自然保護を目的としたダム建設反対運動が下流域において急速に拡大していくきっかけとなった。一九九二年一二月に最初の反対派団体「清流球磨川・川辺川を未来に手渡す会」が福岡記者のコーディネートによって人吉市に発足して以降、二〇〇二年までに五〇を超える団体ができあがったという指摘もある（福澤 2002：5）。この急速な拡大には当時の時代背景が少なからず関わっていたといえる。九〇年代以降、国家財政の逼迫、自然環境保護意識の高まりを背景に、吉野川第十堰、諫早湾、中海の干拓問題など環境破壊をもたらす大規模公共事業を問題視する動きが全国的な関心を集めるようになった。

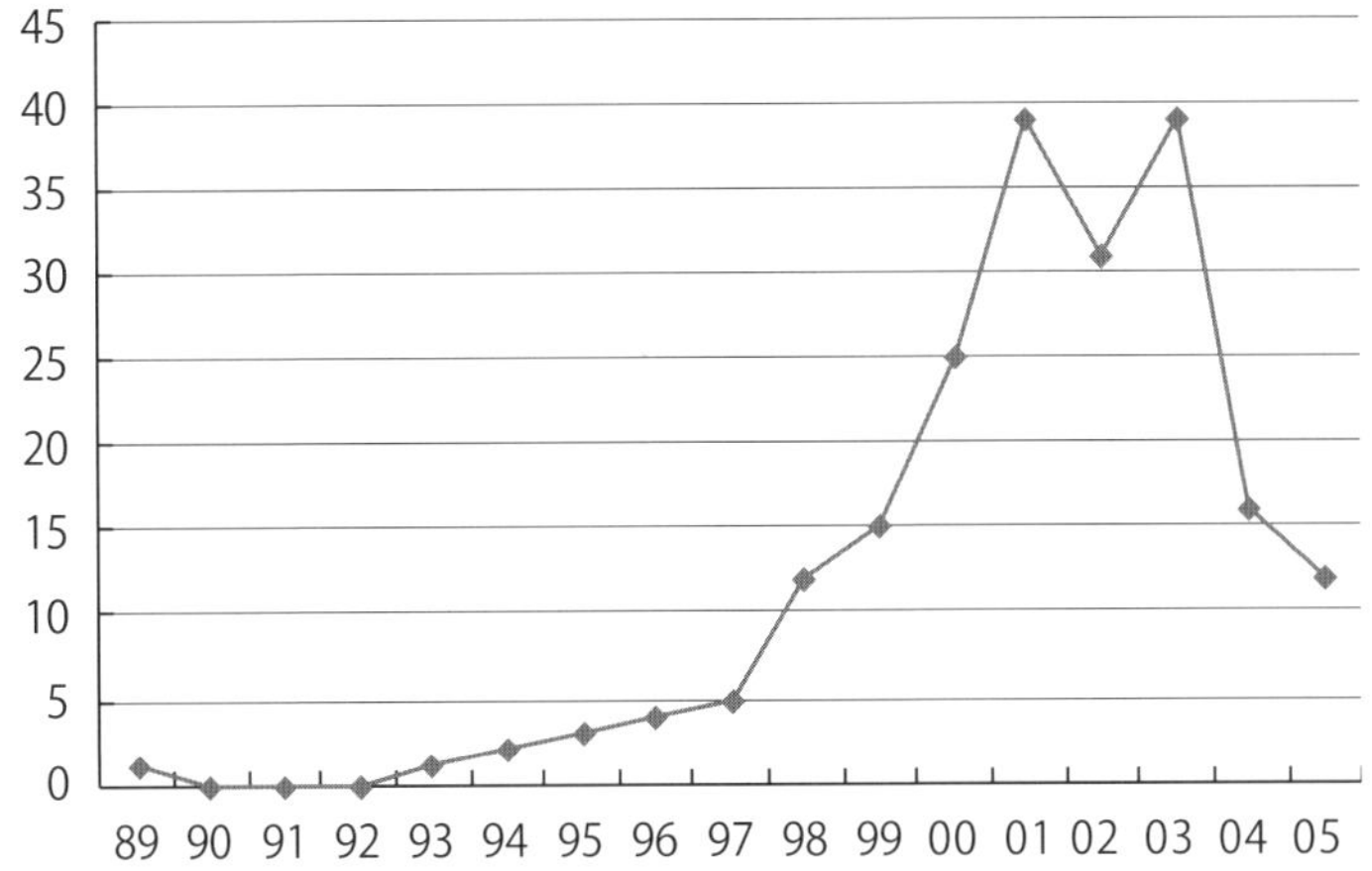

図3-1　川辺川ダム問題 新聞記事報道量の推移

本章の冒頭においても触れたように、こうした大きな流れと連動する形で反対運動は急速に拡大し、さらに一九九八年に環境庁調査で川辺川が「日本一きれいな川」であることが報告され、川辺川ダム問題は一気に全国的争点になっていったのである。図3－1は朝日新聞のデータベースで「川辺川」をキーワードに記事量を検索した結果である。九〇年代中頃から徐々に記事量が増え始め、九八年以降爆発的な増加をみせ、二〇〇一年にピークを迎えていることが分かる。ピーク時前後の全国紙朝日・読売・毎日新聞の社説をみれば、ダム建設に対して「すでに正当性を失っている」（朝日新聞二〇〇一年二月二三日）、「計画を断念すべきだ」（朝日新聞二〇〇五年九月一八日）、「根本から見直せ」（毎日新聞二〇〇三年五月一八日）、「根本的に見直せ」（読売新聞二〇〇五年九月一六日）と根本修正あるいは中止が要請されている。

これらの社説においては、川辺川を「無駄な公共事業の典型」と形容する定型化された言い回しが頻出している。つまり、川辺川ダムは「環境を破壊する無駄な公共事業」のシンボルになっていたのである。

この点は世論調査にも反映されている。熊本日日新聞社が二〇〇一年一一、一二月に行った世論調査では川辺川ダム建設に対して五四％が反対し、賛成が一九・四％であった（熊本日日新聞二〇〇一年一二月四日）。また二〇〇四年参議院選挙の際に熊本日日新聞社と熊本放送（ＲＫＫ）が共同で行った世論調査では「計画の凍結」三七・八％、「中止すべきだ」二八・二％で全体の六六％が事業に疑問を抱いているのに対し、「推進する」は一一・六％にとどまった（熊本日日新聞二〇〇四年七月四日）。いずれの調査でもダム建設に反対する意見が賛成意見を圧倒している。

反対運動の〝時差〟

ダム建設反対論が加熱するこうした傾向の只中で熊本日日新聞において開始されたのが「五木日記」であった。冒頭で触れた同企画を収録した著書の中では次のような指摘が行われ、ダム論議が過熱する中で最大の当事者であるはずの五木村が忘れられていることを問題視したことから企画が始まったとの説明が加えられている。

> 村人たちが心をきしませ、村が苦悶していたころ、ダム問題に関心を寄せる声は多くはありませんでした。より正確にいえば、あるにはあったが、五木村の人たちに強く届くことはなかった、ということでしょう。川辺川問題に全国の目が注がれるようになったのは、皮肉なことに村人がダム反対の旗を降ろした後のことです。（熊本日日新聞社 2005: 14）

今一度図３－１をみれば、全国的に報道量が増大するのは九〇年代中頃以降である。ところがこの時点において五木村はダム本体工事の早期着工を陳情する立場になっている。しかしここには長い紆余曲折があった。五木村のダム関連団体は、一九六六年にダム計画が発表された最初の時点においては、条件闘争路線を採用する五木村ダム対策委員会のみであった。しかしその後事態の進展とともに、容認派・賛成派（五木村川辺川ダム対策同盟会）と条件付容認派（五木村水没者対策協議会）、そして反対派（五木村水没者地権者協議会）の三つができあがることになった（植田 2004; 土肥 2005）。複数の団体の存在は、ダムへの政治的対応をめぐって村人たちが一枚岩になり切れなかったことを物語っており、実際、後に触れるようにダムをめぐって村内には深刻な人間関係の溝ができあがってしまったのである。「五木日記」の内容と関連して第一に重要なのは、このダムがもたらした村内の亀裂といえるだろう。

第二に反対派の地権者協が国を相手取って川辺川基本計画取消訴訟を闘っている最中に、他の二つの団体が国との間で補償基準に調印し、その後一九八一年から八三年にかけて水没世帯の半数近くが村外に移転することになったことが重要である。ここから始まる住民の大量離村によって村の存続そのものが危機的な状況に陥った。これを受けて反対派は一九八四年に国と和解し、ダム建設容認へと立場を変えることになる。ダム反対派が国と和解後、村の再建策に目処が立つのを待って補償基準に妥結したのは一九九〇年のことであった（熊本日日新聞社 2005: 172）。

以後五木村は「ダムを前提とした村づくり」によって村の再建を図る道を選び、一九九八年、二〇〇〇年、二〇〇一年に相次いで国、県、国会に早期着工の陳情を行うまでに至る（植田 2004）。こうして村は時代の流れと完全に逆行する形でダム建設推進の立場に立つようになったのである。

同書の中では、上流五木村で起きた反対運動と下流の反対運動がすれ違った皮肉な事態が〝時差〟（熊本日日新聞社 2005: 14）と名付けられた。そして「五木の村人たちと一度時間を共有しないことには、同じ地域に住む人間がともに前に進むことは難しいのではないか」（同：15）と問題が提起されたのである。上流と下流の間に政治的な境界線を引いて「賛成派」と「反対派」として区別するのではなく、むしろ埋められるべき〝時差〟として捉え、地域社会を分断する「賛成派」「反対派」の境界線を相対化しようとしている点は、先の福岡記者の視点と比較して特徴的な点であり、重要である。

人生に踏み込む

以上のような前提を踏まえて開始された「五木日記」では、毎回、離村者を含めた五木村に関わる人物に焦点が当てられ、その人たちの現在の生活を描くことを通して、ダム問題に迫るという方法が採用された。登場する人物は、商店主、医者、消防士、タクシー・バス運転手、民宿経営者、漁師、農家、小学生、村長、スナック経営者、カヌーイストなど多種多様な顔ぶれである。ここには次のような方法、視点の特徴を認めることができる。

第一に先の福岡記者が非合理的で正当性を欠いた公共事業というマクロな観点からダムを描いたのに対し、ここでは個々の「か細いつぶやきにもにた声」(同：15)を通して「ダムという〝巨人〟の実像」(同：390)を浮かび上がらせる手法がとられている。語られる思いは、千差万別であり、何かひとつの政治的決定に収束するような結論を得ることは難しい。これは政治的結論を出すことよりも、「1人ひとりの村人の人生に踏み込む」(同：450)ことを通して、五木の村人と「時間を共有」することを目指しているのであるから、むしろ当然のことではある。「時間の共有」が目指される中で、それぞれのダム問題史が紹介され、そこには例えば次の証言のようにダムによって生じた村内の亀裂の深さを知らせるものがあった。

「お前たちが反対するけん、ダムの話が進まん。お前の店では買わん」。村民から不買を宣言されたり、店の前の道に中傷の落書きをされたりしたこともありました。川辺川のほとりにあるBさんの先祖の墓。父親の墓が引き倒される事件も起きました。同じころ、自宅の窓が空気銃で割られました。「なんで、亡くなった父まで巻き込むのか。身の毛がよだちました。ダム計画がもち上がるまでは、こんなことが起こるような村ではなかったとですが」。(同：170-1)

第二に、全体を通して統一された政治的結論を取り出すことが不可能な内容ではあるが、しかし「村にとどまった人々」に限定して読めば、そこにある種のイメージが浮かび上がってくることは見逃せない。それはひとつには大量離村という事件が村に与えた打撃の大きさである。例えば商店であれ、タクシーやバスであれ、学校であれ、医療であれ、農業、林業であれ、村の人口が激減すれば大きな打撃を受けるのは自然な成り行きであるが、このことが個々の人生設計に不安をもたらしていることがそれぞれの証言から窺える。

つまり、村人の置かれた特殊な状況が、ダム計画を支持する特殊な論理を生み出しているということが見えてくるのである。「五木日記」の続編「五木から」には、代替地と水没地の二重生活を強いられる村人の様々な苦労が紹介されており、その中には次のような言葉がみられる。

今、村が真っ二つになっとる。このまま止まったらおおごつ〔大変だ〕。ここまじ来たら、ダムば作ってもらわんと思うバッテン、ダムでようなった村の話は聞かんもんなぁ。(同：416)

「このまま止まったらおおごつ」という村人の危機感は、村の存続そのものに関わるものである。この点については村の中心地頭地地区に焦点を当ててフィールド調査を行った植田(2004)の興味深い考察が参考になる。植田によると第一に公共事業が途中で中止された場合、移転や離村が未完了の世帯の補償について事業主体に法的に責任を問えないという事情がある(植田 2004: 44)。第二にダムを前提として村の再建計画が進んできたため、村を再生させる「村づくりそのもの」がダムの中止によって頓挫してしまう恐れがある(同：45)。これは「補償」や「振興」以前の次元にある、まさに村の存続そのものに関わる問題である。

実際、村は「誰もが潜在的な離村者でありうるような状況」下に置かれ「将来の時間軸を含んだむらの生成となる実践」、例えば生産、防災、年中行事の祭祀、葬式などを行うことが難しくなったという(同：43)。「五木から」の次の言葉は、ダム計画が宙吊りになった特殊な状況下で生活を強いられることの苦悩を示している。

小さいころから「ダムができるから」と言われ、学校や家を建て直すこともできず、いろんなことで我慢させられてきた。人権を無視したような環境で何人の子供が育ったか。中止なら中止でもいい。早く決断してほしい。こんな思いは、もう私たちだけで十分だ。（熊本日日新聞社 2005: 437）

「中止なら中止でもいい」という言葉は示唆的である。植田は五木村によるダム本体の「早期着工」の要請が、「ダムを何がなんでもつくってほしい」ものではなく、「村がこれ以上悪くならない」ためのものであるという重要な指摘を行っている（植田 2004: 46）。「中止でもいい」という村人の言葉は村の公式の立場とは異なるものの、その分かえってこの指摘の妥当性を裏付けているといえよう。「1人ひとりの村人の人生に踏み込む」という「五木日記」の方法によって、「賛成派」という平板な分類からは見えてこない、村人たちの矛盾に満ちた胸の内が浮き彫りにされている点は重要である。

第4節 「よそ者」の視点と「地元」の視点

「五木日記」の第三の特徴として、個々の思いを引き出す作業が、何が正しく、誰が正しいかの判断と切り離されて遂行されている点をあげることができる。ダム建設に対する立場が「推進であれ反対であれ同じ地域に住む『われわれ』」とでもいうべき視点がここに存在し、双方ともに同等の資格で語ることが認められている点は特に重要である。これは先の福岡記者による五木村の描写と比較した場合、「よそ者」的視点と「地元」の視点とでもいうべき興味深い対照をなしている。ここでは「五木村」をめぐって鮮明に浮き上がる両者の視点の相違に焦点を当ててみたい。

まず最初に、先に紹介したダム反対の立場に立ったことで、村人から不買運動を受けた人物の次のような言葉に注目してほしい。

> 彼ら〔反対派市民団体〕の主張は分かるとです。環境への影響もダムの安全性も、私たちが裁判などを通じて訴えてきたことですけん。しかしダム建設を否定することはできません。ダムを造らず、基盤整備だけを進めるというようなことを、国が認めるわけがなかでしょう。（熊本日日新聞社 2005: 173）

ここでは裁判闘争を断念し、ダム賛成の立場に方針変更せざるを得なかった「やむにやまれぬ事情」が語られている。「五木日記」はこれを「苦渋の選択」という言葉で表現している。「村がこれ以上悪くならないために」という村人の複雑な思いを尊重する立場に立った表現といえよう。賛成・反対の軸で単純化して割り切るのではなく、複雑な思いをそのまま取り出そうとするこうした姿勢は、「われわれ」の一員として村人を丁重に扱おうとする試みであり、まさに「地元」の視点と呼ぶに相応しい。

しかし距離を置いてこの「苦渋の選択」を見直した時、そこには大きく異なる意味合いが現れることになる。先の村人の言葉の中に「基盤整備」という表現があることに注目してほしい。これは、一九七三年に制定された水源地域対策特別措置法に基づくものであり、五木村は反対派が国と和解した後この法律による指定を受けた（土肥 2005: 554）。同法の目的は、公共事業を通じて「関係住民の生活の安定と福祉の向上」を図ることと引き換えに事業の促進を目指すこととされているが、問題はその意味するところである。

田中は同法がもたらす問題を「補償の公共事業化」（田中 2000）という概念において捉えている。これは、同法がダム建設の実施を前提に「補償を単なる金銭補償から過疎対策的な事業へと昇格させることによって地元住民の反対を沈黙させる」（同：148）ものであることを説明するものである。田中は、その結果によって「作って欲しいわけでもないのにダム建設推進の陳情を行うという」「倒錯した現象」が起きるようになり、「公共事業の暴走」の基盤ができあがったと論じている（同：150）。そして、「薬物中毒の世界」さながらに次のような現象が生じると指摘している。

整備事業［先の言葉の基盤整備］という名の公共事業を引き受けることで短期的利益を得るというやり方が一度導入されてしまうと、行政の側でも引き続き何らかの公共事業を受け入れ、やはり短期的な利益を地元に誘導しようと試み、住民の側も手っ取り早く現金収入の得られる土木工事への従事を好むようになる。（同：151）

ここで起きている問題はかつて社会学者の梶田孝道が「擬似受益圏」という言葉で捉えたのと同種のものである（梶田 1988）。そして福岡記者が五木村を描写するにあたってまず焦点を当てているのが、この「補償の公共事業化」によって「擬似受益圏」化した村の具体的様相であったといえる。

まずダム計画発表時から比べて人口が激減しているにもかかわらず五木村が住民一人当たり総生産額が常に県内で最高ランクに位置する現象が続いており、平成元年のデータではついに第一位となった点に関心が払われている（福岡 1996: 93–4）。その上で村内総生産の産業別構成比において建設業が総生産のほぼ四割を占め、村の基幹産業とされる林業の二・五倍の比率に上る事実を紹介している。そして村人が自嘲気味に「水膨れ経済」と呼ぶダム建設関連の膨大な公共工事に依存した村の経済が、ダム工事の終了とともに「確実に破綻する」運命にあることを、冷静な筆致で淡々と描写しているのである（同：93–6）。

ダム建設に賛成する村人に対する非難めいた口調はみられない。(8) しかし「ダムによって沈む村でありながら、ダム工事で食いつないでいる」「この村の悲しい現実」（同：95）を冷静に距離を置いて外側から見ようとする

「よそ者」の視点がここにあることは確かである。[9] そしてダム建設の正当性を否定する前提から、五木村の中にある賛成派と反対派の境界線に眼を向ける次のくだりは、おそらく「五木日記」の中にはまず見られない「よそ者」的視点の特性をよく表しているものである。

ダム建設を仕方ないものとして完全にあきらめきっていた五木村住民の中に最近になってようやく、ダム建設に反対しようという声が出てきた。それに対して村の経済を握る土木業者らが猛烈な圧力をかけつつある。（同：236）

「五木日記」はやはりこれと鮮明な対照をみせる。同企画の中には、外側から距離を置いて「よそ者」的視点で見れば「薬物中毒の世界」の住人として位置付けられ、圧力をかける「土木業者」として描かれるはずの人間が、「顔の見える」個人として登場する。地元建設会社の社長が次のように語るくだりは、「五木日記」の「地元」的視点の特性をよく示しているといえるだろう。

ダム建設という村人の不幸で恩恵を受けてきた。村の中心が再生できるかどうか、村民が心配しとる。うちが一番に移転することで、水没者の代替地への移動を誘導したか。（熊本日日新聞社 2005: 297）

ただし繰り返しになるが、ダム建設の是非をめぐる立場としてはこの人物と正反対の位置にいる人間もまた同等の資格で登場する。

ダムについては、下流の人間だからこそ言えることがある。ダムで汚れてきた川の移ろいを見てきたけんねえ。八代ばふるさとと思って、よその土地で頑張っとる人のためにも、綺麗か球磨川を守っていくのが、地元におるもんの責

任バイ。（同：322）

「五木日記」の目的が、村人とこの問題に関わる他の人々との間に「時間の共有」をはかることを目指したものであったことが以上の二つの例によく示されている。言い換えるなら、「推進派」「反対派」の境界線を相対化し、同じ地域に住む「われわれ」の関係を修復することがこの連載の狙いであったということができるのである。

第5節　政治シンボルと社会の循環

これまで川辺川ダム問題を素材として二つの報道の試みを比較してきた。以上の比較作業から得られた知見を整理した上で、この事例が「シンボル化の政治学」にもたらす示唆についても言及しておきたい。

第一に境界線を引く行為を「権力」の行使とみたて、特に毎日新聞福岡記者の「受益者」境界線の引き直しの意義を検討した。国が定義する公式の「受益者」の範囲を根本から改め、そこから流域住民を取り出し、政・官・業の癒着の構図の中に「真の」受益者を見出そうとした境界線引き直しの試みは、一種の「対抗権力」の行使であったということができる。

一般にジャーナリズムの行使する「対抗権力」は、世論を喚起し、政策の方向性を修正する直線的な影響力の流れの枠組みにおいて捉えられることが多いように思われる。しかし喚起された世論が外部圧力として機能する過程に先立ち、ジャーナリストが争点の意味を取り出す局面が存在することは見落とされてはならない。

そこにはどこに境界線を引くかをめぐって激しい争いがある。境界線の引かれ方は、政策の正当性を左右する重大な問題である。球磨川流域市町村の住民が、ダム建設目的による「受益者」境界線の内側にいるか否かは、ダム建設の「公共性」の実質に関わる大きな問題であった。

境界線の引かれ方が重要であるがゆえに、自らが引こうとする境界線を強化するための様々な方途が工夫される。データの駆使、専門家の利用などジャーナリストが重視する「客観性」を担保する手続きは、この境界線の強化のためのツールとしても機能していることが、福岡記者の試みを通じて明らかになった。

第二に国と対峙する際に「対抗権力」の機能を担った「よそ者の鋭い眼」による境界線はしかし、地域社会の文脈でみた場合相対化されるべき性格を持つものであった。ダムの是非をめぐる境界線は「賛成派」と「反対派」に関係者を分断するが、五木村住民が辿り着いた「現在」は、「賛成派」という平板なカテゴリーで括ってしまうには、あまりにも長く重い過去を背負ったものであった。「同じ地域に住む人間がともに前に進む」ために、「賛成派」「反対派」の線で区切る以前に、「われわれ」が〝時差〟によって分断されてしまった皮肉な経緯をいま一度見つめ直すことが選択されたのである。

以上、本章においては、ジャーナリストが「境界線」を引く行為を「権力」の行使として捉えながら、実際の記事の分析を試みた。錯綜する複雑なコミュニケーション過程において、「メディアの権力」がどのように作用しているかを詳細に読み解くことができた。政治コミュニケーション研究の構成主義的な視座の有効性を示すことができたといえるだろう。

最後に、「シンボル化の政治学」に対して、この事例が示す重要な示唆について言及しておきたい。冒頭で触れたように、川辺川ダム問題は争点として全国化されていくなかで、「無駄な公共事業」のシンボルとして構築されていった。その果てにもたらされたのが、二〇〇九年の事業計画の中止という政治的決定であった。

だが、二〇二〇年夏に発生した戦後最大規模ともいわれる豪雨災害は、ダムについての地域社会の世論に少なからぬ影響を与えた。川辺川ダムを「無駄な公共事業」のシンボルのように捉える考え方は大きく力を失ったのである。

第1章において、「政治シンボルと社会の循環図式」を示し、社会が生み出す集合的なシンボルは一度生産されればそこで完結するわけではなく、変化する現実の中で常にアップデートされながらその意味が再生産されていくことを論じた。本章が注目した事例であれば、川辺川ダムを「無駄な公共事業」のシンボルとして意味付けた人々が主張し続けた「ダムに拠らない治水」が着実に成果をあげていたならば、問題は再燃しなかったはずである。しかし二〇〇九年にダム事業が中止になって以降、一〇年の歳月のなかで「ダムに拠らない治水」事業は期待されたような成果をあげることができなかった。それゆえ、事業の意味が再び問われ直すことになったのである。

この事例はいま、政治シンボルと社会の循環がいかにして生じるのかを考える上で極めて重要な段階にあるといってよい。

第4章　ニュース生産過程におけるシンボル化

ここからは、第1章で論じた集合的シンボル化のいくつかのタイプ、「結晶化」「浸透」「転換」について、それぞれ具体的な事例に沿って考察を進めていきたい。まずこの第4章では、「結晶化」について取り上げる。

本書でいう「結晶化」とは、あるシンボルの働きによって人間集団の中に共通認識、共通感情、共通意思と呼び得るものが出現するプロセスのことである。典型例としてここで想定されているのは、新しいシンボルが人々の中で短期間のうちに集中的に共有され、そのシンボルの触媒作用を通して共通の認識が生まれるようなケースである。

短期間の内に認識の共通化が達成されるためには、一定のインテンシティが必要である。例えばある重大なニュースが多様なメディアを通して繰り返し、集中的に報じられるようなケースがそれにあたる。戦争やテロ、大規模な自然災害が発生した時などに行われる集中豪雨的な報道をひとつの典型例と考えてもよいだろう。またダヤーンとカッツが論じたように、テレビ局が通常の番組編成を変更して、あらゆるテレビ局が集中的に伝える計画的なメディア・イベントの例を考えてもよい。

本章の目的は、ニュース生産過程において生じるシンボル化のプロセスに焦点を当てて分析を行うことである。一九九五年に福井県の高速増殖炉「もんじゅ」において発生したナトリウム漏れ事故に関する報道を事例として取り上げ、ニュース生産のプロセスにおいて、どのようにしてシンボルとなるエピソードが選抜され、共通認識が生成されるのかを明らかにしていきたい。

第1節　ニュース生産の社会学

同時代に起きる現在進行形の事件や出来事が一体何を意味しているのかは必ずしも自明ではない。自明のことであればわざわざ報道が取り上げる必要などないわけで、その意味を議論したり解説したり、確認したりする必要のあることがニュースとして取り上げられるのだ。そのため一見日常的で些細にみえるニュースはもちろん、九・一一や三・一一のような全くの想定外の出来事にいたるまで、ニュースが取り上げる出来事の社会的意味を的確に批判的に見極めることは実は容易なことではない(1)。

物事に接してその意味を的確に定義するためには当然ながらジャーナリストの側に一定の見識が必要であり、豊富な知識や取材経験なども必要であろう。しかし既存の意味の網目のどこに位置付けるべきかが自明ではない事件や出来事については、記者個人や一報道組織の単独の判断だけでその社会的意味が決まるものではない。多くの関連情報が発表され、取材され、報道され、多くの論評と専門家の解説を通じて公的な討論に晒され、日常的な会話の素材として話し合われ、ソーシャル・メディアで話題として取り上げられ、世論調査を通して世論として可視化され、そしてこうした世論を踏まえて新たな意思決定や行動が発生し、報道されていくという集合的なコミュニケーション過程を通じて徐々に出来事の社会的意味は形づくられていくのである。

本章の目的は、この社会的意味が構築されていく過程において、シンボル化のプロセスが果たす役割を明らかにすることにある。構成主義的な観点からみる場合、事件や出来事の意味付けが本来多様な可能性に開かれているにもかかわらず、その可能性の中から特定の意味がなぜ突出してくることになるのかを問うことが極めて重要である。本章の課題は、事件や出来事の多面的な側面から、それらの出来事を象徴する「一面」が選抜されていくプロセスを、シンボル化のプロセスとして、より正確にいうのであればシンボルを媒介とした共通認識の「結晶化」のプロセスとして分析することである。

マス・コミュニケーション研究における「ニュース生産の社会学」と呼ばれる領域においては、一九七〇年代以降、ニュースの生産過程に影響を与える様々な要因の分析に大きなエネルギーが注がれてきた。ジャーナリストの個人的な思想、情報源から受ける影響、ニュース取材の職業的慣行、組織が有する資源、媒体の特性、社会的に広く共有されている規範や価値意識などが、ニュース生産の過程でどのような役割を果たすのかについての探究が重ねられてきた（Epstein 1973; Tuchman 1978; Davis 1985; Schudson 1991; Shoemaker & Reese 2013）。こうしたニュース生産の社会学における分析的枠組みは、メディア・フレームやニュース・バリューの形成過程の分析にも組み込まれてきた（Gitlin 1980; 大石 2005）。この点を踏まえていえば、既存のニュース生産の社会学的研究は、シンボルとしてのニュースが生産されるプロセスを分析するにあたっても大いに役立つものと期待できる。

ここで事例として取り上げるのは、一九九五年一二月八日に福井県敦賀市で発生した高速増殖炉「もんじゅ」のナトリウム漏れ火災事故報道である。この事例を取り上げるのは、本章が戦後日本の原子力開発政策にジャーナリズムがどのように関わってきたのかを大きな問題意識として抱えているという背景を持つからであるが、同時にここで問題にしたいシンボル化について理解する上で適した性質を持つこともひとつの大きな理由である。

というのは、高速増殖炉「もんじゅ」からナトリウムが漏れたという事実の意味は決して自明ではなく、多様な解釈に開かれていたからだ。高速増殖炉は資源小国日本の弱点を技術力によって克服するという悲願のもと、一九六七年に国会で動力炉・核燃料開発事業団法案が可決されその開発が始められた。二度の石油危機を経験し

表 4-1　高速増殖炉開発に関する年表

1953	12	アイゼンハワーの原子力の平和利用演説
1954	3	国会で初の原子力予算が出現
1955	1	アメリカで高速増殖実験炉 EBR1 が炉心溶融事故
1956	5	科学技術庁発足
1966	7	東海原発で初の商業用発電開始
1967	7	動力炉・核燃料開発事業団法案可決
1977	4	高速増殖実験炉「常陽」臨海
1977	9	日米再処理交渉終結
1979	3	スリーマイル事故
1982	5	高速増殖実験炉「もんじゅ」建設閣議で正式決定
1983	10	アメリカで高速増殖原型炉クリンチ・リバーの建設断念
1985	9	「もんじゅ」設置許可処分の無効確認と建設・運転差し止めを原告団が提訴
1986	4	チェルノブイリ事故
1987	1	仏で高速増殖実験炉スーパーフェニックスⅡ計画を白紙撤回
1991	3	独で高速増殖原型炉 SNR300 の建設断念
1993	1	核燃料輸送船「あかつき丸」が東海港に入港
1994	4	高速増殖原型炉「もんじゅ」臨海
1995	12	高速増殖原型炉「もんじゅ」事故
1997	3	東海村アスファルト固化処理施設で火災爆発事故
1998	9	動燃事業団解散（10.1 核燃料サイクル開発機構発足）

た一九七〇年代には動力炉・核燃料開発事業団（以下、動燃と表記）は「救国の英雄」として大きな期待を受けたが、八〇年代に入ると反対運動が活発化し始め、核燃料サイクル政策を批判する反対派も理論武装を深めていき、論争的な争点として認知されるようになっていった。

また八〇年代から九〇年代にかけて米、英、独、仏など先進国で高速増殖炉開発からの撤退が相次ぎ、政策としての実現可能性についても疑問がもたれるようになってきたのである。

こうした環境のもとで起きた事故であるがゆえに、その事故の意味をどのように定義するべきかは自明なことではあり得ず、論争的な性質を帯びざるを得なかったのである。

開発当事者の動燃は、事故の翌日

には記者会見を開き事故現場を撮影した映像を公開し、状況の説明に追われた。動燃の基本的態度は終始、大騒ぎするほどの事故ではない、施設の損傷もさほど大きいものではなく、今後の開発に差し障るものではないというものであった。当事者であれば当然ながらこうした定義が下されるであろう。

問題はこうした当事者の定義を報道関係者が承認するか否かである。ジャーナリストが当事者の意味付けをそのまま承認するか、否定するか、それとも改変してしまうかは様々な条件、力学によって左右されることになる(Davis 1985)。このケースでは、専門的な事故評価尺度が動燃の自己定義を裏付ける根拠となり得た。国際原子力機関（ＩＡＥＡ）の国際事故評価尺度に即して考えるのであれば、「もんじゅ」事故のレベルは軽微なものである。チェルノブイリと福島第一がレベル7、スリーマイルがレベル5、福島第二3号機事故、美浜2号機事故がそれぞれレベル2であり、当のもんじゅはレベル1にも満たない。これは環境中に放射性物質がどれだけ放出されたのかを評価の重要な尺度として用いているがゆえに、二次系の配管からナトリウムが漏洩して火災が生じただけの「もんじゅ」事故は分類上小さな扱いとならざるを得ないという事情があるためだ。

現にこうした事故評価尺度を根拠として、報道がエスカレートすることを牽制する声明が当事者サイドから出されている。事故発生当初の段階において「事故は想定範囲内」とする通産事務次官の見解（朝日新聞一九九五年一二月一二日）や「事故評価は最低レベル」との科学技術庁（以下、科技庁）の発表（毎日新聞一九九五年一二月一三日夕刊）はそのよい例である。また「交通事故で毎年一万人が犠牲となっているが、今回の事故でけが人はなかった。安全対策は厳重」という動燃関係者の証言が紹介され批判された一幕もあった（毎日新聞大阪版一九九六年一月一四日）。

この「ひとりのけが人もいない」という論法は実は原子力関係者の間で広く共有されている「過剰報道論」の考え方であり、原子力事業に関わる人々の間で共有されたイデオロギーといってよい。もともと原発の小さな事故やトラブルの報道を批判する議論は早くからあったが、原発が社会問題化していく一九七〇年代以降、当事者

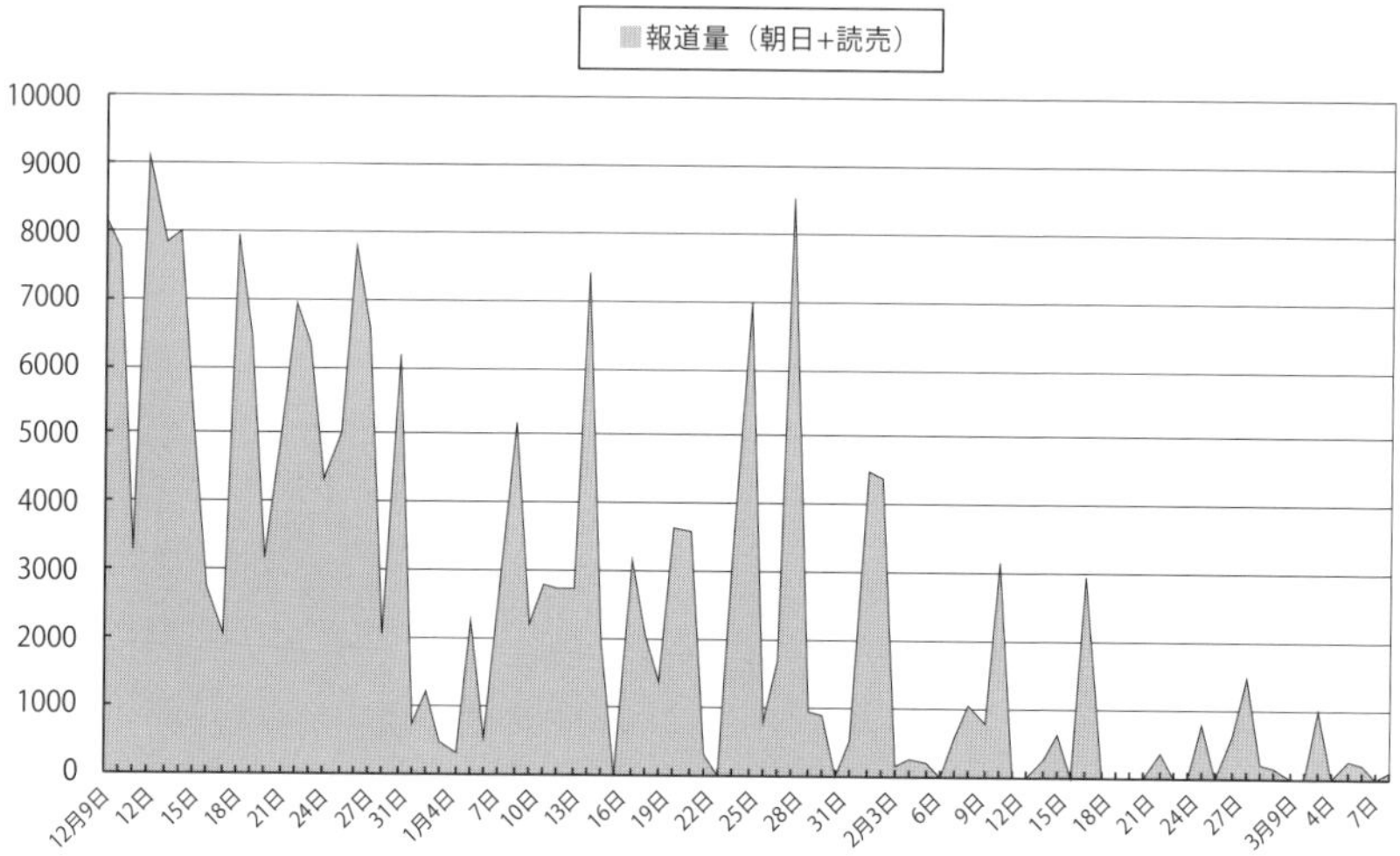

図 4-1　高速増殖炉「もんじゅ」事故報道量の変化[3]

サイドや推進派ジャーナリストらから「過剰報道論」として熱心に提起されるようになっていった経緯がある（柴田 1994）。曰く、自動車事故や飛行機事故など他の文明の技術によって生じ得るリスクと比較して一体原発はこれまで何人の犠牲者を出してきたというのか。日本についていえばまだ一人も原発のせいで死んではいない。それなのになぜマスコミは原発の些細なトラブルで大騒ぎするのか。これは国民の不安を過剰に煽り立て原子力産業の発展を不必要に妨害する行為であると。

さらに、原発立地地域においては中央メディアが普段は無関心でありながらいざ事故が起きるとこれを「にわか」[2]に大きく取り上げることによって「風評被害」を発生させることに対する強い不満がしばしば表明され、報道機関に反発する形で地元有志による草の根の原子力推進運動が進められてきた経緯もある（後藤 2003）。

しかし、これはあくまでもひとつの立場が表明する考え方に過ぎない。過剰報道論と対立するものとして、小さなトラブルや事故を放置してその原因を真剣に考えないことがやがて大きな事故を生み出すことに繋がるという考え方もある。「ハインリッヒの法則」として知られるこの有名な経験則は、したがって小さなトラブルや事故の段階で警鐘を鳴らし、再発防止に真剣に取り組むよう促す報道機関の役割を正当化するものである。朝日新聞で科学部長を務めた柴田鉄治は、「過剰報道」論からの報道批判を受けた経験を踏まえつつ、小さなトラブルに警鐘を鳴らすことは技術の安全性を担保する上で基本的な原則であり、このチェック機能こそは報道の重要な社会的役割であると語っている。

問題は、先に言及したような社会的意味を構築していく集合的なコミュニケーションの過程において、過剰報道論が支持を得るのか、それとも報道のチェック機能論が社会的支持を得るのかという点にある。「もんじゅ」事故の場合、「過剰報道論」の考え方は承認を得られず、報道の流れを食い止めることはできなかった。図4－1を参照されたい。これは朝日新聞と読売新聞の報道量（記事の字数の総量）の変化を測定したものだ。ここから分かるように、集中的な報道が沈静化するまでおよそ三ヶ月の時間がかかった。この間、動燃が事故現場を撮影したビデオ映像を編集していた事実、また隠匿していた事実が発覚した「ビデオ隠し」問題、ならびにこの情報隠しを動燃内部で調査していた総務部次長が自殺するというショッキングな事件が起きた。

そしてこの三ヶ月の集中的な報道を通して事故の意味が何度も繰り返し語りなおされる中で、開発組織である動燃は、あの「ビデオ隠し」の動燃として語られるようになっていった。「ビデオ隠し」というエピソードが、この出来事のシンボルとして選抜され、事故の社会的意味は、動燃という組織の非常識なまでの隠蔽体質の問題へと集約されていったのである。すなわち、「ビデオ隠し」というエピソードがシンボル化していくことで、事故の社会的意味が「動燃特殊論」として結晶化することとなったのである。

第2節 「動燃特殊論」のメディア表象

「動燃特殊論」の構成

「動燃特殊論」は、テクストにおいては膨大な「ネタ」の集積から成り立っている。ここでいう「ネタ」とはいわゆるヒューマン・インタレスト（人間的興味）を強く刺激し、人々の会話の題材として取り上げられる傾向の強いエピソードを想定している。報道機関は、読者や視聴者の注目を集めることを狙って、より話題性の強いエピソードを競って提供しようとする。ここに生じる同業者間の競争を業界的表現を借りて「ネタの撃ち合い」と呼んでおきたい。

「もんじゅ」の事故に際して発生したネタの撃ち合いは参加の度合いにやや濃淡があった。ここでは調査資料を中央の主要紙に限定したが、朝日、毎日が非常に積極的であったのに対して、読売、産経、日経についてはあまり熱心ではなかった。また朝日、毎日にしても東京本社と大阪本社の間にもやや温度差がみられた。事故現場に近い大阪本社の方がより積極的であり、新しいネタの発掘に熱心であったことが記事を読むとよく分かる。朝日と毎日の大阪本社の記者たちが「ネタの撃ち合い」に大きなエネルギーを傾注することによって「もんじゅ」の事故報道は加熱していった。

フレーミング装置の傾向をみると〈事故の深刻さ〉を意味するグループと動燃の〈事故対策、対応の杜撰さ〉を意味するグループにそれぞれ集中し、この二つの鋭い対比によって「動燃特殊論」が構成されている。すなわち動燃は、極めて深刻な事故として受け止めるべきであるにもかかわらず、事故を過小評価しようとし、情報を

表4-2 「動燃特殊論」のメディア表象

〈事故の深刻さ〉	〈事故対策、対応の杜撰さ〉
◆ナトリウムの危険性 ・空気と水に反応し、燃焼、爆発する。 ・海外の死亡事故の事例 ・技術的取扱の困難さ ◆火災現場の惨状 ・ナトリウム漏出量 ・異常高温 ・ベテラン職員の驚き	◆ナトリウム火災への無策 ◆ビデオ隠しと虚偽報告 ・事故現場映像の編集、隠匿 ・科技庁に虚偽報告 ◆非常識な言動と対応 ・「事象」「火災ではない」など専門用語への執着 ・事故後クリスマスコンサート開催

隠し嘘をついた非常識な集団として表象された。

〈事故の深刻さ〉を意味付けるフレーミング装置は、ナトリウムという物質が漏れたという事実そのものが持つ技術開発上の意味合いの〈解説〉と火災事故現場の凄惨さに関わる〈描写〉とに大別できるだろう。

前者についてみれば、事故翌日直ちに朝日新聞は「技術的不安、現実に欧米は次々『撤退』」（一九九五年一二月九日）と題した記事で次のように述べて問題の深刻さを述べた。

高速増殖炉「もんじゅ」で起きたナトリウム漏れ事故は、技術的に心配されていたナトリウム管理への不安が杞憂《きゆう》ではなかったことを見せつけた。この炉は原子炉の熱を取り出す冷却材に約千七百トンものナトリウムを使う。ナトリウムは水や空気と触れると急激に反応し、最悪の場合、発生した水素ガスが爆発する。

このナトリウムが、事故のあった場所では５００度もの高温で配管内を流れる。配管は熱膨張の影響を避けるため、たわみを持たせるなど複雑に入り組み、溶接部分も数知れないほど多い。フランスでは昨年四月に高速増殖実験炉「ラプソディ」で、ナトリウムのタンクの除染作業中に爆発事故が起き、作業員一人が死亡している。

ナトリウムという物質の扱いが困難を極めること、扱いに失敗すると爆発死亡事故が起きることが紹介されている。また記事では、開発で先行していた欧米諸国が結局このナトリウム問題の安全対策費があまりに膨大に膨れ上がったため経済的合理性の観点から開発を断念していったことなども紹介されている。

火災現場の惨状は、ナトリウムの漏出量や火災の燃焼温度といった数値で表現されもしたが、それ以上に、事故現場の様子を目の当たりにした人間の証言、また事故現場を撮影したビデオ映像のもたらすインパクトが強調された。動燃は事故の翌日に現場の映像を公表したものの、これはできるだけ事故現場の激しい様子が伝わらないように短く編集したものであった。これに対して事故から三日後に福井県職員らが敢行した立入調査で撮影した映像にはもっと生々しい様子が収められ、職員の証言は新聞記事でも紹介された。朝日新聞大阪本社の記事「ダクトに穴、床に雪 ベテラン職員驚く」（一九九五年一二月一一日夕刊）と題して次のように様子を伝えている。

「いままで見たこともない光景が広がっていた」……立ち入り調査で現場に入った福井県と敦賀市の原子力安全対策課の職員が驚いた。配管室に入った四人は全員、原発の専門家。さまざまな事故、トラブルの度に現場を踏んできたベテランでさえ、目を疑うばかりのすさまじさだった。

……動燃の撮影したビデオを見ていたが、それは床部だけ。上部の様子は初めて見た。想像はしていたが、直径九十センチ大の換気用のダクトにぽっかりと穴が開き、吸入口は目詰まりしていた。温度は一千度を超えていただろう。すさまじいに尽きる。

〈事故対策、対応の杜撰さ〉は、ナトリウム漏れ事故への想定と対策が不十分であったこと、「ビデオ隠し」問題に関わるもの、その他動燃という組織の非常識さを物語る様々な「ネタ」からなるものに大別できると思われる。

ナトリウム漏れ火災が起きた際の火災対応手順書が現場にまるで用意されていなかったことは驚きのトーンで

記事に描かれた。朝日新聞大阪本社一二月一三日の記事「無防備『絶対ない』が足かせに（漏れたナトリウム…中）」では、地元の消防組合にも対応マニュアルがつくられておらず、火災現場に駆けつけた地元消防関係者は何もすることができず、無力感に苛まれて終わった様子を紹介している。[4] また現場に駆けつけた消防関係者が火をみて思わず水をかけたい気持ちになったことやこれまでの火災現場で培ってきた経験がまるで通用しないことに強い困惑を覚え、ナトリウム火災の怖さが重く受け止められていたことが描写された。

動燃の非常識な言動と対応はたびたび「ネタ」とされた。例えば朝日新聞には動燃幹部が「火災」という言葉を用いずに「ナトリウム漏れ」という表現にこだわったことや、[5]「事故」といわずに「事象」と表現したことが[6]地元議員の強い反発を招いたことが紹介された。また動燃が事故の発生した翌日に動燃敦賀事務所横にあるPR施設「アトムプラザ」でクリスマスコンサートを開催していたことが発覚したという記事も出た（朝日新聞大阪一九九五年一二月一二日）。[7]

ビデオ隠し問題

だがこの事故に関わる報道において、もっとも決定的であったのが、「ビデオ隠し」問題であったことは間違いない。これは事故直後に現場に入った動燃関係者が現場を撮影していたビデオにまつわる一連の騒動のことであり、真相が発覚するたびに動燃幹部の発言が二転三転したために毎日新聞の大阪本社の記事では「検証 動燃幹部の発言 うそを重ね二転三転」（一九九五年一二月二四日）と見出しをつけて詳細な進行表が作成されたほどである。事態の推移を単純化して整理すると次のようになる。

動燃は事故の翌日の九日に事故現場を撮影した一分間のビデオ映像を報道陣に対して公開していた。ところがその一〇日後もっと長い十数分間のビデオがあることが発覚した。しかしそれだけでは終わらず、さらにその三日後に、事故発生からもっと早い段階で現場を撮影していたビデオが存在することが発覚した。

表 4-3　ビデオ隠し問題の経緯

8日午後7時47分	もんじゅ二次冷却系配管室でナトリウム漏出。
9日午後7時	動燃が午後4時過ぎから撮影したビデオ（1分間）を公開。
11日午前3時半	福井県と敦賀市が緊急立入調査を敢行。
午前9時半	福井県が午前3時半に撮影したビデオを公開。
18日	動燃が事故の報告書を科技庁に提出。
19日	毎日新聞夕刊が「動燃がビデオ編集 実態カット」と報道。
20日	動燃理事が最初に公表された1分間のビデオのもとになった10数分間撮影されたオリジナルビデオが存在している事実に言及。
21日	動燃所長と副所長が編集を指示したこと、また編集の事実についてかん口令をしいたことを認める。
22日	科技庁幹部から午後4時過ぎに撮影されたものとは別に、事故後6時間半後の午前2時過ぎの現場を撮影したビデオが存在していることを発表した。

報道陣を驚かせ呆れさせたのは、嘘の上塗りが報道陣に対して繰り返され、また監督官庁に対してまで行われていたことである。まず最初に一分間のビデオを公表した段階で「短時間なので配管部は撮影していない」と説明していたがこれは嘘であった。十数分間のビデオが地元自治体の追及の中で発覚したとき、大森康民もんじゅ建設所所長はビデオをみたが映像を短く編集するよう指示はしていないと説明した。しかし翌日大森所長の指示で編集が行われたことが発覚した。これを受けて大石博動燃理事長が「他に事故隠しが絶対無いと断言する自信がなくなった」とコメントをしたものの、後日大石理事長を含む本社首脳陣も全てこのビデオ隠しに関与していたことが発覚した。これらひとつひとつが全てニュースとして記事となった。

こうした稚拙な嘘の上塗りが次々に発覚していくことで、動燃は社会的信用を著しく喪失することとなった。この際、深刻な問題として取り上げられながらも、「嘘を増殖」という冗談めいた見出しが各紙を飾るなど嗤いの対象となっていたことは、話題性の観点からみても重要である。この点については朝日、毎日に限らず核燃料サイクル政策推進派の読売も無視することはできず「動燃の不信〝増殖〟」（一九九六年

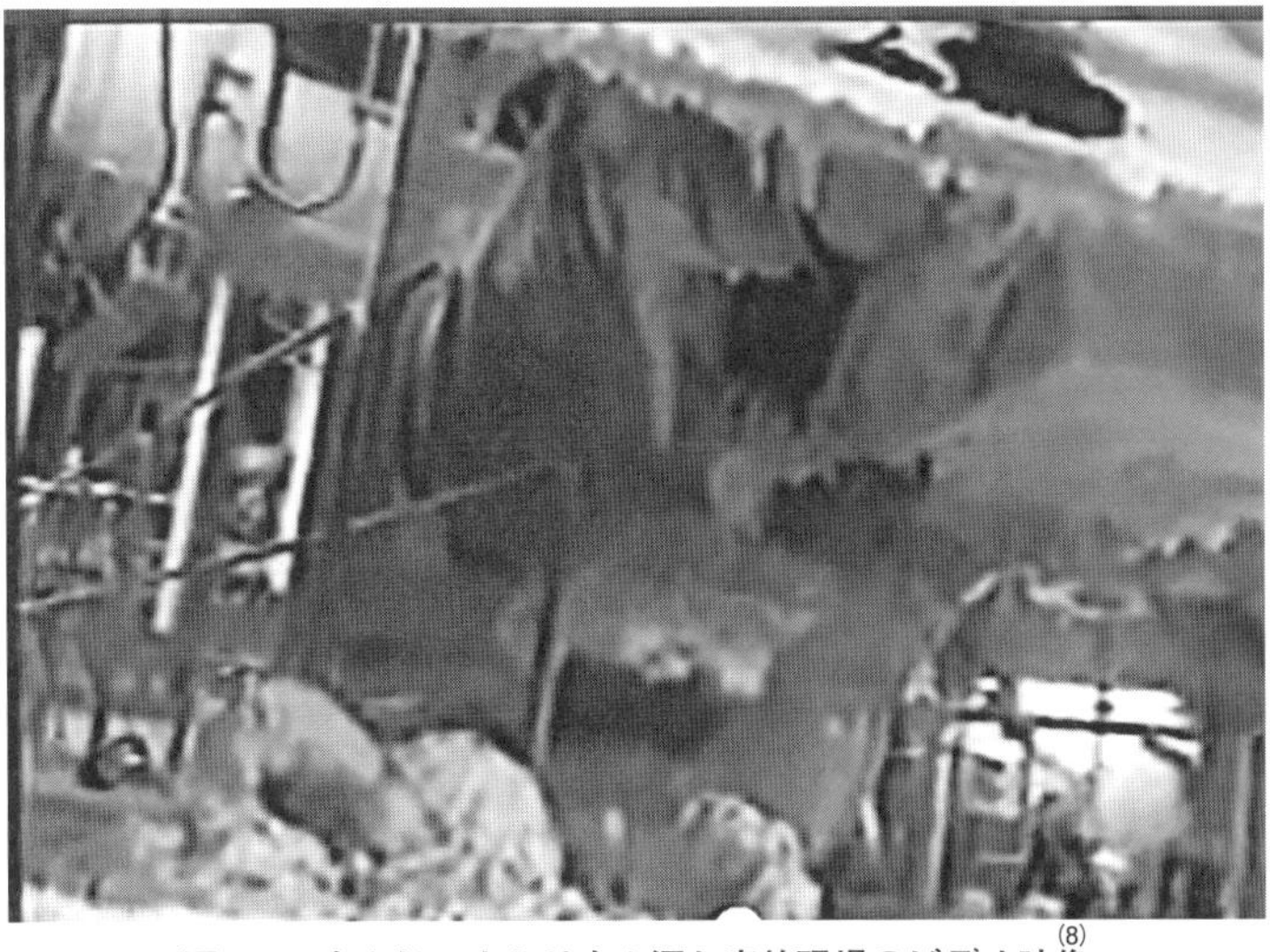

図 4-2　もんじゅナトリウム漏れ事故現場のビデオ映像(8)

一月一〇日）などと皮肉らざるを得ない状況となった。人気漫画家・西原理恵子の作品に「もんじゅ」取材記が登場したり、後述する三・一一後ツイッターに登場するゆるキャラ「もんじゅ君」のように報道の範疇を超えて漫画やソーシャル・メディアの領域にまで「もんじゅ」ネタが広がっていった背景にはこのビデオ隠し問題を通して嗤いのネタ化していった経緯があるように思われる。(9)

もはや動燃関係者のいうことは失笑の対象となるばかりで、関係者からは「何をいっても信用されなくなった」という失意に満ちた声が漏れてくるようになった（毎日新聞大阪版一九九五年一二月二四日「検証　動燃幹部の発言　うそを重ね二転三転」）。午前二時の現場ビデオが発覚した翌日、現場の幹部四人に対して動燃は人事異動を命じたが、この措置も裏目の対応として酷評された。事故原因がまだ明確に分かっていない段階で現場の責任者を人事異動させるとは単なる「口封じ」であり、「トカゲの尻尾切り」ではないかとまたしても地元の強い反発を招くことになったと朝日、毎日の記事は書きたてたのである（例えば毎日新聞大阪版一九九五年一二月二四日「同僚バッサリ『更迭というより口封じ』」）。

第３節　社会的意味の形成力学

情報源としての地元自治体

前節の分析を通じて、高速増殖炉「もんじゅ」からナトリウムという物質が漏洩し火災が起きたという事故の意味は、動燃組織の隠蔽体質問題として定義されたことを明らかにした。それでは、「動燃特殊論」へと事故の意味が結晶化していったことをどう考えればよいだろうか。過剰報道論の立場が指摘するような報道のセンセーショナリズムとして否定的に評価されるべきであろうか。

この点を考えるためには、「ビデオ隠し」というエピソードがシンボルとして選抜されることになった社会的背景に目を向ける必要がある。とりわけ福井県職員を中心とする地元自治体関係者の積極的な活動は決定的に重要な役割を果たした。自治体関係者は記者たちにとっての重要な情報源であったと同時に、「ビデオ隠し」という事実を暴き出し、これをニュース・イベント化することに大きな役割を果たしたのである。

先の事故当時の事態の推移をみれば分かるように、事故から三日後の一二月一一日に福井県と敦賀市が午前三時半に事故現場に緊急立入調査を敢行していることが分かる。この時現場の立入調査と動燃への事情聴取に関わった福井県原子力安全対策課の来馬克美は後年『君は原子力を考えたことがあるか』(2010) において自治体関係者がこの事故対応にどのように関わったのかを詳細に記述している。来馬は、大阪大学で原子力工学を学び福井県庁に就職し、原子力安全対策課に配属された。原発が社会問題化していく一九七〇年代から一貫して原子力行政に深く関わった人物であり、専門的な見識に裏打ちされながら福井県独自の立場で問題を考えてきたことが著書からはよく伝わってくる。その来馬は、最初動燃が公開した一分間のビデオ映像をみてすぐさま違和感を感じたという。

〔9日の夕方に〕「もんじゅ」へ到着した私も、さっそく現場に入ろうとしたが、動燃側から「慣れている作業員でないと危険だ」と止められてしまった。その代わりに写真やビデオを撮影しているから、後で見せるということだった。このビデオは同日夜7時頃、報道陣にも公表されている。しかし、その写真やビデオの内容が変だった。ほとんど漏えい現場を映さないのだ。映しても床の方ばかりで周囲が分からず、しかもすぐ遠くの箇所に切り替わった。技術屋の素直な直感で「これは何か変だぞ……」と思わざるを得なかった。（来馬 2010: 140）

そこで来馬は配管室に充満しているナトリウムミストと呼ばれる白煙がひいて安全になるのを待って直ちに現場に入ることを決断したという（同：141）。午前三時という異例の時間に立ち入ることになったため、その日の午後に定例記者会見席上で宮林正恭原子力安全局長は「夜中にお入りになるのは理解できない。ちゃんとした態勢を組んで、安全な状況において把握していくべきだ」と苦言を呈した（朝日新聞大阪版一九九五年一二月一四日「不信 地元はいつも『かやの外』」）。来馬はこの時の批判を振り返り、問題にすべきは、動燃の報告があまりに粗雑であるがゆえの突入であったことを述べている（来馬 2010: 142）。

そして、ここで注目すべきは、福井県の活動を報道陣が強く支持したことによって、これが「動燃特殊論」を過熱させたことである。同じく朝日新聞大阪本社の一二月一四日の記事「不信 地元はいつも『かやの外』」には福井県職員の「暁の突撃」に対する科技庁の苦言に対して、報道陣からは「福井県がどうして入りたかったか、全然わかっていない」、「十分な情報がなくて、県民が不安だからではないのか」という鋭い批判が飛んだ様子が紹介されている。

この記事の中には福井県庁内で、「言わなくても情報を出す関電、言えば出す原電、言っても出さない動燃」という表現が広まっているという印象深いエピソードが紹介されている。原子力に関わる事業者がすべからく隠蔽体質なのではなく、他の事業者と比較しても特に動燃がひどいという具体的経験に裏打ちされた「動燃特殊論」が示されている。同じ記事にはさらに次のような説明が背景として書かれている。

今年だけでも、「もんじゅ」の水・蒸気系のトラブル、自主開発した新型転換炉「ふげん」の利用目的の変更などが続いた。その都度、県には十分な情報が提供されなかった。いつも頭越しに事を運ばれ、「かやの外」に置かれる。今回の事故で、発生の連絡が遅れたことは反発に拍車をかけた。県と敦賀市は1992年、動燃と「安全協定」を結んだ。協定によると、ナトリウム漏れなどの事故が起きた場合、動燃は直ちに県と市に連絡する義務がある。しかし、今回、事故の一報が県に入ったのは発生から約一時間も後だった。

まさに地元福井県が問題をみるのと同じように報道陣がこの問題をみるようになっていく様が見て取れる。動燃特殊論の「リアリティ」が自治体関係者と報道陣の間で共有されていったのである。他方で先に示した「過剰報道」論は、本来「原子力ムラ」とも呼ばれる関係者の間で共有されていたはずのイデオロギーであるが、こちらは一連のスキャンダルを通じてむしろ弱体化していくことになった。来馬によると福井県の独自立入調査に基づく動燃関係者への厳しい追求活動を通じて「ビデオ隠し」が発覚したことで[10]、科技庁が身内から虚偽報告を受け、欺かれた格好となったことがそのきっかけであったと指摘している。

動燃側から虚偽報告がなされていたことが発覚した直後の一二月二〇日、科技庁はもんじゅ事故の調査を原子炉等規制法第六八条第一項に基づく立入検査に切り替えた。この規定では事業者が協力しなければ法的罰則が科せられる。そしてこの強制捜査が発動されたことで、動燃が午前二時に撮影したさらなる事故現場映像を隠していたという決定的な隠蔽の事実が発覚したのであった（来馬 2010: 146）。

この「ビデオ隠し」発覚の経緯を細かく振り返ると、動燃と地元自治体の間で長年にわたって少しずつ蓄積されてきた不信感が原因となって県の側の独自調査を積極化させ、それが科技庁と動燃といういわば身内同士の足並みの乱れを誘発したことが分かる。

プルトニウム利用政策をめぐる国際環境の変容

さて、これまでのところで、「ビデオ隠し」というエピソードが事故の意味を決定づけるシンボルとして選抜され、そのシンボルを支える物語としての「動燃特殊論」がメディア表象として可視化されていくプロセスについて分析を進めてきた。この分析をさらに深めるために、もっと大きな環境変化も視野に入れておく必要があるだろう。それは冷戦の崩壊と新自由主義的イデオロギーのグローバルな広まりを受けて、「もんじゅ」の事故が起きた九〇年代中盤にはプルトニウム利用政策に対する否定的な議論が国際的に急速な勢いで広がり始めていたという事実である。

改めて事故報道量の変化を測定した図4-1を参照されたい。これをみて分かるように、報道量は「ビデオ隠し」が発覚する以前、事故発覚当初の段階で既に非常に大きい。しかも「ビデオ隠し」が露呈する以前の事故二日後、一二月一〇日に朝日新聞は「『もんじゅ』実証炉は見直せ」と題する社説を書き、現状の高速増殖炉の技術体系では安全を守りながら実用化まで辿り着くことは困難であり、事業の長期計画の見直しを検討することが妥当であると提言しているのである。

このように初期段階における報道量の大きさ、またオピニオンの反応の早さは、「もんじゅ」の事故以前に高速増殖炉の開発事業が社会問題として一定の関心を集めていたことを物語っている。本章の論述は高速増殖炉の新聞報道の歴史的変遷についての調査を踏まえて行われているが、その詳細についてはここでは割愛し、主要紙においては少なくとも一九七〇年代後半までは核燃料サイクル政策に対する非常に積極的な推進論がみられていたことだけ指摘しておきたい。

重要なことは、一九九〇年代に入って主要紙のうち朝日と毎日が積極論から慎重論へとシフトし、軌道修正を示唆し始めることである。その端緒となったのが一九九二年の「あかつき丸」騒動である。これは一九九二年一一月から二ヶ月の期間を費やし、日本の原発使用済み燃料を再処理して抽出されたプルトニウムを核燃料輸送船「あかつき丸」がフランスから日本に輸送した際に生じた一連の騒動を指す。この間、環境団体グリーン・ピースが、「あかつき丸」を追跡し大々的に輸送反対キャンペーンを実行に移し、報道機関の関心を集めた[11]。また北朝鮮の「核疑惑」をはじめとする核不拡散問題への関心の高まりから、プルトニウム利用への批判的見解が世界中で高まりつつあることが報道されるようになる。そして欧米先進各国が高速増殖炉の開発から技術的困難、経済的非合理性を理由に相次ぎ撤退していくことにも視線が注がれる中で、日本だけが「孤立」するようになり始めたのではないかという議論が登場してきたのである（日本弁護士連合会公害対策・環境保全委員会 1994）。

こうして一九九四年に「もんじゅ」が臨界を達成した段階では既に祝福どころか、次のような冷淡な扱いが朝日と毎日にはみられていたことを知っておく必要がある。

「日本は荒海へ　海外冷ややか」（朝日新聞一九九四年四月六日）
「エネルギー事情様変わりプルトニウム、お荷物」（朝日新聞一九九四年四月五日夕刊）
「欧米は撤退の方向」（毎日新聞一九九四年四月六日）
「リスクに見合うか〈もんじゅ〉柔軟な姿勢で後戻りも」（毎日新聞一九九四年四月五日夕刊）

もはやプルトニウムは資源小国の弱点を補なう準国産エネルギーなどではなく、「お荷物」であり、「不良債権」（鈴木 1993）であり、増やすことよりも過剰備蓄することで国際社会の核開発疑惑の対象になりかねない厄介な物質へと変化したことが論じられるようになったのである。プルトニウム利用政策に固執する日本は国際社会の中で奇妙な形で浮き上がって「孤立」しているのではないかという冷ややかな評価の中に動燃がいつの間にか置かれていたことは、「動燃特殊論」の背景として了解しておく必要があるだろう。[12]

第4節　フレーミング装置の社会的生成

最後に、本章の分析から何が明らかにされたのかを確認しておきたい。

本章では高速増殖炉「もんじゅ」の事故を事例として、ニュース生産過程の中のシンボル化のプロセスについて分析を加えた。

第一に、この事例分析におけるひとつの重要なポイントは、本来多義的に解釈可能なはずのこの事故をめぐって、極めて興味深い形で「意味」の選抜と集約が達成されたということである。あの「ビデオ隠し」の動燃という語られ方が示すように、「ビデオ隠し」が事故の意味を決定づけるシンボルとして選抜され、事故の社会的意味は、動燃という組織の非常識な隠蔽体質問題へと集約されていった。

どんな問題に関する社会的意味であっても、それが共通認識として共有され、常識化され、自明視されるためには複雑かつ多義的なままであってはならない。多義的な意味の可能性は、ある単純な形へと集約され、圧縮される必要がある。この事例の場合、事故現場を撮影したビデオ映像が強力なフレーミング装置として機能し、この「ビデオ隠し」というエピソードが事故の全体的な意味を象徴するものとなった。そして本章においては、この

「ビデオ隠し」がシンボル化されていくプロセスと連動する形で「動燃特殊論」がメディア表象として可視化されていく側面を詳しく分析した。

第二に、「動燃特殊論」のメディア表象を分析する上で、第2章で注目したフレーミング装置の分析が有効であることも確認できた。動燃の失態を追求する数多くの「ネタ」が掲載されたメディア・テクストは、詳細に分析していくと〈事故の深刻さ〉を表象するカテゴリーと、〈事故対策、対応の杜撰さ〉を表象するカテゴリーに分類された。この二つのカテゴリーの意味が鋭く対比されることで、「動燃特殊論」のメディア表象は構成されていたのである。本来深刻な事故でありながら、その意味を軽視し、杜撰な対応に終始する動燃の姿が克明に描かれたのである。ひとつひとつの「ネタ」を一種のフレーミング装置として把握し、その集積を通してどのような意味が生まれてくるのかを分析するというメディア・フレームの分析方法は、シンボル化の研究を進めていく上でも有益であることが確認できた。

第三に、「ビデオ隠し」というシンボリックなエピソードを生成した社会的プロセスについても分析を加えた。ここにおいては、ニュース生産過程におけるシンボル化の分析として極めて重要な知見が得られたといえる。とりわけ地元自治体と動燃との間に長い年月を通じて信頼関係が築かれることなく、自治体が強い不信感を動燃に抱いていたことに触れた。本来原子力開発をめぐって利害共同体であるはずの立地自治体と開発事業組織の間に不信感が芽生えることによって、動燃を応援する仲間であるはずの自治体が、動燃の不誠実を糾弾する情報源となりかわり、報道機関に向けて積極的に問題点を訴えていくことになったことは決定的な点であった。

加えていえば、政府も電力会社も動燃を庇ってくれなかったことは大きい。特に監督官庁の科技庁が身内から虚偽報告を受けた格好となって、厳しい姿勢に転じて動燃に強制捜査を行ったことは、ニュース生産過程としても重大な意味を持っていた。つまりこの強制捜査によって誰もが知りえなかったもうひとつの「ビデオ隠し」が発覚し、動燃に対する社会的信頼の崩壊は決定的なものとなったのである。

以上の知見をまとめていえば、「動燃特殊論」が「過剰報道論」を駆逐して、高速増殖炉「もんじゅ」事故の共通認識へと「結晶化」したのは、動燃特殊論が「ビデオ隠し」という強力なシンボルを獲得したからであったと結論づけることができる。ニュースの社会的意味がいかにして形成されるのかということを考える上で、ニュース生産の過程においてシンボルを媒介にして人々の共通認識がいかにして形成されていくかを分析することは決定的に重要であり、今後一層、研究を発展させていく必要があるだろう。

第5章　水俣病事件と『苦海浄土』のシンボリズム

集合的なシンボル化のプロセスについて考える場合、いくつかの異なるタイプを区別することが有益である。この第5章においては「浸透」のケースを取り上げ、具体的な事例を踏まえながら考察を進めていきたい。

第1章でも説明した通り、「浸透」という言葉で意図しているのはある特定のシンボリズムが社会の中に浸透していくプロセスのことである。「浸透」という言葉を用いるのは、人間の心の中に深く取り込まれて、その人間の価値観や世界観、アイデンティティの形成に根本的な影響を及ぼすシンボルの力に焦点を当てたいからである。

本章で取り上げたいのは、文学者石牟礼道子のシンボリズムの力である。水俣病事件に直面して、彼女がつくり出した『苦海浄土』のシンボリズムは、出版から半世紀以上も経過した今日においてさえ、なお人々の心を強く捉え、少なからぬ人間の生き方に深い影響を及ぼしている。石牟礼の紡ぎ出した言葉のひとつひとつが人々の中に深く「浸透」していったプロセスを丹念に追いかけることで、「シンボル化の政治学」は有益な知見を得られるのではないかと期待できるのだ。

第1節　石牟礼文学の浸透力

文学者の田中優子は、二〇二〇年に出版された『苦海・浄土・日本』の冒頭において、自らの石牟礼文学との邂逅の瞬間を次のように記述している。

> 石牟礼道子とは何度も出会ってきた。もちろん一方的に、である。最初は1970（昭和45）年、大学一年生のとき、法政大学文学部日本文学科の授業においてであった。古代文学者で民俗学者の益田勝実が、その前の年に刊行されたばかりの『苦海浄土――わが水俣病』のくだりを、声に出して読み始めたのである。耳に聞こえてくる言葉を追いながら、「これも文学か。この世にこういう文学があったのか」という驚きが湧き上がっていた。
>
> ……石牟礼道子の文学は私にとって「異世界」でありつつ「普遍」であり、一地方の言葉の世界でありながら、身体に響く言葉であった。そしてなにより、私の世代に向けられた言葉であった。胎児性水俣病患者の最初の人々は、私と同世代だった。「私は彼らだったかもしれない」という思いを、私はずっと持ち続けている。（田中 2020: 10）

近世文学を専門とする研究者が、五〇年を経て思い詰めたように石牟礼道子について語り始めること自体が既に興味深いが、石牟礼のことを「道子」と表記しながら語っていく田中の文章は、まるで心の中に大切にしまっていた宝物をおそるおそる取り出すような手つきを思わせる。それだけ田中にとって石牟礼が大切な存在であるということであろう。

だが、おそらくこれは特殊な例ではないであろう。田中のように一冊の著書としてその思いを完成させる人が多いとは思わないが、おそらく、『苦海浄土』や石牟礼との出会いを特別な感情とともに大切に記憶している人は数多くいるはずだ。中にはその後の職業生活や人生そのものを大きく左右された人もいるであろう。

朝日新聞の夕刊紙面でかつて掲載されていた企画連載シリーズ「ニッポン人脈記」は、著名人たちの意外な人脈を掘り起こしていく秀逸な企画であったが、ある時、福岡県で小さな出版社を営む人物が取り上げられたことがある。水俣病事件で患者支援運動に参加して逮捕された経歴を持つ福元満治だ。

記事の冒頭において、福元が出版の仕事をするかたわら、アフガニスタンにおける医療活動の支援運動に「深入り」している人物であることが描かれている。その上で、福元を出版の道に進ませたのが、実は石牟礼道子と渡辺京二の二人であったことが紹介される。渡辺は今日では『逝きし世の面影』などの著作で知られる著名な文芸批評家であり、石牟礼文学の最大の理解者、批評者として知られる人物だ。記事の中では、渡辺が石牟礼の『苦海浄土』の最初の連載を掲載した雑誌の発行人であったこと、また、患者支援運動の先頭に立ち、一九七〇年の厚生省抗議においては福元ら若い支援者たちを鼓舞しながら、ともに逮捕された経歴を持つ人物でもあったことが紹介されている。その上で、記事は、福元のアフガンへの「深入り」の背景に、水俣の原体験があったであろうことを次のように描いていくのである。

「石牟礼さんたちがいなかったら、水俣病は単なる損害賠償請求にすぎなかっただろう」と福元。人々の痛苦をわがものとする魂の表現者がいたからこそ、水俣病は戦後日本の暗部をえぐる事件になったのだ。

「そして、石牟礼さんは水俣で、ある種の幻を見せてくれた。それなしには生きていけないような幻を」。福元にとって出版は、その「幻」を追い求めることなのかもしれない。（朝日新聞二〇〇八年一月二五日「わが町で本を出す① 福岡はアフガンへの窓」）

福元の「それなしには生きていけないような幻」という表現は、石牟礼文学の「浸透力」を雄弁に物語る大変興味深い言葉である。石牟礼の創出した世界観、またそれを表現した彼女独特のシンボリズムが、読む人間の心の中にいかに深く入り込んで根を張る力を持っていたかがここから窺えるのである。

本章の問題意識は、まさに、ここでいう「幻」がもつ力をいかにして研究することができるかという点にある。つまり、石牟礼の『苦海浄土』の世界観が持った影響力の大きさについて考えることが、本章の課題である。なかでも、石牟礼文学のジャンルを超えた「浸透力」について考えるために、シンボリズムやシンボルの取り入れというシンボル論の概念を用いることの有効性を確認することができればと考えている。

以下においては、この課題に取り組むための準備作業を行う。まず『苦海浄土』が登場してきた社会的背景を把握しておくため、一九五〇年代の日本社会における水俣病事件の扱いがどのようなものであったのかを、事件初期報道の検討を通じて確認する。その上で、石牟礼の最大の理解者である渡辺京二による石牟礼論の要点について確認する。特に彼が石牟礼の「方法的秘密」と呼んだものの内容について取り上げておきたい。

渡辺の議論を起点としつつ、本章の狙いは、石牟礼文学についての研究とメディア社会学的な水俣研究を架橋する理論的枠組みを構築することにある。ここでいうメディア社会学的な水俣研究として想定しているのは、次のようなものである。ひとつには、ジャンルを横断して新聞、雑誌記事、テレビ・ドキュメンタリー[(1)]など、『苦海浄土』の世界観がメディア表象の中に広く浸透していったプロセスを辿る研究である。いまひとつには、これらメディア表象への浸透とリンクする形で、水俣という場所が、環境問題を学ぶための「聖地」のようなイメージを獲得していき、多くの人々をさながら「巡礼者」のように惹きつけていくプロセスの研究である。

いずれにおいても、石牟礼の創出したシンボリズムが、「水俣」を想起する人々の想像力の中に深く浸透していく力を持っていたことがここでの焦点となってくる。したがって、シンボリズムの持つ社会的浸透力をどのように説明することができるかが大きな課題となってくる。この課題のためには、石牟礼の世界についての文学的研究と、人々を魅了し、人々の中に取り込まれていった「石牟礼道子」像の二つを明らかにしていく必要がある。本章はこれらの課題についての現状報告である。

第2節　水俣病事件初期報道

水俣病は、一九五六年に熊本県水俣市で公式確認され、一九六八年には政府によって正式に公害病と認定された。原因企業のチッソ株式会社（以下、チッソ）が海に排出し続けた工場排水が魚貝類を介して人体に取り込まれ、そのことによって引き起こされた「有機水銀中毒」と呼ばれる症状こそが水俣病である。具体的には、脳などの神経系が侵されることで知覚障害、視野狭窄、運動失調、聴力障害などの病状に患者たちは苦しむことになった。発生初期段階においては、患者の中には発狂したような状態に陥って、短期間のうちに死亡するケース（急性劇症型水俣病）もみられ、人々に強い恐怖感をもたらした。

今日から振り返って驚くのは、一九五六年に水俣病が公式確認された後、一九六八年まで被害が拡大し続けたという事実である。しかも一九五九年に熊本大学医学部研究班（以下、熊大医学部）が「有機水銀説」を発表し、その後一九六三年に同じく熊大医学部がチッソ水俣工場の工場排水から有機水銀を直接検出することに成功し、発表されていたにもかかわらずである。

水俣病事件の歴史を振り返る者は、必ずや、なぜ発生初期段階でもっと踏み込んだ対策が取られなかったのだろうかという疑問を抱かずにはいられないであろう。なぜ企業も国も被害拡大を阻止することにもっと真剣に取り組めなかったのだろうか。水俣病事件の初期報道に注目しようとする動機は、まさにこの疑問から生まれてくるといってよい。そして、石牟礼道子がなぜ『苦海浄土』を書かなければならなかったのかという理由も、この疑問と密接に結びついている。

水俣病事件の初期報道がいかなるものであったかについては、いち早く宇井純が『公害の政治学』（1968）において詳細な検討を加えている。また近年においては、初期報道を題材としながら、それを水俣の言説と表象の研究としてまとめた小林直毅編の『「水俣」の言説と表象』（2007）がある。

本章の内容は、この『「水俣」の言説と表象』を出版した水俣病事件報道研究会の共同研究をもとにしている。報道の分析については、既にこれらの文献において詳細が述べられているので、ここでは省略し、要点のみ確認していきたい。

まず第一に、初期報道に関して最初に確認しておくべきことは、その基本的な報道姿勢である。一般に一九五〇年代当時は環境問題への意識が現在ほど強くなかったので、被害者への同情があまり集まらなかったのではないかと思われるかもしれないが、初期報道全体をみる限り、被害者への同情は非常に大きかったことが分かる。確かに、一九五〇年代中央紙は水俣病問題についてほとんど関心を払っていない。しかし地方紙、ブロック紙および全国紙の地方版で大量の記事が書かれた。(2) そして報道の基本姿勢は、被害漁民への強い同情によって特徴付けられるといっても過言ではなかった。

そのため、いち早く社会問題としての水俣病事件に注目して、その全体像を捉えようとした宇井の『公害の政治学』は、地方紙の果たした役割を高く評価している。(3)

水俣病の進展に新聞が果たした役割は大きい。ある時は正確な情勢判断が、ある時は何の気なしの誤報が、被害者たちの運動を力づける結果を生んだ。今になって、当時の記事を読み返してみても、そこにいくつかの生きた記者たちの正義感の息吹きを読み取ることができる。（宇井 1968: 26）

表5-1　水俣病事件報道（朝日新聞1957年4月～1960年4月）

1957	4.1	奇病 治っても"廃人"熊本県に 厚生省で調査
	8.13	水俣湾（熊本）の漁獲禁止 奇病 魚に含む金属の中毒
1959	11.3	水俣病で漁民騒ぐ
	11.3	水俣の騒ぎ静まる
	11.6	水俣病対策委
	11.12	水俣病・清浦教授の報告
	11.13	原因は「水銀の有機物」水俣病
	11.13	水俣病に見ごたえ
	11.14	知事があっせん 水俣病問題
	12.8	水俣病恐れて工場設置反対 千葉の漁協組
	12.18	補償金三千五百万円 水俣病紛争かたづく
1960	4.9	すわり込みすでに十九日 水俣病補償金問題
	4.9	病源究明へ 水産庁が指示
	4.12	魚貝肉の毒が原因 水俣病の水銀説否定 清浦教授
	4.13	水俣病の原因 清浦教授、質問攻め 総合研究協議会
	4.13	結論はまだ早い 協議会
	4.13	病状は全く違う 九大勝木教授 清浦説に反論
	4.13	慢性的な病状でも似ている 清浦教授の話
	4.15	清浦教授を詰問 水俣病で漁民の代表
	4.22	「水俣病」患者を訪ねて 生ける人形少女
	4.27	（上）学説まちまち
	4.28	（下）さらに総合的研究

だが注意深くみると分かるように、新聞記事はいつも漁民たちに同情しているが、企業の側を強く批判するということがなかなかできなかった。コラムの中で小さく囁くように指摘する以外、原因究明のための一切の情報提供を拒み続ける企業の姿勢を強く批判することができなかった。「水俣病の原因は科学的にまだ分かっていない」という工場側の言い分を報道するものの、原因究明のために工場側が積極的に協力しない事実を批判することがなかった。

第二に、この水俣病の原因究明問題は、初期報道を考える上で非常に重要である。ここで熊大医学部にチッソが仕掛けた論争について改めて振り返ってみよう。端的にいってこの当時の報道は、一般的なセオリー通りの客観報道を実践したに過ぎないが、この客観報道が結果的に事態の真相を曖昧にしてしまった。

一九五九年の七月に熊大医学部が「有機水銀説」を発表し、水俣病の原因解明に大きく近づいた辺りからチッソの側では危機感を強めるようになり、熊大医学部への猛烈な巻き返しが始まった。その際「原因究明の必要性」、「原因物質の特定」という論理が徹底的に強調されたのである。

ただしこれは「海の異変」理論とでも呼ぶべき理屈とセットで把握しないと、少々意図が分かりにくい。チッソはこの時期、全国に類似の工場があるなかで「なぜ水俣でだけ」問題が起きるのか、またチッソが長い操業の歴史を持ちながら、「なぜ今」になって患者が続発するのか説明がつかない、結局問題は工場排水ではなく、海そのものに何か正体不明の異変が生じたと考える方が正しいのではないかという説を公然と主張した[4]。

水俣でチッソ吉岡社長を「国会に証人喚問する」と威勢よく吼えた国会調査団も、帰京後の報告においては熊大医学部の有機水銀説とこの「海の異変」理論を両論併記的に紹介せざるを得なかった[5]。またこの時期にチッソが持ち出した「爆薬説」、東京工業大学清浦教授が唱えた「アミン説」は、この「海の異変」理論を具体化しようとするものであった。医師の原田正純は、これらが専門家の眼からみると、学説といえるような代物ではなかったと指摘しているが、新聞はこれらの説を大きく取り上げ、熊大医学部の有機水銀説が、数ある学説の中のひとつでしかないような印象をつくり出すことになってしまったのである（原田 1972）。

この点は中央紙の反応をみると露骨に判明する。表5－1は、水俣病事件初期段階における朝日新聞東京本社の関連記事を整理したものである（キーワードは「水俣病」）。中央紙が当初、水俣病事件にいかに関心が薄かったかがよく分かる。水俣病事件報道研究会で全国紙の分析を行った山口仁は、全国紙が水俣病問題を盛んに報道するようになるのは一九六〇年代中盤、新潟水俣病問題が発覚したあたりからであり、それ以前に水俣病問題は、「加害者」と「被害者」が存在する「社会問題」としては意味付けられていなかったと指摘している（山口

2007）。山口は一九五九年から一九六〇年にかけてわずかに行われた報道が、単なる「科学報道」の次元にとどまっていたと指摘している。つまり加害者である企業の責任問題には一切言及しないで、原因物質の特定に関する学説にのみ特化して水俣病が語られていたというのである。

山口の指摘は、表5－1が示す二〇本程度の記事の中で、東京工業大学清浦教授の存在感が異常に大きいことで裏付けることができる。記事の内容は必ずしも清浦説を鵜呑みにしているわけではないが、明らかに彼が水俣病事件に関わる重要人物であるかのような印象、少なくとも、公的な言論の場において、水俣病の原因に関しては「学説まちまち」（朝日新聞一九六〇年四月二七日）という状況がつくり出され、その学説論争の範囲に問題が制限されていることが分かる。

朝日新聞で科学部長を務めた経験もある柴田鉄治は、この水俣病事件報道を、対立する見解があればそれらを公正に取り上げるべきであるという客観報道の原則がもたらした弊害であったと指摘している（柴田 1994）。第2章で取り上げたメディア社会学者のトッド・ギトリンの表現を借りていえば、客観報道の手続きに従ったメディア・フレームの中で、挑戦者の政治的主張の現実性（リアリティ）が既存の権威と妥協させられ、「中和」され、弱体化されていったのだといえる。

メディア社会学の知見としていうならば、報道が「何を無視できないのか」が明らかにされた事例であったともいえる。企業や東京の有名大学の教授が主張する学説が、熊本大学の学説と対立して登場した場合、専門的見識をもたない新聞記者は、どうしてもそれら主張を併記しないわけにはいかなかった。特に現地取材に時間を費やしている記者と異なり、現場から遠く離れた東京の編集現場で事件を想像している人間にとって、大企業や有名大学の主張を無視することは難しかったのである。この結果、熊大医学部の側の有機水銀説の説得力は弱められることになってしまった。被害者側の原因究明の行為が、加害者側の意図的で悪質な「煙幕」と両論併記されることで「中和」されてしまったのである[6]。

他方で、この時期、「工場排水か、それとも海の異変か」という問題をもっとも分かりやすく検証する方法に気がついていた人々もいた。その方法とは、工場排水を用いた動物実験である。この時期チッソ付属病院の細川一医師は、猫を用いた実験を秘密裡に行っていた。有名な猫四〇〇号の実験である。これは、工場排水を混ぜた餌を同年七月から投与されていた猫四〇〇号が、一〇月六日になって水俣病の症状を発症した実験である。いうまでもなく、これによってチッソが主張する「海の異変」ではなく、工場排水こそが水俣病の原因であることが証明されたはずであった。

だが、この実験結果が判明した時期、熊大医学部への反論書を作成していたチッソ水俣工場の技術部次長・市川正は、この実験結果を反論書に掲載することを避けた。市川は、実験例が一件だけであるから、もう少し実験を続けて、「再現性」が確認された後に公表するという条件を持ち出して、細川を説得したのである。こうしてチッソ内部では水俣病の核心に迫る実験が行われながら、その情報が隠蔽され、対外的には「海の異変」理論が声高に主張されたのである。

内部で進んでいた原因究明の実験成果を隠蔽し、熊大医学部の執念の研究成果に対して、時間稼ぎとも思えるような学説を煙幕のように繰り出したこのプロセスは、少なくとも事件初期段階において、企業の社会的責任を曖昧にすることに大きく作用したと結論づけることができる。

いずれにせよ、原因究明にあまりに時間がかかっていることは、既に一九五九年の段階で誰の目にも明らかであった。熊大医学部の有機水銀説が決定的なものではなく、工場側の反論によって「中和」され、「学説まちまち」の状況がつくられた段階で、それぞれの言い分に決着をつけるために、工場がもっと積極的に内部の情報を提供し、原因究明に協力的になるべきであるということをなぜもっと強く批判できなかったのか。この点については大きな悔いが残ることだけは確かである。

第三に、当事の新聞記者の漁民や漁村への取材が、極めて表面的なものにとどまっていたことを指摘する意見は少なくない。[7] 石牟礼の『苦海浄土』にも新聞記者を描いたシーンが登場する。石牟礼は、新聞記者の親切な忠告がありがたい面もあったが、その取材の仕方は総じて無遠慮で乱暴で表面的なものであったことを次のような描写によって風刺している。


新聞記者や雑誌の記者たちがやってくる。彼らはじつにさまざまのことを質問する。彼らは紙切れとペンをまずとりだす。

——えーと、お宅の生活程度は。

——はい？

——つまりですね、畑はいくらで、舟は何トンですか。

このような無神経な質問にでもひとびとはついに持ちまえの微笑を浮かべて答える。外来者用のことばを。心の中では憮然としながら。

——食べものは、主食は何を食べていられますか、米半分、麦半分、甘藷、甘藷が主食ですね。ほう、おじいさんはご飯はあまり食べない？　魚をねえ、魚を食べるとご飯いらないですか。いったいどのくらい食べるのです！　おさしみを丼いっぱい！　へえ、それじゃ栄養は？

記者たちや自称社会学の教授たちはビックリする。〝なんとここは後進的な漁村集落であるか〟そして記事の中に〝貧困のドン底で主食がわりに毒魚をむさぼり食う漁民たち〟などという表現があらわれたりする。（石牟礼 1972: 209–10）

しかし漁民の生活の本当の豊かさであるとか、患者の世界の美しさなどというものは石牟礼道子その人が初めて描き出した世界であり、新聞記者はおろか当事の日本社会でそうした世界観でもって水俣病患者の世界を描くことのできる人が皆無であった事実を忘れてはいけない。

第3節　文学としての『苦海浄土』

石牟礼の『苦海浄土』は、事件初期段階の幕引きをどのように捉えたのであろうか。新聞報道が「円満解決」と評した一九五九年の水俣病事件の区切りは、この作品の中では次のように描写されている。

大人のいのち十万円
子どものいのち三万円
死者のいのちは三十万円

と、わたくしはそれから念仏にかえてとなえつづける。（同：117-8）

石牟礼がここで取り上げているのは、チッソ水俣工場が患者家庭互助会との間に結んだ、いわゆる「見舞金契約」の内容である。正確には死者への弔慰金が三二万円、成人患者への年金一〇万円、未成人患者の年金三万円（成人に達した後は五万円）という金額が、「見舞金」として支払われた。またこの契約には、「将来水俣病が工場排水に起因することが決定した場合においても新たな補償金の要求は一切行わないものとする」という項目が盛り込まれた。

初期報道において水俣病問題は、「産業間紛争」として語られる側面が強かった。日本経済を牽引する立場の強い二次産業が、立場の弱い衰退産業である漁業関係者の漁場を荒らして、迷惑料をいやいや支払ったという筋書きで描く言葉しか存在しなかった。それ以外の言葉を持たなかったからである。そこには水俣病騒動によって哀れにも生活の糧を失って食い詰めた漁民がいただけで、先に山口の分析において指摘されていたように「公害事件」の「被害者」は存在しなかった。そして現在言われるような意味での「患者」もまた存在しなかったのである。

水俣病事件に限らず、およそ社会問題の被害者に対する政治的救済とは、このような機械的な補償金での処理という形を取らざるを得ない。しかし石牟礼は、『苦海浄土』において、これをやむを得ない現実として受け入れることを拒絶し、補償金の値札をつけられた患者たちひとりひとりの生がいかに美しいものであったかを徹底して描き出そうと努め、そのことによって、その美しい生を破壊し、蹂躙しながら何の責任もとろうとしない企業の暴力性を浮かび上がらせようとしたのであった(8)。

私小説としての『苦海浄土』

さて、このように、当時の事件幕引きの「円満解決」報道との対比の上で石牟礼の『苦海浄土』の意義を強調しようとすると、この作品の告発型ルポルタージュとしての側面が際立ってくる。現に一九六九年に『苦海浄土』が講談社から出版された当時、石牟礼が水俣病患者の支援運動の先頭に立っていたこともあいまって、多くの人がそのような受け取り方をした。水俣病を含む公害問題全体に対して、その後大きな関心が集まるようになっていった世情の雰囲気も大きく関係しているといってよい。

だが、そうした世の風潮に釘を刺し、一個の優れた文学作品として『苦海浄土』を読むことを提唱したのが、彼女の最大の理解者である渡辺京二であった。渡辺の「石牟礼道子の世界」が早くも一九七二年に書かれていたことは、今日からみて大きな驚きである。この文章はいま読んでも新鮮であり、古さを全く感じさせない。

渡辺がこの中で指摘しているもっとも重要な点は、『苦海浄土』が書かれた「方法」である。『苦海浄土』はいわゆる「聞き書き」の方法で書かれたものではない。多くの人はそう信じていたし、だからこそ、第一回大宅壮一ノンフィクション賞を受賞することにもなった（本人が辞退したため正式に受賞はしていない）。しかし、この作品で登場人物たちが饒舌に語る場面のほとんどは、実際の発言や出来事に石牟礼が脚色を加えて仕上げたという性質のものではない。完全に彼女の想像によって書かれているのである。渡辺は、『苦海浄土』の「方法的秘密」に気がついた瞬間のことを次のように描写している。

……あることから私はおそるべき事実に気づいた。仮にE家としておくが、その家のことを書いた彼女の短文について私はいくつか質問をした。事実を知りたかったからであるが、例によってあいまいきわまる彼女の答えをつきつめて行くと、そのE家の老婆は彼女が書いているような言葉を語ってはいないということが明らかになった。瞬間的にひらめいた疑惑は私をほとんど驚愕させた。「じゃあ、あなたは『苦海浄土』でも……」。すると彼女はいたずらを見つけられた女の子みたいな顔になった。しかし、すぐこう言った。〈だって、あの人が心の中で言っていることを文字にすると、ああなるんだもの〉。この言葉に『苦海浄土』の方法的秘密のすべてが語られている。それにしても何という強烈な自信であろう。（渡辺 1972: 311）

石牟礼が想像で書いていたという事実は、あくまでも問題の入口に過ぎない。おそらく渡辺以外の人間がこの事実を知ったとしても、ただの創作秘話にしかならなかったであろう。しかし、渡辺は、「あの人が心の中で言っていることを文字にすると、ああなる」という石牟礼の苦し紛れの発言ともとれる言葉の中に、彼女の「方法的秘密」を見て取った。ここから展開していく渡辺の石牟礼論は他の追随を許さないものがある。

渡辺は、石牟礼の方法が、「乗り移り」にあると考えた。彼はまず『苦海浄土』から、次のような一節を取り出してみせる。石牟礼が、水俣市立病院で重度の水俣病患者・釜鶴松の姿を覗きみた時の心情が綴られた箇所である。

この日はことにわたくしは自分が人間であることの嫌悪感に、耐えがたかった。釜鶴松のかなしげな山羊のような、魚のような瞳と流木じみた姿態と、決して往生できない魂魄は、この日から全部わたくしの中に移り住んだ。（石牟礼 1972: 126）

渡辺はいう。通常、批評家の誰もがこの一文を、一種のヒューマニズムの表明と読むのではないかと。ヒューマニズムという表現にこだわらなくとも、普通この箇所は、重度の水俣病患者を目の当たりにして、その姿にショックを受け、改めて水俣病事件の不条理に怒り、悲しみ、被害者の代弁者となることを著者が決意していった場面として読めるであろう。おそらく通常それ以外の読解はあり得ないはずだ。だが、『苦海浄土』の不思議な世界を読み解こうとするならば、この箇所をそう読んではいけないと渡辺はいう。彼はここに、石牟礼の本当の「方法的秘密」が隠されていることを解き明かしていくのである。

この文をそういうふうに読むかぎり、つまり悲惨な患者の絶望を忘れ去ることはできないという良心の発動と読むかぎり、『苦海浄土』の世界を理解する途はひらけない。そうではなくて、彼女はこの時釜鶴松に文字どおり乗り移られたのである。彼女は釜鶴松になったのである。なぜそういうことが起こりうるのか。そこに彼女の属している世界と彼女自身の資質がある。（渡辺 1972: 312）

石牟礼が、文字どおり、釜鶴松によって乗り移られたのだと渡辺はいう。それは一体どういう意味であろうか。

渡辺は、石牟礼が釜鶴松と同じ世界の住人、近代人がすっかり忘れてしまった感覚を共有する人々であるという。彼らは、近代以前の、「自然と意識が統一された世界」の中で人々が持っていた感覚を共有しているというのだ。渡辺は石牟礼によるいくつかの自然描写を取り出してきて、そこに近代人が忘れ去った自然に対する独特の感覚が潜んでいることを読み解いていく。

それは例えば、水俣の漁師たちが、海の中の風景を花にたとえながら饒舌に語る場面であったり、舟の上でタコ壺の中からなかなか出てこないタコに向かって説教をする場面であったりする。つまり、「生きとし生けるものたちが照応し、交感していた世界」（同：314）であり、海とともに生きる漁師たちの豊饒で濃密な世界の描写である。こうした自然と未分化な人間の感覚は、神話や迷信を生み出す前近代的な意識を支えるものであり、近代の知識人にとっては克服されるべき、忌むべきものとされてきた。石牟礼は、その感覚世界に初めて、文学的表現を与えたのである。

石牟礼の文学を、内外の文学史の中にどのように位置付けることができるかという問題は、本章の範囲を大きく超えるものであり、この点についての渡辺の論理を追うことは控えたいが、ここで彼が言おうとしている次の点は見落としてはならない。それは、水俣病患者たちの世界が石牟礼によって外側から観察され、描写されたものではないということだ。じっくりと慎重な観察を外側から重ねたことで、よく描けているという世界なのではない。水俣病患者の世界は、同時に彼女自身が属する世界でもあるがゆえに、彼女は内側からその世界を克明に描き出すことができたのだと渡辺は強調した。工場排水によって破壊され、崩壊していく世界の美しさを、「自己表現」としてうたいあげたのが、『苦海浄土』であり、石牟礼にとっての「わが水俣病」であったのだと。

シンボルとしての「石牟礼道子」

渡辺の石牟礼文学論は、大きな説得力を持つものであるが、ひとつの当惑を覚えることも事実である。彼は石牟礼が水俣病患者に「乗り移られる」ことの必然を語ったが、もしそうであるならば、なぜ『苦海浄土』の世界は、前近代的な共同体から完全に切り離されているはずの現代人にとって、これほどまでに訴求力を持ち続けてきたのであろうか。共同体とは、本来排他的なものであり、その内側に属するものと外側に属するものとの間に「共感」が生じにくい性質を持つのではないか。なぜ石牟礼のシンボリズムは、「水俣」や「不知火」というひとつのローカルな文脈を超えて、現代人の中に普遍的な影響力を持ち続けてきたのであろうか。

石牟礼のシンボリズムが持つ力について考察していく上で、文学的観点ではなく、社会学的な観点からみてもっとも重要なことは、「石牟礼道子」という名前そのものが、強い意味を帯びたシンボルであることに焦点を当てていくことであろう。

戦後の日本社会は、急激な高度経済成長を実現しながらも、その陰で、深刻な公害問題を数多く発生させていった。「水俣病は、業病である」としばしばいわれた。つまりこの問題には、豊かさを追い求める人間の業の深さが招いた必然的側面があるということだ。

自分たちの享受する豊かさが、少数の犠牲の上に成り立っているということを思い知らされた人間は、多少なり罪の意識を覚えていった。もちろん、何の罪悪感も抱かなかった人間もいるであろう。そのような人々にとって、石牟礼道子という名前には何の意味もない。

しかし、罪の意識を覚えた人間にとって、やはり、「石牟礼道子」という名前は、特別な響きを持ったであろう。「石牟礼道子」は、日本社会における罪の意識を表象する際に想起される有力なシンボルとして機能してきたのではないか。そのシンボル化の背景には、自らの罪を悔い改めるために、「石牟礼道子」という聖なる存在によって、自らの罪を浄化することができると感じた人々が少なからずいたからではないだろうか。

メディア社会学において、構成（構築）主義的な考え方が受容されるようになってから久しい。しかし、メディア表象のイデオロギー的前提を暴露する方法はよく知られていても、あるメディア表象が人々の想像力の中に組み込まれていくプロセスを丁寧に検証していくタイプの研究はあまりみられない。ジョージ・ハーバート・ミードの言い回しを借りていえば、人がどのようにしてシンボルを取り入れるのかという点に注目していく必要がある。シンボリズムについて語ることは、単に表現のヴァリエーションを検討するという含意をはるかに超えて、人々が何をどのようにして内面に取り込んでいくのかを分析するために必要な作業である。

石牟礼のシンボリズムが、なぜ人々の想像力の中に深く浸透してきたのか。その背景を探っていくにあたって、人々の罪の意識について考えてみることが必要である。罪の意識こそが、石牟礼のシンボリズムを人々に取り入れさせようとする大きな原動力であったのではないだろうか。

第4節　バイブルとしての『苦海浄土』

これまで、水俣病事件初期報道の検討、また渡辺京二の石牟礼論の要点の確認を行ってきた。また、手短ではあるが、石牟礼道子のシンボリズムが持つ力について考えるためのひとつの視点についても言及した。ここでは最後に、以上の点を踏まえて、今後の研究課題について触れておきたい。

「石牟礼道子」が、人々の罪悪感を表象するための有力なシンボルとして構築されていったプロセスを検討していくことが、今後の喫緊の研究課題である。この点は、主要紙の分析を通して時系列的に分析を進めていくことができると思われる。おそらく、どこかの時点で「石牟礼道子」は、水俣という特定の文脈を超えて、日本社会の罪の意識の高まりに応じて召喚されるシンボルとなっていった。ミード流にいえば、シンボルとしてより一般化された意味が獲得されていったのである。二〇一一年の福島原発事故以後、主要紙がしばしば石牟礼を取り上げてきたのは、こうした経緯を踏まえてのことであろう。

また、この石牟礼のメディア表象の分析と連動させる形で、石牟礼の世界に強く惹かれて、水俣病事件に深く関わった人々の証言を拾い集めていくことも必要である。例えば、写真家の塩田武史は、『苦海浄土』が患者支援運動に関わった人たちの「バイブル」であったことを次のように語っている。


『苦海浄土』はその後、私だけではなく、運動にかかわった人びとのバイブル的な存在になってゆく。……石牟礼さんが描いた世界に誰もが操られるように動いていた。患者たちのもつ精神や叡智を学びとって、〝魂の絆〟をどう取り戻せるかということしかないという。石牟礼文学がその後の表現者に与えた影響の大きさははかりしれない。（塩田 2013: 8）

「バイブル」という塩田の表現は非常に興味深い。これはありがちな比喩を超えて、『苦海浄土』の社会学的な意味を理解するための重要なヒントのようにも思える。石牟礼のシンボリズムの「浸透力」を問うことは、石牟礼文学の真価を正しく理解することと、必ずしも同じではない。高度成長期以後、日本社会の矛盾を目の当たりにして、罪の意識を覚えた人間が『苦海浄土』に出会い、そこに何がしかの救いや自らの生きる指針を見出していったことが想像される。その読解のあり方には、文学論としてみると多くの誤読があったかもしれないが、人々を強く惹きつける力がこの作品にあったことだけは紛れもない事実である。これらひとつひとつの証言を拾い集めながら、石牟礼文学の「浸透力」についての考察を深めていく必要がある。

『苦海浄土』を「バイブル」として位置付ける考え方は、環境問題の「聖地」であるかのようなイメージを獲得した今日の水俣に多くの人が訪れる現象を、一種の「聖地巡礼」としてみることも可能にしてくれるであろう。修学旅行生たちが訪ねる水俣病資料館の展示は、石牟礼の世界観が色濃く反映されており、「聖地巡礼」の重要な観光スポットとなっている。社会学的観点から、こうした「聖地巡礼」が生まれ、維持されている力学について考察を加えていくことも今後の重要な課題である。

以上のような一連の課題を、石牟礼がシンボル化されていくプロセスの研究として遂行していくこと、そのことによって「シンボリズムの浸透」についての知見を深めていくことが、「シンボル化の政治学」を展開していく上で必須の課題となるであろう。

第6章　シンボルとしての原子力

第1節　原子力のシンボル化

広島、長崎の原爆被害を経験したはずの日本が、なぜかくも原子力政策に熱心な国になり得たのかという疑問はこれまで多くの人によって議論されてきた。

誰もが戸惑う謎が確かにここにある。原爆の被害によって二〇万ともいわれる人間が命を奪われた。この原爆に対する恐怖、憎悪の大衆感情は、普通に考えれば原子力政策を許容するはずがないようにみえる。だが、原爆投下から一〇年ほどしか経過していない一九五〇年代の中盤に日本の原子力政策は急速に形を整えていくことになった。それをどう考えればよいだろうか。結論からいえば、当時の人々にとって、原子力の「平和利用」が未来への「希望」となったことこそが、日本の原子力政策を可能にしたのである。

本章の目的は、以上のような問題意識を踏まえつつ、原子力の「平和利用」が戦後の日本社会の人々にとっての「希望」のシンボルとして構築されていくプロセスに注目することである。言い換えるなら、戦後の日本社会を事例とした原子力のシンボル化のプロセスを分析することが本章の課題である。

このような課題に取り組むことの意義は、第1章で提示した集合的シンボル化における「転換」の事例の詳細な研究となり得る点にある。ここでいう「転換」とは、人々の心の中に深く根を下ろしている有力なシンボルの位置付けを大きく転換させ、新しい意味を付与していくことをいう。戦後の日本社会における原子力のシンボル化のプロセスは、敗戦国日本の体制転換の文脈の中に組み入れて評価されるべきものであり、それは体制転換が必然的に要求する大規模な政治シンボルの転換プロセスの一部であったとみるべきである。

体制転換のプロセスにおいては新しい政治体制のもとで政治的正当性の新しい判断基準を供給する政治シンボルの体系が再編成されていくことになる。大日本帝国からの転換のプロセスにおいては、天皇が〈神〉から〈人間〉になり、国民ひとりひとりの「基本的人権」の尊重が謳われ、「戦争放棄」の平和思想が宣言されることとなった。これらは戦後日本の国家体制における中核的シンボル群（key symbols）といってよい。そして、この中核的シンボルと密接に結びついた「平和国家」をめぐる言説こそが、「究極の力」としての原子力を国家再建の技術的基礎として取り込むことを可能にしたのであった。本章ではこの「平和国家」の言説が大きな影響力を保っていた一九五〇年代の日本社会を一種の「過渡期」として位置付け、この過渡期特有の社会の特性に注目しながら論述を進めていきたいと考えている。

さて、日本の原子力政策がいかにして始まったのかに関する既存研究は、原子力政策史とメディア史の二つの領域を軸に発展してきたといえるが、こうした政治シンボル体系の転換という問題意識から本格的に行われた研究はまだみられない。

原子力政策史の研究成果としては、科学史を専門とする吉岡斉による研究がもっともよく知られている。吉岡の理論的枠組みは、通産省と文部省の二つの官僚組織系集団によって日本の原子力政策が支配されてきたことを論じるもので、その強調点は、世論や社会経済上の変動からほとんど影響を受けることなく、日本の原子力政策はまるで社会主義計画経済のように順調な拡大路線を突き進んだというものであった（吉岡 1999: 136–42）。

吉岡の議論は、日本社会における政策過程論のひとつの典型を示しており、行政官僚の力を極めて大きなものと評価し、世論やマス・メディアの力に対して極めて懐疑的である。原子力事業の成長過程をみれば、チェルノブイリ原発事故後の脱原発運動の高まり、原子力発電に否定的な世論の高まりは顕著であるものの、原子力発電の実績は二〇〇〇年代に入るまでは基本的に右肩上がりの成長を続けた。こうした点を鑑みれば、吉岡の説明は極めて説得的なものと評価できることも事実である。

だがその議論においては、官僚が活躍することになる原子力政策の舞台を誰がお膳立てしたのかという視点が抜けている。原子力政策が制度化され、行政官僚が中核を担う政策過程が起動するまでの歴史的段階において、政治家やマス・メディアが積極的に担った原子力の「希望のシンボル化」のプロセスの重要性が見落とされている。以下の本文中で取り上げるように、科学技術庁原子力局政策課課長を務めたこともある島村武久が、原子力平和利用博覧会が世論に与えた影響について「かなり役に立っとる」(NHK ETV特集取材班 2013: 78)と証言しているように、それは渦中にいた官僚自身が認めるほどのインパクトを持つものであり、軽視することは妥当ではない。

他方でメディア史の研究においては、一九五〇年代を中心とする原子力の平和利用言説についての研究が盛んに行われてきた。代表的な研究者のひとりである山本昭宏は、『核エネルギー言説の戦後史1945–1960』でデビューし、その後『核と日本人』、『原子力の精神史』などの著作を発表すると同時に、戦後日本の平和思想、戦後民主主義の思想史というテーマにまで研究の射程を拡大させてきた気鋭の研究者である。その山本は、デビュー作において敗戦後の社会で科学者たちが原子力の平和利用の考え方を普及させるのに大きな役割を果たした事実をフランスの社会学者ピエール・ブルデューの「象徴権力」の概念を用いて巧みに説明している(山本 2012: 35–6)。科学戦で敗れたという認識が共有されていた当時の日本社会において、科学者たちは人々から権威を認められた存在であったのだ。

吉岡が政策決定過程における官僚の権力を強調したのに対して、山本は原子力の平和利用という新しい思想を啓蒙した科学者の社会的権威の強さを強調しているといってよい。だが、ノーベル賞受賞者であった湯川秀樹が原子力委員会の委員として招聘されながら、その知名度だけを利用され、政策的提言をまるで顧みられなかったことを思えば、科学者たちの権威の大きさと政治的無力さの落差に注目することも必要である。

科学者たちがまとっていた権威は、「科学者」というカテゴリーに対して自動的に保証されていたものではない。それよりも、「究極の力」である原子力のような途方も無い技術に精通していたことが彼らの権威の源泉であったと考えるべきであろう。このことは同時に、一部政治家や新聞記者が原子力に躍起になって取り組んでいった事情を説明するものでもある。読売新聞の経営者から政界に転じて初代科学技術庁長官を務めた正力松太郎のような人物が、ある時期から原子力に取り憑かれたようになっていったのは、政治的野心のためであったことは今日ではよく知られた事実であるが、原子力担当の政治的ポストを務めることがなぜ総理大臣への足がかりになると考えられるのかといえば、それは、原子力技術を掌握できるか否かが国家の運命を決するほどの重大事であると考えられたからに他ならない。

ノーベル賞受賞者に原子力関係の先端的研究を行った研究者が数多く選ばれたように、人類の文明を左右するほどの技術と当時考えられた原子力に通じることは、科学者だけではなく、あらゆる分野の人間にとって大きな象徴的報酬を与えたのである。実際のところ、その「究極の力」を政治的、経済的に掌握しようとする人間が続々と現れて、原子力政策の主導権争いが本格化した途端に、科学者は土俵の上から叩き出される格好になった。日本の原子力政策が、科学者に何の相談もなく政治家たちによって決められた寝耳に水の原子力予算の国会承認によって始まったことは、そのことをよく物語っている。

さて、以下においては、「転換」のシンボル化の研究に取り組むためには、どのような論点に注目して分析を加えていくべきなのかを明らかにしていきたい。

まず最初に行われるのは、人々にとってどのような意味において原子力が「希望」のシンボルであり得たのかについての検証である。一様に希望のシンボルといっても、それぞれの置かれた立場によって「希望」の内実が大きく異なっていたと考えられる。このシンボルの意味をめぐる間主観的構造を把握することが先決である。次いで、原子力技術が様々な立場を超えて多くの人の「希望」のシンボルになり得た背景として、既に指摘したように、敗戦国日本の体制転換のプロセスに注目したい。さらに希望のシンボルとして位置付けられた原子力政策に影響を及ぼし、その象徴的利益を獲得しようと目論んだ人々に注目し、その思想と行動について検討を加えてみたい。また「平和利用」というシンボリックな概念が具体的な政策のレベルに落とし込まれていく時に生じた平和利用と軍事利用の線引きの闘争にも注目し、読売新聞の報道を分析する課題にも取り組みたい。

以下、シンボル化のプロセスを「希望のシンボル」、「体制転換期のシンボル構築」、「シンボルの掌握」、「原子力報道と政策の正当性」という順番でそれぞれ論じていきたい。

第2節　希望のシンボル

究極の力

まず当時の原子力「平和利用」なるものが、今日でいう「原発問題」とはまるで異質なイメージで捉えられていたことを知る必要がある。端的にいうと、当時の原子力のイメージは、それが恐怖のシンボルなのか、それとも希望のシンボルなのかという区別の問題はあったにせよ、いずれにおいても、人類が手にし得る「究極の力」としてイメージされていたことは間違いないのである。ひとたびその力を掌握した国家は、軍事力で他国を圧倒し、経済において巨大な産業上の革命を引き起こすことが可能であるというイメージだ。

この「究極の力」のイメージをいち早く可視化してみせたのが、イギリスの作家H・G・ウェルズであった。彼は、早くも第一次大戦の勃発直前に出版された『解放された世界』において、当時既に飛躍的な発展を遂げつつあった原子核物理学の研究成果を踏まえながら、二〇世紀中盤の戦争において原子爆弾が使用されるということを予言していた。

のみならずウェルズは、産業上の革命についてもいち早く豊富なイメージを提供している。原子力技術の応用によって飛行機、船舶、自動車などの動力源が原子力にすっかり取って代わられる動力革命が生じ、エネルギーがほとんどタダ同然のようになる世界について彼は饒舌に語っているのである。

いずれにせよ、ここで人類が「究極の力」と出会う物語として描き出されたことははなはだ啓示的なことである。彼はそれがあたかも「太陽をつかむ」如き企てであると考えていた(1)。ウェルズの作品はもちろん、あくまでもフィクションに過ぎない。しかし、この「究極の力」に取り憑かれるという点に限っていえば、フィクションと現実の境目は驚くほど曖昧なのである。核兵器や原子力発電の開発に関わった科学者、政治家、ジャーナリストらが残した記録を読めば直ちに分かるように、現実の世界においても、核エネルギーの解放というアイデアに魅せられた人間は、大なり小なりウェルズの小説の登場人物に似た興奮状態を経験していた。というのも、それは「究極の力」を使いこなそうとする人類史的企てであり、あたかも神のみぞ知る自然の秘密の扉の鍵を人間が見つけ出したかのように想像されたからである。ウェルズの小説にあるのと同質の興奮は、科学者の書いた著書、政治家の声明、新聞記者の書いた記事の中にも見て取ることができる。

注目すべきは、この途方も無い「究極の力」のイメージがいかにして具体化され、現実の政策論の中に落とし込まれていったのかということである。まず、物質の最小単位の謎を解き明かすことによって人間生活のあらゆる領域に革命が起きるというのが基本の筋書きである。この考え方が原子力平和利用の「夢物語」の骨格をなしていたといってよい。そのシナリオは、発電などのエネルギー分野だけではなく、医療分野、農業分野、繊維分野などにも及んでいた。

例えば、医療分野においては、ガン細胞の研究が著しく進展し、やがて人間はガンによって死ぬことがなくなるだろうというシナリオが語られた。皮膚のアザを取り除く研究開発も進むので、女性が美しくなることができるということもいわれた[2]。農業分野においては、品種改良が進んで、寒冷地や砂漠でも食料の増産が実現するだろうと語られた。繊維産業も大きな関心を寄せた。燃えにくい新素材や軽くて暖かい新素材が開発されることで、繊維業界は新しい商品開発が可能になるだろうと期待されたのである。例えば、当時の新聞には次のような記事がみられた。

春の陽光のなかに、すき透ったポリエチレン製のコップが二つ並んでいる。見たところ何の違いもない。ところが、このコップに煮えたぎった油をつぎ込んでみると、一方はヘタヘタに溶けてしまうが、もう一方のコップはなんの変わりもない。この変わらない方のポリエチレンは、実は原子力で硬くなって高温に耐えるようになっているのである。こういう工合で、原子力はわれわれ繊維化学の仲間にも全く不思議な力だということになってきた。アメリカでは、このようにして、ポリエチレンを加工し300度の高温にも耐える新物質をつくるパイロット・プラントが建設中だというし、わが国でも放射線高分子学の研究が最近、急激に発達しつつある。そして、気の早い連中は「化繊時代についで放射線繊維の時代が来る」などといっている。つまり、放射線で合成強化された繊維を着用した男女が春の銀座や京極、道頓堀などをシャナリシャナリとのし歩く時代が間近いというわけだ。(読売新聞一九五六年二月二九日「〝放射線化繊〟の出現 岡村誠三 京大教授」)

飛行機や船、自動車など動力分野においても原子力が革命を起こすであろうと語られた。わずかなウランから巨大なエネルギーが引き出されるという理論上の見込みから、飛び続ける飛行機や潜り続ける潜水艦がつくられることが予想されたのであった。そして、こうした壮大な夢物語の一角を占めるものとして、無限のエネルギーを手にすることで、電気代がほとんどタダ同然のような時代がやってくるという原子力発電の話も語られたのである。

いずれにせよ、今日われわれが想像するような原発問題のイメージとは大きく異なるものであり、人類の生活を一変させる劇的な産業革命、生活上の革命として原子力の平和利用は語られたのであった。もし単なるエネルギー問題の話に過ぎないのであれば、国民の関心を広く惹きつけることなどはできなかったであろう。医学分野の発展がもたらされて長寿が可能になる、女性が美しくなれるなど、夢物語とはいえ話題が非常に広範囲に及ぶものであったがために、多くの人を楽しませることができたのである。

さらにいえば、この当時の基本的な発想それ自体が大きく間違っていたわけではない。今日われわれが依然として、ナノテクノロジーの発展によって暮らしが大きく変わることを期待しているように、物質の最小単位の科学的解明によって、新しい技術革新が生まれ、人間の生活が大きく変わっていくという期待そのものが否定されたわけではないのである。今日から振り返ると、コスト計算やリスクの認識が随分といい加減であったとの印象も受けるが、リスクの問題については、やがて科学技術の進歩が解決していくはずという楽観的な見通しに安住することがさしあたっては許されていたということであろう。

アメリカの核戦略と原子力平和利用キャンペーン

既に多くの人が指摘してきたことではあるが、以上のような原子力平和利用についての夢物語は、マス・メディアを通して世に広まっていった。特に一九五〇年代当時中心的なマス・メディアであった新聞は、集中的な報道と関連イベントの実施を通して、盛大な原子力平和利用キャンペーンを展開した。この原子力平和利用キャンペーンについての調査、研究が、とりわけ冷戦崩壊後になって盛んに行われるようになったことは興味深い現象である。

「平和利用」の問題を含む原子力表象に関する研究としては、ヒルガートナーら（Hilgartner, Bell & O'Connor 1982）や、ボイヤー（Boyer 1985）、ウィンクラー（Winkler 1993）、ワート（Weart 1988, 2012=2017）など重要な業績が以前から行われていたことは確かである。しかし冷戦終結後一次資料の公開が世界中で進んだことによって冷戦史研究が世界的に大きな進展をみせたこと、また特に日本では後に触れることになる柴田秀利の証言によって原子力が冷戦期心理戦の道具として利用されたことが広く知られるようになるなど、いくつかの重要な要因が重なりながらノンフィクション作品、テレビ・ドキュメンタリー、学術的なメディア史研究それぞれの分野における力強い報告が相次いで登場することになった（佐野 1994; ＮＨＫ総合 1994; 井川 2002; 武田 2006; Osgood 2006; 有馬 2008; 土屋 2009）。

福島原発事故後、メディア史の研究者たちが優れた研究成果を立て続けに生み出したのも（山本 2012; 土屋・吉見編 2012; 吉見 2012; 加藤・井川編 2013）、こうした研究の流れが原発事故に先んじて存在していたからであろう。「シンボルとしての原子力」について考えようとする本書も、基本的にこれら一連の調査、研究の蓄積の上に行われるものである。

既存研究との接続を考える上でまず注目すべきポイントは、日本における原子力平和利用キャンペーンが、アメリカの世界的な核戦略と連動する形で行われたということだ（吉見 2012）。検討すべきは、アメリカの核戦略からいかにして原子力平和利用キャンペーンが派生してくることになったのかという問題である。

この点については、ケネス・オスグッドの詳細な研究がよく知られている（Osgood 2006）。オスグッドによれば、もともと「平和のための原子力」に関わる構想は、「率直作戦（operation candor）」と名づけられた作戦から始まった（Osgood 2006: 156–9）。この作戦は最初、国家が保有している水爆の威力や核物質保有量などについて、国民に正直に、率直に情報を提供しようとするものであった。そのことでソ連の脅威を意識させ、国民の士気を高め、防衛力を高めること、特に防衛費増大への支持を取り付けようとしていたのである（同：158）。実際に大統領や政府関係者が、ラジオ番組やテレビのトーク番組に出演して国民を教育し、冷戦を闘うための忍耐、献身を国民に求める試みが行われ、多額の広告費を使ってキャンペーンが展開されたのである（同：158–9）。

しかし、アメリカの説得コミュニケーションに対応して、ソ連もあわせて自国の核兵器情報を提示するようになったことから、世界中の報道機関が米ソ両国の増大する核戦力について大量の情報を世に流通させる事態が生まれた（同：159）。その結果、世界中で多くの人々が核戦争勃発の可能性について真剣に考え始め、核に対する恐怖が広まっていくことになったのである。いわば、「率直作戦」を通して、原子力のシンボル化が「原子力＝恐怖のシンボル」という形で国際的に進んでしまったということである。

このことはとりわけ東西冷戦の同盟国に対して深刻な状況を生み出した。アメリカと同盟であるということは、核戦争に巻き込まれるリスクを背負うことを意味する。核戦争を恐怖する同盟国が危険な同盟を避けて、中立を選ぶ懸念さえ生じるようになっていったのである（同：159）。言うまでもなく、こうした国際世論の変化はアメリカ政府にとって好ましいものではなかった。そのため、「率直作戦」は、軌道修正を要求されることになったのである。

まず何よりも、アメリカという国家のイメージを変えなければならなかった。核開発を進める破壊的で恐ろしいイメージを払拭することが課題とされた。アメリカは破壊的な国家ではなく、人類に豊かさと幸福をもたらす建設的な国家であるというイメージを打ち建てる必要があった。そのために原子力のイメージそのものを、「恐怖のシンボル」から「希望のシンボル」へと転換させる必要があったのだ。

アメリカが具体的につくり出したのは、原子力のイメージを、より親しみやすくフレンドリーなものにすることだった。そのために前面に押し出されたシンボリックなスローガンこそが、原子力の「平和利用」だったのだ。

それ以前から科学者など一部の人々の間で用いられていたこの言葉は、アメリカの世界的な核戦略の発動によって一気に時代を象徴する言葉として脚光を浴びるようになっていくのである。そして、その重要な節目となったのが、アイゼンハワー大統領が一九五三年の一二月八日に国連で行った有名な「平和のための原子力」演説であった（同：161）。

アイゼンハワーは、この国連演説[3]において、核兵器の破壊力が飛躍的に上昇し、米ソ二大国が核保有国として対峙する状況が生まれ、国際社会を極度の緊張と不安が覆い尽くしている事態に懸念を表明した。つまり、アメリカは人々を不安にさせている現状を決して好ましくは思っていない、憂慮しているということを明言したのである。そして、その上でこの極度の政治的緊張状態を解消するために、核軍縮が是非とも必要であることを強く訴えた。

具体的な方法としてアイゼンハワーが提案したのは、核物質の利用を全て国際原子力機関のもとで平和目的の事業に置き換えていくことであった。この提案がもし本当に実行されたならば、平和利用が進めば進むほど軍事利用に使われるはずだった核物質が減っていくことになる。言うなれば、平和利用を進めて各国の産業を発展させ、人々を豊かにしようとする営みが、そのまま同時に核軍縮を進めることにもなるという一石二鳥の夢のようなシナリオが提示されたということである。

こうした夢のようなシナリオを熱弁したアイゼンハワーの国連演説は、拍手喝采を浴びることになった。だが、おそらく、このような筋立てを真に受けた人間は少なかったであろう。各国の政治、経済エリートの多くは、もっと別の側面に注目した。アメリカは国際機関を中心とした夢物語のような核軍縮案を提示する傍らで、現実的な二国間ベースの技術援助、核物質、原子炉の供給を同盟諸国に行うことも提案したのである。人々はこの具体的な提案に接して、アメリカがそれまで出遅れがちであった「平和利用」分野の戦いに本気で参戦したと実感したのである。そのアメリカの本気ぶりは国内の原子力法を改正し、民間事業者がより自由に原子力事業に参入できる制度的環境を整え始めたことからも人々によく伝わった。後述する中曽根康弘のように、法改正によって国内の原子力熱が少しずつ高まり始めた頃のアメリカ社会を訪れた日本の政界、財界関係者が帰国後に原子力平和利用の積極論を展開していることは偶然ではない。

原子力の「平和利用」を単なるイメージ戦略のレベルで終わらせずに、具体的な開発支援政策へと展開させていくことで、各国の政治、経済エリートの関心を一挙に集めることに成功したのである。こうして原子力平和利用は単なるSF的夢物語ではなく、米ソ冷戦の競争的領域へと変貌を遂げ、国益をめぐる熾烈な闘争的舞台となっていくのである。

したがって、アイゼンハワー政権が世界中で展開した原子力平和利用キャンペーンを単なるイメージ戦略、世論工作の次元でのみ理解することは不適当である。何より重要なことは、この空前の規模で行われた原子力平和利用キャンペーンが実施されたタイミングと完全に一致する形で日本の原子力政策の制度的土台が一気に形成されたということである。

日本における原子力平和利用博覧会

「平和のための原子力」演説が国連の議場で拍手喝采を浴びた後、この演説のインパクトを広く同盟諸国に行き渡らせることを望んだアメリカ政府は、世界中の新聞に大統領の国連演説の原稿を送った。オスグッドによれば、二五の国の主要紙で演説の全文が掲載され、一七の言語で演説のパンフレットが作成され、一六〇〇万枚を超えるポスターとブックレットが作成された（同：163）。また、アメリカの国営ラジオ放送局であるボイス・オブ・アメリカは三〇を超える言語で放送し、演説の映像が三五の国に送られたという（同：163）。

そして演説がもたらしたインパクトが持続するように、平和のための原子力の巡回展を世界規模で展開することが計画され、今日でいう「パブリック・ディプロマシー」の領域を管轄するＵＳＩＡ（アメリカ合衆国広報文

表 6-1　原子力平和利用博覧会の開催地等

場所（都市名）	会期	日数	主催新聞社	入場者数
日比谷公園（東京）	1955 年 11 月 1 日～ 12 月 12 日	42	読売新聞社	367,669 人
愛知県美術館（名古屋）	1956 年 1 月 1 日～ 1 月 24 日	24	中部日本新聞社	279,067 人
京都市美術館（京都）	1956 年 2 月 12 日～ 3 月 4 日	22	朝日新聞大阪本社	16 万人超
大阪アサヒ・アリーナ（大阪）	1956 年 3 月 25 日～ 5 月 6 日	43	朝日新聞大阪本社	約 20 万人
広島市平和記念公園（広島）	1956 年 5 月 27 日～ 6 月 17 日	22	中国新聞社	109,500 人
スポーツセンター（福岡）	1956 年 7 月 6 日～ 7 月 29 日	24	西日本新聞社	16 万余人
札幌中島スポーツセンター（札幌）	1956 年 8 月 26 日～ 9 月 17 日	23	北海道新聞社	215,716 人
仙台市レジャーセンター（仙台）	1956 年 10 月 14 日～ 11 月 11 日	29	河北新聞社	173,068 人
水戸総合体育館（水戸）	1957 年 1 月 1 日～ 2 月 5 日	36	いはらき新聞社	227,532 人
新県庁舎（岡山）＊	1957 年 3 月 20 日～ 5 月 10 日	52	（山陽新聞社）	（約 80 万人）
高岡古城公園（高岡）	1957 年 6 月 14 日～ 8 月 18 日	65	読売新聞社・北日本新聞社・北国新聞社・福井新聞社	30 万人超

出典：井川（2002: 253）より。なお井川によると、岡山では、岡山産業文化大博覧会の中の原子力平和利用館として開催され、山陽新聞社は主催ではなく後援。入場者数は、岡山産業文化大博覧会全体のものであるとのこと。

化交流庁）がその業務を担当した。こうして実施されたのが「原子力平和利用博覧会」である。博覧会の狙いは、多くの人が Atom と聞いて、きのこ雲ではなく、産業、農業、医療を思い浮かべるようになってもらうことにあった（同：177）。ディズニー社が制作した啓蒙映画「わが友原子力（Our Friend the Atom）」の言い回しに沿っていうのであれば、こうした「フレンドリー」な原子力イメージの普及定着を目標として、ヨーロッパ、アジア、アフリカの主要都市を対象として大規模な巡回展が展開されたのであった（同：174）。

日本の「原子力平和利用博覧会」は、一九五五年一一月以降、ＵＳＩＡの出先機関であるＵＳＩＳ東京が主催し、日本の新聞社が共催する形をとりながら、全国規模で実施された。先陣を切った読売新聞社が東京日比谷公園で博覧会を実施したのを筆頭に、他の全国紙や地方紙がそれに続き、平和利用博覧会は二年近くの時間をかけて全国一一の都市をまわったのであった（井川 2002）。この博覧会について研究を行ったメディア史研究者の井川充雄は、表６－１のように詳細を整理している。そこから具体的な動員数を拾ってみると、日比谷公園（読売新聞社）約三六万七千人、愛知県美術館（中部日本新聞社）約二七万九千人、京都市美術館（朝日新聞大阪本社）約一六万人、大阪アサヒ・アリーナ（同上）約二〇万人、広島市平和記念公園（中国新聞社）約一〇万九千人、スポーツセンター（西日本新聞社）約一六万人、札幌中島スポーツセンター（北海道新聞社）約二一万五千人、仙台市レジャーセンター（河北新聞社）約一七万三千人、水戸総合体育館（いはらき新聞社）約二二万七千人、高岡古城公園（読売新聞社、北日本新聞社、北国新聞社、福井新聞社）約三〇万人という盛況ぶりだ。

注目すべきは、この原子力平和利用博覧会が全国を巡回した一九五五年から一九五七年という時期が、日本の原子力政策胎動期においてもっとも目覚ましい局面であったことだ。表6－2の年表を参照して分かるように、五五年に入って、経団連が原子力平和利用懇談会を設置し、国会には原子力合同委員会が設置され、日米の間には原子力研究協定が結ばれ、原子力開発の法的枠組みである原子力三法（原子力基本法、原子力委員会設置法、原子力局設置に関する法律）が制定された。翌年一九五六年には、原子力委員会が設置され、科学技術庁設置法が制定され、原子力開発の長期基本計画が策定された。この間三菱、三井、住友など旧財閥系の企業を中心に原子力開発事業に参入する企業グループが次々と結成されていった。さらに茨城県東海村に、原子力研究施設の集中立地が決定し、翌五七年には東海村の日本原子力研究所の研究炉が日本で初めて臨界を達成し、大きなニュースになった。

一気呵成に進んだこの原子力開発体制の立ち上がりのプロセスと並走するような形で展開したのが、原子力平和利用博覧会だったのであり、マス・メディアによる原子力平和利用キャンペーンだったということだ。なお、この頃本放送が始まったばかりのテレビにおいても原子力関連の企画番組が折に触れて放映されていた。表6－3は日本テレビが放映した原子力関連番組である。読売グループの力の入れようがよく伝わってくる。

当時発足したばかりの科学技術庁で原子力局政策課の課長に就任し、その後日本の原子力政策の中枢に関わり続けた島村武久は、次のように語っている。

表 6-2　50 年代日本における原子力開発体制の整備

1954	1	アメリカ政府から日本政府へ「原子力発電の経済性」文書送付
	3	原子力予算が国会で可決
	5	原子力利用準備調査会の設置
	12	海外原子力調査団派遣（藤岡由夫団長）
1955	5	経団連が原子力平和利用懇談会を設置
		アメリカ「原子力平和利用使節団」来日
	8	第一回原子力平和利用国際会議（ジュネーブ会議）
	10	国会に両院合同の原子力合同委員会設置
		三菱原子動力委員会の発足（旧三菱財閥系 23 社が参加）
	11	アメリカ USIS 主催・原子力平和利用博覧会
		日米原子力研究協定の締結
		財団法人日本原子力研究所発足
	12	原子力三法の制定
1956	1	原子力委員会の設置
	3	科学技術庁設置法
		東京原子力産業懇談会（日立製作所、昭和電工など）の発足
		財団法人日本原子力産業会議発足
	4	日本原子力研究所法、原子燃料公社法の制定
		住友原子力委員会発足（旧住友系 14 社が参加）
		茨城県東海村への原子力関連施設の集中立地が決まる
	6	日本原子力事業会発足（東芝など旧三井財閥系 37 社が参加）
	8	第一原子力産業グループ（旧古河・川崎系の 25 社が参加）
	9	原子力開発利用長期基本計画（56 長計）の策定
1957	7	正力・河野論争勃発
	8	日本原子力研究所の研究炉 JRR-1 が臨界達成
	11	日本原子力発電株式会社設立
1958	6	日英原子力協定の締結

表 6-3　日本テレビの原子力平和利用キャンペーン番組

・報道部製作フィルム『原子力の平和利用』55 年 2 月放送
・ニューユニバーサル社製作　SF 映画『原子力未来戦』55 年 3 月放送
・中継「原子力平和利用講演会」55 年 5 月 11、13 日放送
・中継「新春座談会　原子力を語る」56 年 1 月放送
・中継「原子力発電の技術的諸問題講演会」56 年 5 月放送
・中継「脚光をあびる原子力平和利用座談会」57 年 1 月放送
・中継「原子力講習会」57 年 3 月放送
・中継「日米原子力産業合同会議」57 年 5 月放送
・中継「原子力第 1 号実験炉完成祝賀会」57 年 9 月放送
・ディズニー・プロ製作『わが友原子力』58 年 1 月放送

出典：日本テレビ放送網株式会社社史編纂室編（1978: 94–5）より

平和博っていうものが、相当なものであったことは確かだろうな。ずいぶんそのＰＲになったことは確かでね。時あたかも久保山さん事件（第五福竜丸の乗組員・久保山愛吉さんは、一九五四年九月二三日、被爆による黄疸が悪化してなくなった）が起こっているわけだろ。杉並の主婦から出た反原子力運動、反核運動もね、ずいぶん広がり始めている頃ね。五六年にあれだけ華々しく原子力がスタートできたというのは、国会議員のあれだけじゃなくて、それ以前のやはり耕したものが相当生きとると思うんだな。やっぱり我々は役所サイドにおって、あんまり大して評価も関心も読売ほどは持たなかったけど、実質的にはかなり役に立っとるなあという気がしたんですよね。（ＮＨＫ ＥＴＶ特集取材班 2013: 78）

誰にとってのシンボルか

ここで立ち止まって考えるべきは、アメリカの核戦略の一環として全世界に広まっていく原子力の「平和利用」というアイデアが、それぞれの地域、国家において、どのように意味づけられて受容されていったかという問題である。そして、広島、長崎の原爆被害を経験した日本社会において、なぜ原子力技術が積極的に受容されていくことになったのかということが問われなければならない。無論、これまでにも何度か言及したように、その答えは、一九五〇年代の日本社会において、原子力が「希望のシンボル」として受け入れられていったからである。それでは、その「希望」とは一体何だったのか。ここでは人々が胸に抱いたであろうその「希望」の内実が問われなければならない。

この点で参考になるのが、吉見俊哉の議論である。吉見は、福島原発事故の翌年に出版された著書『夢の原子力』において、自らの研究の基本的視角を次のように表現している。


アメリカの世界戦略としてみれば「アトムズ・フォー・ピース」として語られ、表現されたことは、同時代の日本の諸地域、諸階層、諸世代、異なるジェンダーの人々からみたときに、いかなる夢、すなわち「アトムズ・フォー・ドリーム」として経験されたのか。(吉見 2012: 38–9)

メディア研究や文化社会学の領域において膨大な業績を積み上げてきた吉見は、シンボル論を正面から取り上げることはないものの、常に卓抜なシンボル分析を織り込みながら研究を展開してきた人物である。この「夢の原子力」を論ずる基本的視点にしても、「希望のシンボル」としての原子力が、それぞれの国や地域、階層、世代によって異なる意味合いにおいて経験されたことに着眼するものである。政治シンボルの分析を行う上でこうした間主観的な同床異夢の構造に着目することの重要性は、これまでにも繰り返し強調されてきた点でもある(Lippmann 1922=1987; Elder & Cobb 1983)。

以上のような点を踏まえながら、当時の日本社会に「希望のシンボル」として受容されていった原子力の「平和利用」が、それぞれの立場においてどのように意味づけられていったのかに注目してみたい。シンボルの「意味」は、誰の視点から意味付けられるかによって当然ながら変わってくる。ここでは被爆者、政治家、科学者それぞれの「希望」の形について、大掴みにではあるが区別して把握してみたい。

(1) 被爆者における「希望」の形

まず注目すべきは被爆者である。広島の八月六日をめぐる言説について研究したメディア史研究者の福間良明は、敗戦直後の数年間、広島においては八月六日がどんちゃん騒ぎの雰囲気で過ごされたという興味深い事実を報告している(福間 2012)。例えば一九四六年、四七年に行われた広島平和復興祭では、「ブラスバンドや花電車、山車が市内を巡回し、演芸大会が催され」、「商店街が『平和ちょうちん』を下げて、福引き付きの平和『大売出し』をおこなった」(同:27)。また地元紙の中国新聞には、至るところで盆踊りが行われ、徹夜で踊りまくろうとする人々の姿が伝えられていたという(同:27)。

福間によると、現在からすると考えられないこうした過剰な祝祭性に満ちた雰囲気の背後には、被爆者たちの死への恐怖があった(同:29)。敗戦後から数年間は、被爆者たちが依然として「原爆症」[4]で次々と命を落としていた時期であった。ロバート・リフトンの著名な聞き取り調査でも紹介されているように、原爆投下直後の爆風と熱線による被害を免れて生き残ったとばかりに思っていた人間が数週間後、数ヶ月後と時間を置いて次々に倒れ死んでいった様は、残された者たちに言い知れぬ恐怖感を与えたという(Lifton 1968=2009: 104)。次は自分の番ではないかと死への恐怖に恐れおののく市民にとって、被爆の事実は日常生活において目をそらして忘れたままでいたいものだった。だが毎年八月六日はやってくる。否が応でも迎えざるを得ないその日において、死への恐怖を忘れて現実逃避したいという心理が一晩中盆踊りを踊って過ごすという過剰な祝祭性を生み出したのだという福間の説明は、極めて説得的なものといえるだろう[5]。

さらに福間は、前述した原子力平和利用博覧会が広島で開催された際の記録資料を読み解きながら、会場となった広島の平和記念公園の主要パビリオン「原子力科学館」において、重苦しい「被爆の記憶」と「平和利用」がもたらす明るい未来イメージが共存していたという事実に注目し、その共存の論理を繊細に読み解いている(福間 2012: 55-60)。原子力科学館に入ると、被爆して生き残った「原爆馬」の衰弱した様子や、水爆実験の様子やビキニ事件の被害の様子などが展示されており、そこを抜けると平和利用の明るい未来が展示されていたという（同：57）。原爆の悲惨さと平和利用の夢を並べる論理は誰にとっても必ずしも自明とは思えないが、福間は被災地広島における並立の論理は、それが被爆を語ることの心理的な重圧が原子力を明るく語ることを求めさせたのだと解釈している。「『明るさ』や『夢』に仮託せざるをえないほどの体験を論じることの困難」（同：63）がそこにあったのだと考えられるのである。

（2）政治家における「希望」の形

原子力の政策形成に関わった政治家、財界関係者に注目する場合、当然ながら原子力を「希望」のシンボルとみなす動機は被爆者のものとは異なっていた。原子力政策の中枢を担った人々は、政治的現実主義の考え方を持つ人が多かった。そのような人々にとって当時の最先端科学であった原子力技術は、一等国のステイタス・シンボルであった。

例えば、この点について、世界各国の核開発をめぐる経緯を詳細に描いた『核の栄光と挫折』の著者であるピーター・プリングルとジェームズ・スピーゲルマンは、次のように述べている。

〔原子力の開発に取り組んだ人々の〕多分、他のどれよりも重要な動機は、プライド――とくには愛国主義という形で知られているプライド――であった。原子爆弾は国家の強大さを誇示するためにつくられ、原子力発電所は国家の技術水準の高さを証明するために建設された。（Pringle & Spigelman 1981=1982: 2）

さらに、平和利用を唱えて原子力開発を始めた国々が核拡散を進めてきた国際政治の歴史について研究を行った『原子力支援』の著者であるマシュー・ファーマンは、次のように述べている。

原子力が国に威信をもたらすことは、国際政治ではもはや常識だ。ベトナムの原子力安全機関で科学アドバイザーを務めるファム・ドゥイ・ヒエンも、「原子力を保有した国は一目置かれる」と語っている。原子力が軍事面に応用できる可能性もまた、そうした評価に拍車をかける——たとえ核兵器をもつ意思がなくてもだ。アメリカをはじめとする供給国は、このように価値の高いものを提供することで相手国への好意を匂わせ、二国間協力が今後大きく発展することを期待する。平和目的の原子力支援は、外交政策を遂行する手段のひとつではあるが、その威力は絶大なのである。(Fuhrmann 2012=2015: 24)

敗戦によって軍事的覇権の道を断たれ、またマッカーサーに「四等国」にまで転落したといわれて大きな精神的ショックを受けた敗戦直後の日本人にとって、「原子力の平和利用」は国際社会で尊敬される国家となるために是非とも必要な手段であった。日本という国家の存在証明に心血をそそぐ政界、財界のエリートにとって原子力の平和利用は、まさに日本という国家の「希望」となったのである。

(3) 科学者における「希望」の形

科学者は誰よりも早く原子力が何であるかを理解していた人たちである。だから、誰よりも早くから原子力を論じてきた。そのため科学者がどのように原子力の「希望」を語ったかということについては、それがいつ語られた内容であるのかを慎重に見極めていく必要がある。

原子力平和利用キャンペーンが盛んに行われた一九五〇年代中盤においては、科学者をはじめ、メディアに登場するほぼ全ての人間が原子力の軍事利用は悪いことだが、平和利用は善いことだと強調した。つまり「戦争のための原爆」と「平和のための原発」は全く違うという点を強調し、両者を混同して「平和のための原発」にまで反対しようとするのは非合理的な感情論で、科学の時代に相応しくない態度であるということを熱心に啓蒙しようとした。

この軍事利用＝悪、平和利用＝善という単純明快な二元論の枠組みが日本社会に広く浸透していくことで、日本の原子力政策は正当化されていったといえる。ただし、ここで興味深いのは、最初からこうしたはっきりとした二元論が原子力を語る際の支配的な認識枠組みであったわけではないということだ。山本昭宏は、占領期の科学者の発言を丹念に検証しながら、仁科芳雄や武谷三男といった物理学者らが、当初は原子爆弾にさえ、新しい時代の「希望」を見出すことが可能であるかのような論理を用いていたことを興味深く論じている（山本 2012: 35-73）[6]。武谷のように、後年誰よりも鋭い核兵器批判論者になるような人でさえも、原子爆弾という新しい兵器が、戦争を抑止する力になり得るという点に希望を見出していた時期があったというのは、興味深い事実である。

山本は、占領期においては「原子爆弾と核エネルギーの『平和利用』が、未分化のまま、恩恵や希望という言葉で」（同：51）語られていたのだと論じている。軍事利用と平和利用に対する評価が最初から明確に二分割されて考えられていたわけではなく、占領期においては、未分化なまま肯定的な評価が加えられる傾向がみられたというこの山本の指摘は非常に興味深いものである。

軍事利用と平和利用の二元論的思考が明確に確立されてくるのは、山本によれば、一九四九年九月にソ連の原爆保有が公表され、米ソ核戦争の予感が生まれて以降のことである（同：60）。アメリカの核兵器の独占状況が終焉することで、冷戦の緊張感が高まり、原爆は戦争を抑止するどころか悲惨な核戦争をもたらしかねないものと認識されるようになった。こうして科学者の中には、自分たちの研究成果が人類を破滅に追いやりかねない状況に直面して、科学者の責任や倫理を厳しく問う議論が生まれてくることになった。

米ソ核開発競争に直面して、科学者たちが何を語り、どのように行動したかということについては既に多くの研究があるので、ここで詳しく取り上げることは避けるが、日本の科学者たちが原子力政策の胎動期にどのよう

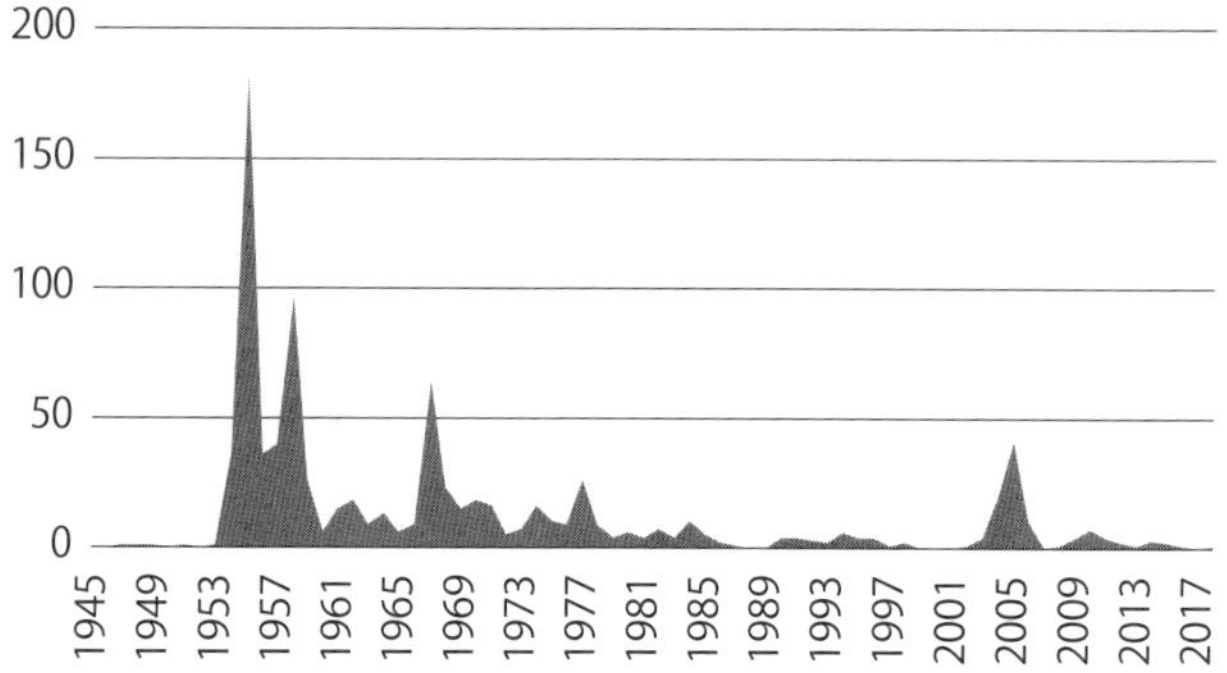

図 6-1 「平和利用」に関する報道量（朝日＋読売）

な考えを抱いていたのかについては、この後の第4節でも取り上げる。

第3節　体制転換期のシンボル構築

福島原発事故の後、原子力について考えることが他でもない、戦後日本社会の総体を捉え返す作業に結びついていかなければならないという認識が生まれた。福島原発事故を単にエネルギー政策のもたらした失敗という次元でのみ考えるのではなく、日本という国家のあり方、社会のあり方に深く根を下ろしたものとして受け取り、原子力政策のあり方を再考する作業を国家や社会の根本を変革する議論へと結びつけていかなければならないという問題意識が少なからぬ人の間で共有されたのである。

このような観点に立つとき、敗戦によって生じた体制転換のプロセスの中で、原子力というシンボルがどのような位置を占め、どのような役割を果たしたのかが重要な検討事項として浮かび上がってくる。ここでは、新聞報道に現れた言語シンボルとしての「平和利用」がどのような変遷を辿ったかをまず量的に確認してみよう。

新聞データベースを用いた調査結果として、図6－1が得られた。五〇年代中盤にもっとも大きなピークが突如生まれて、五〇年代後半にかけて

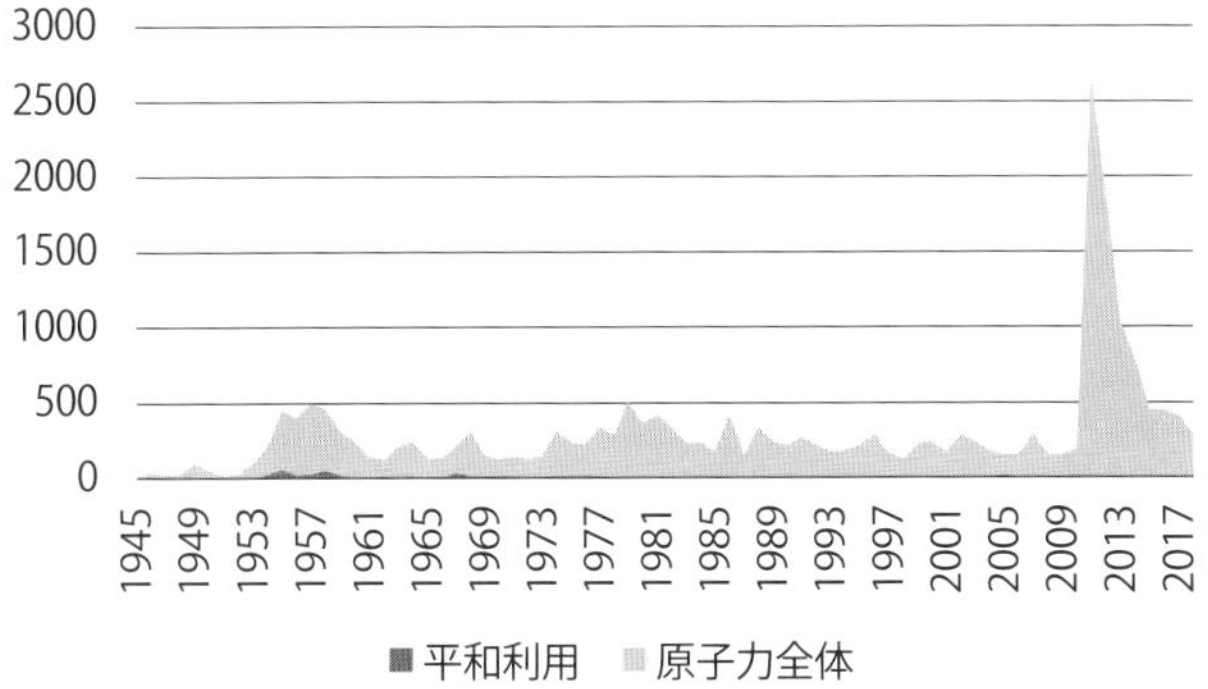

図 6-2　原子力報道全体に占める平和利用報道の比重（朝日新聞）

大きな山を形成しながらその後一貫してなだらかに下降していく。これは「平和利用」という新しいアイデアが人々に消費され、徐々に忘れられていったことを示している。

原子力に関する報道の全体量をみるとき、この「平和利用」に関する報道量は決して大きなものではなく、原水爆に関わる長期にわたる膨大な報道、また原発の過酷事故が発生した際に跳ね上がる報道量と比較すると、この「平和利用」ブームがいかに短期集中型の限定的なものに過ぎないかということが分かるであろう。図６－２のように福島原発事故の報道を含めると、原子力の平和利用についての報道は一見して確認することが難しいほど小さなものになってしまう。

だが、前述した通り、この五〇年代中盤から後半にかけての短期間のうちに日本の原子力政策の制度的枠組みができあがったことも動かし難い事実であり、この点を軽視することがあってはならない。

もはや戦後ではない

いま改めて考えるべきは、この原子力政策の制度的な枠組みができあがっていったこの一九五〇年代中盤から後半にかけての時期が日本という国家、あるいは社会にとってどのような時期であったかということだ。

端的にいうと、戦前の大日本帝国が崩壊し、戦後の新しい日本の姿が明瞭に現れてくるまでの「過渡期」[7]に含まれる時期であった。そのため、この「過渡期」の特徴を知ることが原子力のシンボル化のプロセスを理解する上で極めて有益である。

この「過渡期」以後の社会の姿については、今日よく知られているであろう。一九六〇年代に入ってから洗濯機、冷蔵庫、テレビといういわゆる「三種の神器」、自動車、カラーテレビ、クーラーという「3C」などと呼ばれた耐久消費財の普及によって生活の近代化が劇的に進んでいった。アメリカ的な大衆消費経済の成長を通して人々は豊かさを実感できるようになっていくと同時に、一九六四年には東京オリンピックが実施され、日本が「驚異の復興」を遂げて国際社会に復帰したことが内外にアピールされた。同じ年、日本は経済協力開発機構（OECD）に加盟し、名実ともに先進国の仲間入りを果たし、六八年には、ドイツを抜いてGNPが世界第二位となる。「世界第二の経済大国」という言い回しを筆頭に、経済大国日本を表象するシンボルがまとまった形で出現することによって、その後長らく続く新しい国家的アイデンティティの拠り所がここで明確に確立されることになった（苅谷編 2015）。

敗戦から経済大国日本の姿が出現していくまでのこの「過渡期」をどのように捉えるかについては多くの見解がみられるが、「過渡期」という言葉通り、戦前的な古いものと戦後的な新しいものが競い合う状況の中にあったことがそのもっとも基本的な特徴といえるだろう。中野好夫の論文「もはや戦後ではない」はこの点を考えるにあたってもっとも有力な手がかりである。このフレーズは一九五六年の経済白書に用いられたことで今日に至るまで誰もが知る言葉となったが、初出は中野が『文藝春秋』の一九五六年二月号に発表した同名のタイトルの論文であった。

この論文において中野は、「旧い夢よ、さらば」と訴えている。中野のいう「旧い夢」とは、大日本帝国の時代に追求し続けた世界の一等国であろうとすることを指している。中野は次のように述べたのである。

……私たちはもうこのへんで本当にかつての帝国の夢を捨てるべきときではあるまいか。というとひどく自尊心にさわる向きがあるかもしれぬが、いい意味で小国になった厳しい事実の上に腰を据えるべきときなのではあるまいか。戦後よく三等国、四等国という言葉が口に上った。あれは多分に自棄的な、またことさらにする自己卑下の響きがあったが、今度はそうでなく、もっと冷厳な客観的な意味で小国の現実を有意義に生かすべきであろう。

……別の基準から考えれば、小国、三等国決して自尊心を傷つけるものではない。たとえば北欧三国が軍事的にいえば決して一等国、大国とはいえないであろう。だが、その中で私たち日本人など考えも及ばぬ平和で高い生活が築き上げられているということは、戦後はじめて多くの日本人も知ったであろう。その意味でなら立派に一等国である。

それに軍事的にいうならば決して大国でも一等国でもない国々の発言が、近年急に政治的力を持ち出して来た。現にアジア、アフリカ、中南米などのいわゆる小国の結集された意思が、軍事的にははるかに強大な強国を、ときには大きく引きずっていることも、最近とくに目につく兆候であろう。こんなことは十年前までほとんど想像もされなかった世界政治の変化であるし、……。

小国そのものの意味が変わったのである。その意味で「戦後」を卒業する私たちは、本当に小国の新しい意味を認め、それを人間の幸福の方向に向って生かす新しい理想をつかむべきであろう。旧い夢よ、さらばである。（中野 1956: 358–9)

小国の新しい意味を認め、新しい理想を持とうではないかというこの中野の率直な提言が、北欧三国の生活水準の高さやアジア、アフリカ諸国の政治的影響力の拡大現象に注目する形で行われている点に留意する必要がある。この論文が発表される前年の一九五五年四月にインドネシアのバンドンで第一回アジア・アフリカ諸国会議が開催され、中国の周恩来やインドのネルーらが第三勢力としての存在感を高めつつあったことが中野の提言に少なからぬ影響を与えていることは間違いない。

中野に限らず、この時期の原子力政策論においては、北欧やインドの存在感がかなり大きかった。とりわけインドのネルーは、米ソ核大国が核開発競争をめぐって深刻な膠着状態に陥った状況に対して、幾度となく警告を発しながら、大きな存在感を発揮していった(8)。

体制転換プロセスにおける「機微な政治的資源」

だが、中野のこの小国主義のススメともいえる提案は、日本の経済大国化に伴って忘れられていった。その後の日本社会の変化の軌跡を考える場合、この過渡期においてもっとも重要な特徴と思われるのは、国力を回復するために、取り扱いに繊細さを要する機微な政治的資源を活用する方法に道筋をつけていった点にあるといってよい。そして、「転換」のシンボル化について考える場合、この政治的資源の活用をどのように意味付けて、正当化していったかという点がもっとも重要な問題である。

ここでいう機微な政治的資源とは、①天皇の権威、②人材としての公職追放者、③核技術、の三点を指す。いずれも戦後の日本の国家体制を再建する上で有益なものとみなされ、その力が期待された。だが、政治的正当性という観点から考える場合、いずれのケースも機微な問題が含まれていた。①と②はいずれも古い体制と深い繋がりを持つものであり、体制を刷新するという観点からは非難されるべき内容を含んでいる。③については取り扱いを間違えると、「平和国家」という新しい国家目標を破壊する危険性を伴っていた。

まず①の天皇の権威については、GHQが日本から軍国主義を一掃し、民主主義を定着させるための政治的手段として、これを利用しようとしたことが何といっても大きい。ジョン・ダワーの『敗北を抱きしめて』においては、占領軍がどのような考えのもとに天皇制の温存を決定するに至ったかが詳細に描き出されている。

中でも彼が最重要の人物として注目したのが、マッカーサーの軍事秘書官であり、心理戦の責任者でもあったボナー・F・フェラーズ准将であったという。ダワーはフェラーズをはじめとする部下たちが戦時中に用意した数多くの政策勧告の中に、占領初期のマッカーサーの決定や声明の源流があるとみている（Dower 1999=2004）。

ダワーがとりわけ大きな価値を認めたフェラーズの報告書の結論部は、日本語版で二ページを超えて引用され紹介されており、その中でフェラーズは日本の天皇について以下のような興味深い記述を行っている。

……天皇の退位や絞首刑は、日本人全員の大きく激しい反応を呼び起こすであろう。日本人にとって天皇の処刑は、われわれにとってのキリストの十字架刑に匹敵する。そうなれば、全員がアリのように死ぬまで戦うであろう。軍国主義者のギャングたちの立場は、非常に有利になるであろう。戦争は不必要に長引き、われわれの損失も不必要に増大するであろう。

……われわれは一方に天皇と日本人を、他方に東京の軍国主義ギャングたちを置き、両者の間にくさびを打ち込むべきである。われわれは、敵をはっきりと理解し、敵を賢明に取り扱うことによって、何年にもわたる流血の事態を回避できる。日本は完全に打倒されるべきである。そしていったんそれが実現したら、アメリカの正義が道となり光とならねばならない。

天皇にだけ責任を負う独立した軍部が日本にあるかぎり、それは平和に対する永久の脅威である。しかし、天皇が日本の臣民にたいしてもっている神秘的な指導力や、神道の信仰が与える精神的な力は、適切な指導があれば、必ずしも危険であるとは限らない。日本の敗北が完全であり、日本の軍閥が打倒されているならば、天皇を平和と善に役立つ存在にすることは可能である。（同：10–1）

天皇が国民に対して持つ「神秘的な指導力」を利用し、それを平和と善き目的のために再利用できるようにしようという考え方がここではっきりと示されている。天皇は日本の政治的統治という面においては、巨大な影響力を持つ存在であり、武装解除を貫徹させ、占領統治を確かなものとするため、その強力な政治シンボルを掌握することが目指されたことが分かる。

しかし、天皇の権威を利用しようとする企ては、天皇の戦争責任を不問に付すことにもなり、この点がアジア諸国をはじめ国際社会の強い非難を招き寄せることにもなった。これまでにもしばしば指摘されてきたように、ＧＨＱが「戦争放棄」を盛り込んだ新しい憲法の制定を主導した背景には、天皇制が存続しても二度と軍国主義の暴走が起きないことを国内外にはっきりと示し、納得させるという意味合いがあったのだ。[9] つまり、理想主義的な「戦争放棄」の憲法を制定すること、「平和国家」という看板を打ち出すことという判断は、敗戦直後の国民全体の反戦感情に合致するものであったということに加えて、天皇制を存続させるための政治的、現実的判断として必要とされた側面もあったのである。[10][11]

正力松太郎の戦争責任

次に、人材としての公職追放者という点についてみてみよう。中野が「旧い夢よ、さらば」と問題提起せずにいられなかった直接的な背景には、この時期公職を追放されていた人々が続々と復帰し、旧い夢を引きずったままの人間が公の舞台で再び活躍の場を与えられるようになったことがある。だが、他方で、公職追放者の中には有能な人間も数多く含まれていたことから、大規模な公職追放は国家全体として見た場合人材の喪失でもあった。有能な人材を取るか、戦争責任を重くみるか、この問いに対して結局当時の日本社会が重きを置いたのは、前者であった。

追放解除はアメリカの対日政策の方針が転換したことに伴って少しずつ進められてはいたが、その動きが一気に進んだのは、マッカーサーが解任された一九五一年五月以降のことであった（増田 2001: 336）。この際、公職追放に関する処理が大幅に日本側に移譲されたため、政府は「公職資格審査委員会」を設置し、同年の一一月までに一七万七〇〇〇人もの大量の指定取り消しを行ったのである。こうして政界においても公職追放経験者が返り咲く動きが進み、そのピークが一九五五年一一月に成立した第三次鳩山内閣において出現した。閣僚一八人中

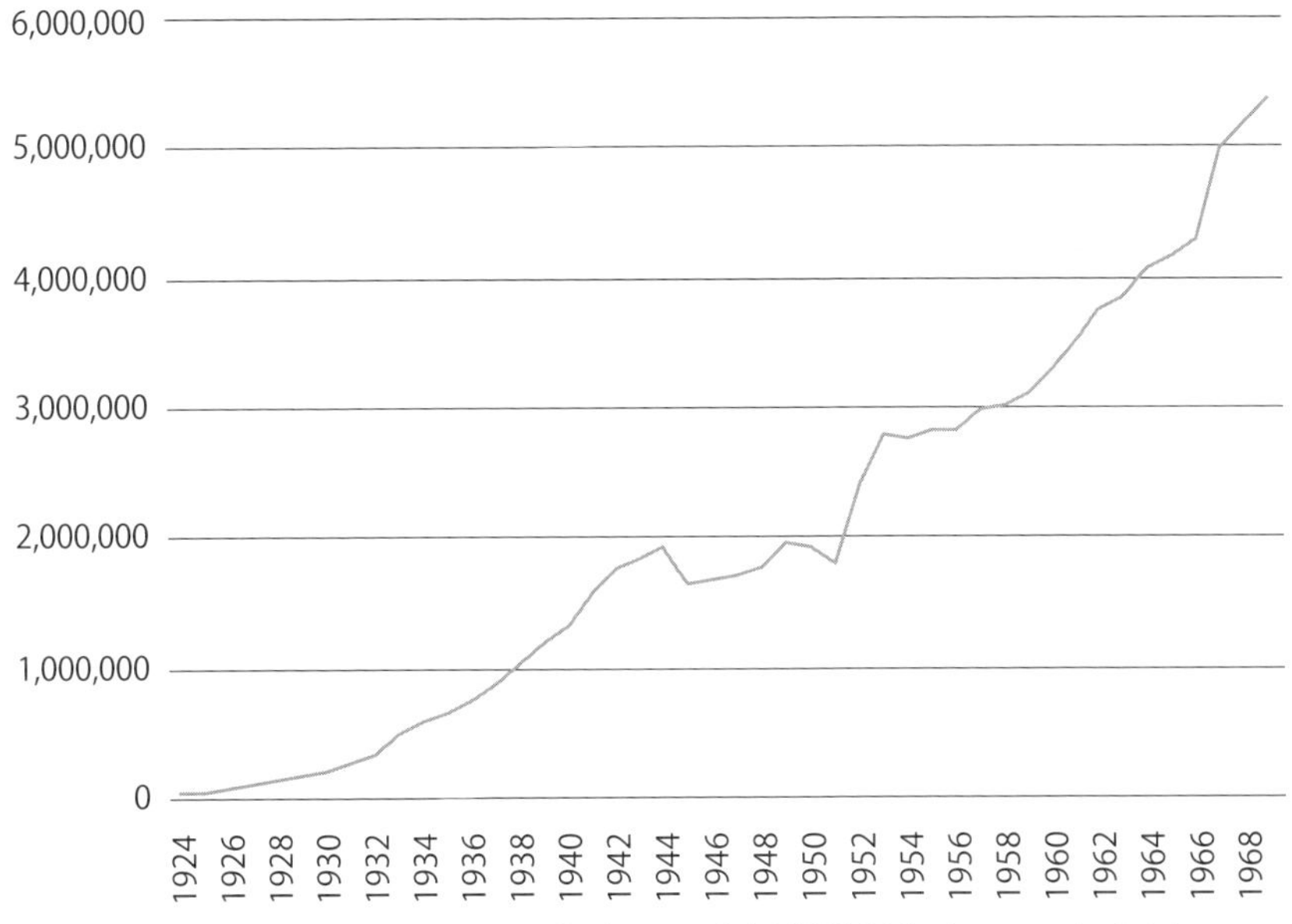

図 6-3　読売新聞発行部数の推移（出典：読売新聞社編集（1994: 666）より）

一三名が公職追放を経験した人物であり、追放経験閣僚の割合が何と七二％を記録したのである（同：343）。中野の議論はまさにこうした戦前的な旧い夢の華々しい復活に対して苦言を呈するという形で行われたのであった。

そしてこの第三次鳩山内閣に原子力政策を立ち上げるために初代科学技術庁長官として参加した人物が、正力松太郎であった。正力もまたA級戦犯の容疑をかけられて巣鴨プリズンに収監され、公職を追われた経験を持つ人物のひとりであった。

正力松太郎は、一八八五年に富山県に生まれた。高岡中学、第四高等学校を経て東京帝国大学に入学し、卒業後に一度内閣統計局に勤めたが、翌年高等文官試験に合格し、一九一三年に警視庁に入った。米騒動の鎮圧、普通選挙要求デモの取り締まりなどで辣腕を発揮し、警察官僚としての将来を嘱望されたものの、当時の皇太子（後の昭和天皇）が襲撃を受けた虎ノ門事件の責任を取る形で一九二四年に警視庁を懲戒免官された。

官職の道を断たれた正力は、同年経営が傾きかけていた読売新聞を買い取り、第七代の社長に就任する。前年の一九二三年、関東大震災によって関東エリアの新聞は壊滅的な大打撃を受けており、その間隙を突くようにして大阪から朝日、毎日が関東地域に進出し、勢力を急拡大させている頃であった。

正力が社長に就任した当時、五万部程度の発行部数しかなかった読売は、ここから急成長を遂げていくことになる。正力の社長就任から一〇年後には約五七万部に増え、日中戦争が始まる一九三七年には八〇万部を突破し、長引く戦争の間に一八〇万部を超える成長を遂げた（読売新聞社編集 1994: 666）。

読売新聞の経営を建て直し、朝日、毎日に伍する堂々たる全国紙に成長させたのは、まさに正力のカリスマ的な経営手腕のなせるわざといってよかったが、成長した新聞の影響力を最大限用いて国民を戦争に駆り立てた大きな責任が正力にはあった。そのことを鋭く追求したのが、他ならぬ彼の足元、読売新聞社の従業員たちであった。

敗戦直後の一九四五年と一九四六年において発生した読売争議は、日本社会の民主化を先導する理想を掲げ、後のジャーナリズム論においても盛んに論じられたことでも知られている。この争議において、従業員たちが求めたのは待遇改善もさることながら、第一には、正力の戦争責任であった（宮本 1994）。読売を率いて率先して国民の戦意高揚のために新聞を利用した責任者の罪を従業員たちは厳しく問いかけたのである。

従業員たちの突き上げは、共産党の内部と連動したものであったため、読売の紙面は敗戦後しばらくの間共産党の機関紙のようになったことも事実であり、正力が日本中の共産化を防ぐために自分は闘うと公言したことも理由なきことではない。しかし、国民を戦争に駆り立てた言論機関を率いた者としての責任を取って退陣せよとはあまりに当たり前の要求であった。

日本の原子力政策について考える上で、反共主義は軽視できないテーマであるため、ここで若干の説明が必要であろう。読売争議で共産党と繋がった従業員たちと文字通り死闘を繰り広げた正力は、その後日本の政財界の中でも突出した反共主義者として知られた人物だ。そして正力の懐刀として、前述した原子力平和利用キャンペーンに積極的に関わった柴田秀利もまた筋金入りの反共主義者であった。

先にアメリカの世界的な核戦略として展開していった原子力平和利用キャンペーンが、なぜ日本で積極的に受容されていくことになったのかという問いを投げかけた。それに対する回答は、繰り返しになるが、当時の人々にとって原子力の平和利用が「希望のシンボル」として認知されたからだというものだった。だが、このシンボル化のプロセスを後押しした政治的な動機も明確に存在したのである。少なくとも、原子力平和利用キャンペーンと呼び得るものを積極的に仕掛けた主要な人間の中に、具体的な政治的動機をもつ人物がいたということだ。それが柴田秀利なのだが、柴田の目的は端的にいえば、「親米保守」の政治勢力を強化したいという一点であった。

今日からみれば、日本は戦後一貫して揺るぎない親米国家であったようにも思えるが、数少ない例外的局面が、この一九五〇年代であった。特にビキニ事件が日本社会を揺るがした一九五〇年代中盤は、反核感情と共に反米感情も一定の広がりをみせた。柴田はこの状況に対して深い危機感を抱いていたのである。

柴田の遺品の資料やメモの中には、原子力研究に携わる科学者の思想傾向を調査した記録が残されていたという（NHK総合 1994）。また、彼の半生を克明に綴った手記『戦後マスコミ回遊記』には、第五福竜丸事件後に起きた国民規模の原水禁運動において共産主義者が主導権を握ることを強く警戒する柴田の言葉が残されている（柴田 1985: 300）。またある時期から彼は、太平洋戦争がコミンテルンの仕掛けた陰謀によって日米が開戦へと仕向けられたという陰謀史観を支持するようになり、アメリカの諜報員や取引相手と初めて接触するときには必ずこの話を紹介し、日米は二度と共産主義の陰謀にはまって争うようなことをしてはいけないと語ってパートナーとしての結束を強めるよう働き掛けるようになっていった（同：33–62）。

柴田の『戦後マスコミ回遊記』を読んで一読後もっとも異様な読後感として残るのは、柔軟な発想力に満ちた洒脱な自由主義者の顔とこうしたやや病的とも思える反共主義者の顔が同居していることである。そして、その個人史的背景として位置付けられているのが、読売争議にまつわる経験なのである。柴田は実は読売争議の際、GHQの側について争議鎮圧のために大きな役回りを果たした人物であった。そのため争議妥結直後、恨みを買ったかつての職場の先輩記者らに通勤電車の中で凄まじい暴行を受けることになったのだ。その時の様子を柴田は次のように描写している。

> 彼らは満員の車内の客に向かって演説をぶち、私が社長に媚を売って金を貰い、大量の同志社員の首を切った張本人だと、大声で叫んだ上、殴る、蹴るの暴力の限りを尽くした。腰掛けている私の顔面めがけて、靴で蹴り上げられるのには、さすがに参った。顔面を上から殴り下ろすのにはまだ辛抱できたが、下顎へ来る靴蹴りには、何度も失心しかけた。
>
> ……満員の客もただ黙ってこの惨劇を見物しているだけで、だれ一人、血だらけの私に手を貸そうとする者は出て来なかった。のみならず鉄拳をふるっている最中に名刺を出して、その首魁に敬意を表し、降りていく時、「裏切り者は処断されるべきだ。反動は処断されろっ」と叫んで行った者までいた。古びた雨合羽に水筒を肩からかけた、引揚者風の男だった。当時の社会風潮とは、こんなものだった。(同：28–9)

この事件の後から柴田の歯と歯茎はおかしくなり始め、四〇歳を過ぎた頃には既に総入歯となり、その後長らく苦労することになったという。彼の異様とも思える反共主義を理解しようとするのであれば、「如何に悟りぶった気持ちであったとはいえ、公衆の面前で、殴られ蹴り上げられ、見世モノにされた屈辱感が、どこかに激しく灼きついている」(同：30)、「今でも好きなステーキを噛み切れないたびに、この時の情景が浮かび上がってくる」(同：32) という言葉を軽視するわけにはいかない。

このように見てくれば、正力も柴田も共産主義者らと文字どおりの死闘を繰り広げた人間であったことが分かる。しかし、その大元の原因は、正力が自らの戦争責任を認めて退陣するという決断を下さなかったことにあることは明らかだ。読売争議が表面上イデオロギーの対立にみえたことはおそらく正力にとって幸いであった。本当に問題とされていたのは、正力の常軌を逸した権力への執着であったのだ。

敗戦時にまだ二十代後半でしかなかった柴田はともかく、明治生まれの正力は、敗戦の年には六〇歳になっていたし、公職追放を解除されたときには既に六十代半ばであった。正力なりの言い分はあるだろうが、戦時中に散々戦意高揚を煽り、無数の若い兵士たちを死地に送り込んだ人間である以上は、せめて責任を取って社長の座を退くというのが普通の感覚ではなかろうか。しかし、彼は引退しなかった。それどころか、「テレビの父」、「原子力の父」などと言われる彼の称号は敗戦後、彼が六〇を超えて以降の業績によるものであった。ノンフィクション作家の佐野眞一は、正力の常軌を逸した名誉欲の大きさを執拗に描き出そうと努め、正力の一代記である作品を「巨怪伝」と名付けたが、正力という人物の欲の深さ、業の深さはこのエピソードひとつだけからも如実に伝わってくるのではないだろうか。

③の核技術の利用については、あくまでも「平和利用」に限定するということが徹底して強調される必要があった。このことに関連して注目すべきは、平和利用なのか軍事利用なのかが曖昧な領域がどのように扱われたのかということだが、この点については第5節の「原子力報道と政策の正当性」の箇所で取り上げたい。

第4節　シンボルの掌握

国家の存在証明

原水爆の巨大な破壊力は人々を驚愕させ、恐れさせたが、同時にその力を制すること、その力に通じることが強さや有能さの証明となる状況を生み出した。

無論、アメリカは戦争に勝つためにこそ原爆をつくったのであり、もともとの動機は差し迫った生存競争によるものであった。しかし一度それが国家の強さを証明するシンボルとしての意味合いを獲得するようになると、フォロワーたちの動機の中には安全保障上の理由に加えて、国家の威信を表現する手段として核兵器を求める動機が生まれてくる。第2節でも言及したように、強国であることを誇示するために核を手にしようとする動機が強まるのである。核開発は安全保障に関わる研究テーマであると同時に、政治シンボル論にとってもまた重要なテーマとなってくるのだ。

国家の威信のために核開発に挑んだ国の例は少なくないが、例えばフランスもそうした国のひとつである。第二次大戦中にナチスに占領され、マンハッタン計画の蚊帳の外にあったフランスは、核開発のトレンドから完全に置き去りにされてしまった。フランスにとって、核開発は国家としてのプライドを取り戻す切実な意味合いを持つことになったのだ（Hecht 2009）。

科学の世界では多くの原子核物理学者がノーベル賞を受賞した。このことも原子力が特別なテーマであることを人々によく教え、若い優秀な頭脳をこの分野に結集させることに繋がった。日本では一九四九年に湯川秀樹がノーベル賞を受賞した際には国をあげての祝福騒ぎであった。単に湯川個人を労ったというわけではない。湯川は日本人が国際社会の中で尊敬される国民となり得ることを証明したのだ。日本という国家の存在証明を果たしてくれた人物であればこそ、湯川は単に優秀な一科学者という次元を超えて、日本社会で「偉人」としての扱いを受けたのである。例えば、京都大学で物理学を学び、後に京都大学教授を務めた佐藤文隆は、湯川についての次のような思い出を語っている。

先生を初めて〝見た〟のは教養部の学生の頃にあった11月祭の講演会の折りだったと思う。当時でも珍しかった中折れ帽をかぶって現れ、演台の横にそれを置いて話しだされた。何が主題だったかは忘れたが、「素粒子」という言葉のおこりを話されたことは覚えている。今から思うと先生はすでに50代に入っていたことになる。……学生の方をよく見ないで話されるといった講義ぶりの印象が残っている。しかし我々学生にとっては〝湯川〟はすでに偉人であり、雲の上の人であったから、何かそれがたいへん〝ふさわしい〟ように思われた。

先生のノーベル賞の時は私は小学6年だった勘定になるが、そういう世代の人間にとって〝湯川〟は物理学者であるまえに社会的英雄であり偉人だった。京大の物理に進学する動機には「湯川効果」がまだ濃厚にあった時代だ……。

(佐藤 1984: 312)

原子力の平和利用なるものが世界中でブームを巻き起こす前段において、既に以上のような状況ができあがっていたことを見落としてはならない。つまり、兵器であれ、学問的業績であれ、原子力に関わる成果が一種のステイタス・シンボルとして機能する状況を人々は目の当たりにしていたのである。機を見るに敏な人間が、原子力を制することの価値に目を向けるようになっていったことは自然な流れであった。

ここから生じてくるのが、シンボルの掌握に関わる問題である。ここでいうシンボルの掌握とは、影響力の大きな政治シンボルを人々が自らの意思によって制御していこうとする試みのことを指す。これまで政治学や社会学でいわれてきた「シンボルの独占」という概念よりも控えめな内容である。[12] シンボルの独占という表現は、宗教において「異端」の勢力を殲滅するような状況を想像すれば分かりやすい。この場合、宗教的シンボルを独占することの政治的含意は、宗教と政治がどの程度分離しているかによって大きく変わってくるが、宗教的権威が政治の領域を含む社会全体に深く浸透している時代においては、その宗教的シンボルを独占する勢力がどれほどの大きな力を獲得することになるかは想像に難くない。

社会的分化が進み、マス・メディアが発達した現代の自由民主主義社会においては、政府は常に政治シンボルの解釈をめぐって、メディアの象徴権力をどのように制御できるかという問題に悩まされることになる。シンボルを独占することなど叶わぬ夢であろう。シンボルをめぐる状況は基本的に競争的であることが普通である。

影響力の大きなシンボルを掌握しようと絶えず人々が競い合うひとつの理由は、そこから得られる象徴的報酬を獲得するためであるといってよい。[13] 核開発や原子力発電所の開発が国家の存在証明のように考えられている状況下で、それらの開発を実現に導いた政治指導者は国家の存在価値を高めた人物として大きな名誉を獲得するであろう。その業績が場合によっては政治的権力闘争を闘うための有効な資源となることも考えられる。

前述した正力のような人間が登場してくるのは、原子力がステイタス・シンボルとして機能している現実が現に存在するからである。もちろん、正力ほどの露骨な権力欲と無尽蔵なバイタリティーを持つ例は稀有であるにしても、「原子力」のような影響力の大きな時代のシンボルは、他の政治家にとっても自らの力や有能さを証明し、自らの影響力を高めるための格好の標的となることには変わりがない。政治家がシンボルを掌握しようとするプロセスに注目する必要があると同時に、そのプロセスにおいてシンボルの公的、社会的な「意味」の構築に関わるメディアの果たす役割についても観察していく必要がある。

シンボルの意味

政治指導者たちが、シンボルの掌握によって目指す究極の理想は、人心の掌握であろう。だが、国民大衆が特定の政治シンボルに対してどのような意味付けを行うのかという点まで制御することは不可能であるため、政治指導者の企てが徒労に終わったり、逆効果をもたらすこともあり得る。

この点において興味深い事例のひとつが、アメリカ政府の対日核政策である。アメリカ政府は敗戦国日本の占領統治において、利用価値の高い政治シンボルとして天皇を極めて巧みに活用した。日本社会の世論をよく見極めて、自分たちの存在が前面に出て反感を買わないように慎重に行動し、シンボルとしての「天皇」の意味を（現人神から人間へという形で）劇的に転換させつつ、その新しい意味を帯びた「天皇」を前面に押し立て、日本の民主化政策を実現していった。これは政治的シンボル操作の見事な成功例であるといってよいだろう。

他方で、アメリカの原子力平和利用キャンペーンの事例についてはどうであろうか。アイゼンハワー政権が世界的な原子力平和利用キャンペーンを実施した経緯については前述した通りである。アイゼンハワー政権のプロパガンダ政策の一環として実施された原子力平和利用博覧会が日本の原子力政策の機運を盛り上げるのに大きな役割を果たしたことについては誰しも異論がないであろう。

だが、このプロパガンダ政策の威力を強調する近年の研究は、アメリカの世界的な核戦略に対して同盟国日本の協力を得ることが結局困難であった事実にあまり目を向けない[14]。アイゼンハワー政権は本当は日本の米軍基地に核配備を行いたかったのに、ビキニ事件以後の日本社会においては、強烈な反核感情が噴出してそれどころではなかったのである。

そもそもアメリカが自国の核政策に対する国際世論をそれほど巧みに制御できていたかというと、それ自体かなり疑わしい。むしろアメリカは高い国力をもって核兵器を技術的にどの国よりも早く開発したが、その核が「恐怖のシンボル」としてイメージされていくプロセスを制御することができず、その結果自らの核政策の方針を後退させていく他なかったというのが実情であろう[15]。

例えば、トルーマン政権にせよアイゼンハワー政権にせよ、核兵器が「使えない兵器」とみられてしまうことを恐れて、核兵器の使用をしばしば示唆する発言が大統領や政府高官から行われた。ここでは朝鮮戦争時のトルーマンの発言を取り上げておこう。一九五〇年一一月三〇日、中国が大規模な「義勇軍」を投入して朝鮮戦争の戦況が深刻化する中、アメリカのトルーマン大統領は記者会見において「原爆の使用も検討している」との発言を行った。記者からの質問を受ける形の発言であり、あくまでも可能性を示唆したに過ぎないが、その発言は大きなインパクトを生んだ。

イギリスをはじめとする西欧諸国の強い反発は日本の新聞でも大きく取り上げられたが、トルーマンの発言に対して衝撃を受けたのはこれら西側同盟国ばかりではない。当時アメリカ国連代表を務めていたエレノア・ルーズベルトが残した外交メモからは、トルーマンの会見を受けて、国連に集まっていた「小国」の代表たちがいかに激しく動揺していたかがよく伝わってくる。彼女はサウジアラビア国連代表のバルーディ博士から彼ら小国代表団の強い懸念を大統領に伝えてほしいと迫られた[16]。トルーマンは、原爆を使用すると断定したわけではなく、あくまでも使用する「可能性」もあると言及したに過ぎないが、バルーディによるとこうした微妙なニュアンスはほとんど意味を持たなかった。アジア諸国の人々からすると、アメリカが中国人に対して原爆を使用する上での戦術的な細かな意味合いなどはどうでもよい話に過ぎない。もし本当に原爆を使用することになれば、歴史上、最初の原爆は日本に対して、二度目は中国に対して使われることになる。つまり有色人種だけに使われて、白人には使われないという結果が残るのである。この点について、別のアメリカ政府関係者は次のようなメモを残している[17]。

今度の原爆がアジア人の頭上に投下されたなら、アジア全体にひろがるであろう感情の激発ぶりを容易に想像できる。

もっぱら日本人と中国人向けにわれわれが原子兵器を保有しているという恐怖心が確かなものとされ、アジア人どもの気持をつかもうとしてきたわれわれの努力は帳消しになり、アジアの非共産諸国におけるわれわれの影響はほとんど無いも同然にまで衰退しよう。

アメリカがなぜ日本に原爆を投下したのかという問題は、歴史的に究明しようと思えば大問題であり、そこには複雑な影響要因が絡んでいた[18]。相手が有色人種だったからという単純な説明で到底片付けられない問題なのである。しかし、現実の社会においてはそのような慎重な歴史研究の結果が待たれているわけではない。アジア諸国において核言説が人種問題化されることによって、アメリカがどんな戦術上の意図から核兵器を使用したところで、その行為は人種差別的な意味を強く付与されることになるのである。アメリカ政府がそのことを非常によく自覚していたことが、核の使用を抑止する大きな力になっていたことは興味深い。

積極論者としての中曽根康弘

日本の原子力政策が本格始動するのは、アイゼンハワーの「平和のための原子力」演説が行われ、アメリカが平和利用の分野に本格参入することがはっきりとして以降のことである。アメリカの世界的な核戦略の展開と日本の原子力政策の動きが密接に連動していたことは既に指摘した通りである。

そのことは、日本で本格的に商業用原子力発電が実現していく時に、そのほとんど全てがゼネラル・エレクトリック（GE）とウェスティングハウスというアメリカ企業がつくった原子炉に依存する形で進められたことにもっとも象徴的に示されている。

日本の原子力政策におけるアメリカ依存の強さは他国と比べてかなり突出しているようにみえるが、これは明らかに政治的な選択の結果である。五〇年代当時の政策論の立場に注目していえば、海外でできあがっている技術を一気に輸入して原子力時代の恩恵を直ちに手にしようとする積極論の立場と、日本の科学者、技術者たちが時間をかけて自分たちの手で技術開発を進めていくべきだという慎重論の立場のうち、前者が政策形成の現場を圧倒的に主導したことの結果として、アメリカ依存度の強い原子力政策が形成されたのである。

それではなぜ積極論が慎重論を圧倒することになったのか。この点を考える上で、先に触れた小国主義の考え方、国力の回復についての考え方が大きく関わってくる。つまり原子力政策の対立の背後には、明確に異なる国家観が存在したといってよい。

端的にいえば、政治家、財界、官僚、多くの報道関係者が含まれる積極論の立場は、敗戦国日本の国力を一刻も早く回復させたいという動機に基づくものであった。これに対して慎重論の立場の多くを占めた科学者、インテリ層、一部報道関係者の考え方は、先に言及した中野好夫の小国論的な立場に近いものであった。原子力政策は、単なるいちエネルギー政策にとどまるものではなく、戦後の新しい国家の形を決めるための重要な試金石であったのだ。だからこそ原子力をめぐる政策論争を国家観をめぐる闘争として理解していくことが必要なのである。

積極論の考え方がどのようなものであったかについて、ここでは政治家の中曽根康弘と読売新聞に注目したい。最初の原子力予算を国会に突如提出して承認させ、日本の原子力政策を急発進させた政治家のひとりである中曽根は、海軍に所属していた戦時中、配属先の高松から広島に落とされた原爆のキノコ雲を肉眼で目撃したことをしばしば回顧談において語っている。彼にとってはそれが原子力政策に関わることになる重要なきっかけであった。原子力予算を提出するまでの経緯について語った彼の証言を取り上げてみよう。

広島に原爆が投下された45年8月6日は、偶然、高松にいたのですが、西の空にものすごい大きな入道雲のようなものがもくもくと上がるのが見えました。高松とは150キロ前後離れているんですよ。それでも大きな白雲がはっきりと見えました。それ以来、原子力というのが気になっていたんです。ハーバード大学に行ったときもゼミナール終了後、原子力施設を見に行ったし、ニューヨークでは財界人からもいろいろ話を聞きました。ちょうどアイゼンハワーが「アトムズ・フォー・ピース」と言い出して、アメリカに原子力産業会議ができて、軍用から民用の平和利用に移行するときでした。それで、これはたいへんだ、日本も早くやらないとたいへんなことになるぞ、とサンフランシスコに戻って、バークレーのローレンス研究所にいた理化学研究所の嵯峨根遼吉博士に領事公邸に来てもらって二時間ぐらい話を聞きました。嵯峨根さんはひじょうにいい助言をしてくれました。

一つは、「国家としての長期的展望に立った国策を確立しなさい。それには法律をつくって、予算を付けるというしっかりしたものにしないと、ろくな学者が集まってこない」と。それから、一流の学者を集めるにはどうしたらいいかとか、そういう話を聞いて帰ってきました。

当時学術会議では、原子力の平和利用の研究をやろうという動議を伏見康治さんや茅誠司さんが二回ぐらい出していましたが、いつも否決されていました。共産党系の民主主義科学者協会（民科）が牛耳っていました。それで、こうなったら政治の力で打破する以外にない、これはもう緊急非常事態としてやらざるを得ない、そう思いましたよ。研究開始が1年遅れたら、それは将来10年、20年の遅れになる。ここ1、2年の緊急体制整備が日本の将来に致命的に大切になると予見しました。そしてその打開はあんな民科の連中なんかに引きずり回されるような学界では不可能だと。

そこで、いろいろ勉強して、川崎修二、椎熊三郎、桜内義雄、稲葉修、斎藤憲三君らの支持を得て、2億3500万円の予算を組みました。（中曽根 1996: 166–7）

中曽根らが原子力予算を突如国会に提出するのは、アイゼンハワーの国連演説から三ヶ月後のタイミングであった。アメリカが原子力の平和利用に本気で取り組む決断をしたということを見て取った瞬時の判断であったといってよい。「ここ1、2年の緊急体制整備が日本の将来に致命的に大切になる」という差し迫った状況判断は、大なり小なり積極論の立場に立つ多くの人々によって共有されていたといってよい。

積極論者としての読売新聞

積極論の考え方をよく示すもうひとつの例として、読売新聞についても取り上げておきたい。一九五〇年代の原子力報道において読売新聞の存在感は極めて大きなものだった。それは何も読売のトップにいた正力松太郎が、政界に転じて初代科学技術庁長官、初代原子力委員会委員長を務め、日本の原子力政策の胎動期を牽引し、「原子力の父」と呼ばれた人物であったことのみを取り上げていうのではない。正力の意向とは基本的に無関係な報道現場においても、当時の読売の記者たちは意気軒昂だったのだ。

例えば、前述したアイゼンハワー大統領の国連演説にいち早く反応し、大型企画を打ち出したのが他ならぬ読売であった。他紙に先駆けて原子力をテーマとした大型連載「ついに太陽をとらえた」を一九五四年の一月に掲載したのである。そして、その二ヶ月後には同連載を手がけた記者たちの働きによってビキニ事件の世界的スクープが生まれた。

アメリカがビキニ環礁で実施していた水爆実験から生まれた放射性降下物を、日本の漁船第五福竜丸の乗組員が浴びたことを伝えたこの読売のスクープ記事は、戦後ジャーナリズム史におけるあまりにも有名なエピソードである。その報道の社会的影響は極めて大きなものであった。この事件は日本人にとって広島、長崎に次ぐ第三の核被害をもたらしたとして、核兵器に対する凄まじい怒りの感情が日本社会に爆発することとなった。国民規模といってもよい原水爆禁止運動がここから生まれ、日本人の中に反核感情が一種の国民感情として結晶化し、定着していく契機となったのである。

読売新聞は、日本社会に猛然と広がっていった反核運動と足並みを揃えるかのように原子力の軍事利用に関わる動向を厳しく批判していく一方、原子力の平和利用については、これを軍事利用と明確に区別した上で積極的に開発していくべきという立場を鮮明に打ち出した。前述した原子力をめぐる軍事利用＝悪、平和利用＝善の考え方を打ち出したのである。無論、この二元論的な原子力の捉え方は何も読売の専売特許というわけではなく、一九五〇年代における日本のマス・メディアはどこも同じような考え方を共有していたといってよい。だが、読売は軍事利用の批判においても、平和利用の積極的称揚という点においても他と比べて抜きん出て力強かったのである。

事実、「ついに太陽をとらえた」の連載企画を立ち上げ、ビキニ事件のスクープの立役者のひとりとなった当時の読売新聞社会部の名物デスク辻本芳雄は、「原子力問題なら読売だ」という空気がこの頃の社内には漲っていたと後日述べている（辻本 1955: 71）。なお、この連載記事は、ビキニ事件に日本中が激昂し、反核感情が広がっていくなかで書籍化され、ベストセラーとなった。

その連載記事「ついに太陽をとらえた」の内容は、ここでいう積極論の考え方を鮮明に打ち出すものであったといえる。例えば、連載記事のクライマックスにおいて、次のような印象的なくだりが登場する。

ひょっとすると身辺のナベやカマをちょっとひねりつぶしただけでドッと原子力が出てくるかも知れないという夢のような希望は捨てるべきではない。それを見つけ出した民族が、この人類史をどんでん返しさせるのである。日本人が小国の運命にあきあきしているならそういう方式の戦いをいどむべきであろう。これからはただ頭の競争だ。（読売新聞一九五四年二月九日）

原子力の平和利用が人類にもたらす可能性の大きさを小気味よく畳みかけるように語った文章である。この時期の読売の原子力関連の記事は総じてこのように威勢がよいものが多い。一九九〇年代以降、読売新聞が政治大国を志向して、現実主義的な言論を強く打ち出していくことは周知の通りである。だが、この頃敗戦国である日本はただの「貧乏国家」でしかなく、だからこそその憂いを払拭すべく、一刻も早く「民族的自信」を取り戻さなければならないというのが、この当時の読売の原子力関連記事全体から立ち上がってくる国家観であった。そのためには科学技術の発展に力を注ぎ、国力を高めていかなければならない。そして「小国の運命」から抜け出して「一等国」への仲間入りを実現するためには、「頭の競争」に勝たなければならないと訴えたのであった。

このような一等国願望は戦後日本の高度成長の大きな原動力となったものであるが、同時に原子力政策においてはしばしば後述する科学者らの慎重論を切り捨てる力としても作用してきた。読売新聞の社説では、後述する科学者の慎重論を「神経質に騒ぎすぎる」と折に触れて手厳しく批判したが、その際常に科学者たちの言動に見え隠れする小国主義への志向性が嫌悪され、唾棄されたのである。

例えば本章第1節でも言及したが、日本の原子力政策は政治家が科学者たちに何の相談をすることもなく、突如国会で原子力開発のための予算を通過させて始まった。その頃、日本の科学者たちは原子力の研究開発をどのように進めていくべきか激しい議論を続けているところだったので、自分達の議論を無視して頭越しに重大決定を下した政治家たちに激しく抗議を行った。この時朝日新聞は科学者たちの怒りと足並みを揃えながら政治家たちの行動を厳しく批判し、「原子炉予算を削除せよ」（朝日新聞一九五四年三月四日）と主張したが、読売の態度は違った。憤る科学者たちの態度を「いかにも感傷的な小国民心理」（一九五四年三月一三日）と切って捨てたのである。また、物理学者の三村剛昂が被爆者の立場に立って原子力研究反対論を訴えたことはよく知られているが、その際三村はマンハッタン・プロジェクトもほんのわずかな旅費から始まったというエピソードを紹介して原子炉予算に警戒を呼びかけた。こうした科学者の懸念に対して、読売社説はたかが二億円の「呼び水程度」の金額をつかまえて大騒ぎする「インテリ理論」と呆れ果ててみせたのである（読売新聞一九五四年三月一三日）。

その後も読売社説は日米原子力研究協力協定をめぐる論争などを経て、原子力基本法が制定されるまでのあいだ、「進歩的小児病者」（読売新聞一九五五年三月二四日）、「小児病的にゆがんだ所論」（読売新聞同年四月一八日）、「三原則と心中する感傷」（読売新聞同年一二月二三日）などという表現で、原子力開発に慎重な姿勢をみせる科学者たちの意見にきつい表現で釘を刺し続けたのである。

毎回のように説かれたのは、これ以上他国から遅れることは許されないという論理であった。敗戦後ＧＨＱの占領下で原子力研究を禁止されていた日本はただでさえ他の国から遅れた位置にいるのだから、「慎重」であることにばかりこだわり過ぎると、さらにより一層遅れをとることになってしまう。この場合単に西欧諸国から遅れるというだけではなく、アジアの中でも遅れをとることがより懸念されるべき問題として語られた。日本はアジアにおける原子力センターとならなければならない、インドや中国に先を越されるわけにはいかないという懸念が表明されたのであった。

慎重論者、武谷三男の秘密主義批判

慎重論には数多くの科学者が名を連ねたが、ここではもっとも慎重論の立場の理論武装に熱心だった武谷三男について取り上げておきたい。武谷は、一九一一年、福岡県大牟田市に生まれ、京都大学理学部物理学科を卒業した。早くから「素粒子論グループ」と呼ばれる人々のひとりとして活動し、物理学の主流となる素粒子論研究の発展に貢献した人物であった。ノーベル賞を受賞した湯川秀樹の中間子論を他の研究者とともに手助けする仕事にも関わっている。

武谷が異彩を放っているのは、単に物理学者として優れた研究成果をあげていることにとどまらず、人文・社会科学の深い教養を踏まえて言論人として幅広く活躍している点にあった。戦時中には反ファシズムの思想活動に関連して二度検挙されると同時に、理化学研究所の仁科研究室で通称「二号研究」といわれた原爆研究に携わった異色の経歴を持つことでも知られている。

この原爆研究に関わったことは、彼の戦後の活動を理解する上で無視できないものである。武谷自身の回顧するところによれば、研究費が得られやすい軍事研究の領域で原子核物理学を続けることができるだろうという、あくまでも打算的な想定のもとにこの仕事に携わっていたに過ぎないのだという（武谷 1968: 342）。そもそも日本で原爆などできるはずがないというのは、武谷も含めて専門家の間では当然の了解事項であり、それゆえ戦争の勝敗を左右するなどという大袈裟な気分に巻き込まれることもなかった（同：342）。しかも新型爆弾の研究なるものは、軍から睨まれずに好きな研究が自由にできるよい隠れ蓑になるというしたたかな計算が働いていたという（同：342）。実際のところ、武谷が原爆研究としてやっていたのは、日本の原爆の開発ではなく、アメリカが原爆をつくることができるかどうか、もしできるならそれがどれくらいの破壊力を持っていて、いつくらいの時期にできるかということを様々な計算から割り出していくという仕事であった（同：347）。そして、終戦間際の頃にはアメリカが原爆を完成させることをほぼ確信し、またそれを使用する可能性もあると考えるようになっていた。いわば武谷の予想は見事に的中したのであって、彼はそれを一面においては誇ってもよかったのであるが、同時に大きな罪悪感が彼の中に残ることにもなった。武谷は後に次のような証言を残している。

> そのときつくづく考えさせられたのは、どうも日本の誰一人もそういう事態の起る可能性を知らず、そのために広島、長崎の人が死んだというのなら諦めるより仕方がないのだが、たとえ少数の人でも、それを知っていて、しかもこういうことになってしまったのは、まったく諦められないということであった。そこで私は戦後、原子力や、原子爆弾についてのいろいろな紹介をできるだけやろう、そして一般の人にすこしでも原爆について知っていただきたいと、こう考えたわけです。（武谷 1974: 68）

こうした問題意識に衝き動かされるようにして、戦後の武谷は、米ソ両大国の核開発競争を果敢に批判する戦闘的な原水爆批判論者として、また同時に、原子力技術を大国の秘密主義から解放し、秘密のない開かれた原子力開発を推進していくことを主張する平和利用推進論者として名を馳せていった。言論人としての活動は誠に旺盛なものであり、鶴見俊輔らと『思想の科学』の創刊にも関わった。

この間に刊行された『戦争と科学』(一九五三年)、『みな殺し戦争としての現代戦』(一九五三年)、『死の灰』(一九五四年)、『科学者の心配』(一九五五年)、『原子戦争』(一九五七年)、『原水爆実験』(一九五七年)などの一連の著作は、現実の問題と生々しく切り結ぶ武谷の思考の躍動を鮮やかに伝えるものであり、思想書として第一級の輝きを持つものであると同時に、この時代の思想的課題がいかなるものであったかを理解する上でも極めて有益な価値をもつものといえる。

大規模な商業用原子力発電が本格的に始まっていく一九七〇年代に、いち早く原発の安全性問題を考えるための枠組みを構築したのも武谷であった。彼を中心とする原子力安全問題研究会によって執筆され、岩波書店から出版された『原子力発電』は、原発問題を考えるための基礎的な論点が網羅されたスタンダードテキストとして広く読まれてきた(武谷 1976)。高木仁三郎が長らく代表を務めた原子力資料情報室も、もともとは武谷を中心とした専門家たちが原子力問題に関する情報交換の場をつくることを意図して設立されたものである。二〇〇〇年に他界するまで武谷の精力的な執筆活動は止むことはなく、晩年においても科学技術の安全性の問題について自らの考えを世に問い続けた。

武谷の言論、思想においてもっとも重要なことは、原子力開発に宿命的につきまとう「秘密主義」を執拗に批判し続けたことであった[19]。核兵器の技術上の秘密を他国に教えるなど、国益を損ねる行為であり、政治的にみてあり得ないというのが、国際政治の現実主義の立場からみた常識であった。だが、武谷はこれを絶対に許容しなかった。核大国が、核技術の秘密をめぐってスパイ戦争に明け暮れ、疑心暗鬼に陥り、核を用いた「恫喝外交」

や核兵器の完成を未然に防ぐための「予防戦争」の論理に明け暮れていることを厳しく批判した。そして、研究開発のための「開かれた自由な討論」という研究者にとっての真っ当な常識が通用するような世界をつくるためにどうすればよいかという問題に取り組み続けたのである。

反対論の政治不信

中曽根が吐き捨てるように言及している日本学術会議の中心的グループ民主主義科学者協会（民科）の反対論の立場について取り上げておきたい。日本学術会議は一九四九年に設立され、戦後の日本の学術体制を構築していくための討論の場として重要な役割を果たした。敗戦後原子力の研究を占領軍によって禁止されていた日本で研究再開の機を待っていた科学者たちが占領末期頃から研究再開に向けて動き始めた際にも、学術会議の場で議論を繰り返したのである。この会議を通して、日本の学術研究は二度と戦争目的の研究に従事しないという宣言が打ち出された。

伏見康治の提案から始まる学術会議における討論のプロセスについては、既に多くの人が紹介し、議論してきたので省略する。ここでは中曽根が敵視していた民科の関係者の議論がどのようなものであったかを確認しておきたい。当時の学術会議の議論の経緯を詳細に記録している民主主義科学者協会物理部会監修の『日本の原子力問題』には、原子力の研究開発を始めることに対する反対論が数多く紹介されている。それらは今日の視点からみて決して分かりやすいものとはいえない。というのは、学者たちは原子力委員会を政府直属の組織にするということ自体に対して強い拒絶感を示していたからだ。戦時中の総動員体制のもとで国家に奉仕することを強いられた苦い記憶を生々しく覚えていた当時の科学者たちは、自分たちの研究を政府が統制するようになる、つまり学問の自由が侵されるという懸念を強く覚えたのである。

当時はアメリカ政府の要請を受けて日本でも保安隊（自衛隊の前身）創設をめぐるいわゆる再軍備論が注目を

集めていた。また同じ頃科学技術庁の設立に向けた動きも進んでいて、科学技術庁をつくる狙いのひとつは、実は再軍備政策にあり、軍事兵器のための研究機関をつくろうとしているのではないかと懸念されていたのである。そのため政府の直属機関として原子力委員会をつくるということは、みすみす再軍備政策に役立つ原子力の軍事利用研究へと研究者たちが動員されていく最初の一歩を、自分たちで歩み出すようなものだと受け取られたのである。

今日の感覚からすると陰謀論的感覚とでも呼びたくなるが、ここにみられるのは、戦争の記憶に裏打ちされた根深い政治不信である。ある学術会議会員は次のように述べている。

万が一にも、日本で原子力兵器を作るようなことがあってはならない。その下請的な仕事をするようなことになってもならない。そうならないことについて安心できるだろうか。この安心が得られない限りは、かつて明治初年に鉄道の敷設に反対した人々の轍を踏むことになるとしても、政府所管のもとに原子力委員会を組織することに、賛成できない。（民主主義科学者協会物理部会監修 1953: 11）

興味深いのは、自分の懸念が後からみると失笑の的になるような杞憂であるかもしれないとの思いを抱きながらも、まるで安心できない、楽観できない差し迫った状況にこの発言者が置かれていたことだ。では、この人物が安心を得られなかったのはなぜなのか？　反対論者の中に強く共有されていたのは、戦争に直面した場合に政治が極めて非情な手段を用いるということ、またその時に科学者があまりにも無力であるという極めて苦々しい経験的事実である。例えばある会員はアメリカのフランク委員会の例をあげている。

フランク委員会とは、原爆投下に先立って原爆の使用に反対した科学者たちの委員会のことである。[20]ドイツから亡命したユダヤ人科学者でノーベル賞受賞者のジェームズ・フランクが委員長を務めたことからフランク委員会と呼ばれている。もともと原爆を製造するマンハッタン計画は、レオ・シラードをはじめとする亡命ユダヤ人科学者たちが、ナチス・ドイツの手によっていち早く原爆の開発が行われることを恐れ、先手をうって原爆をつくるべきだと政治家に働きかけるところから出発したものだが、ドイツの敗北が濃厚になり始めた一九四四年春以降、彼らの間で原爆を使用する切迫した動機はどんどん小さくなっていたのである。

そして一九四五年の六月、フランク委員会は報告書を発表し、どこか無人の場所で原爆の威力を示すデモンストレーションを実施し、日本を威嚇することに成功すれば目的は達成されるのだから、日本人に向けて直接原爆による攻撃を行う必要はないと主張した。もし新兵器で大勢の民間人を殺すようなことになれば、戦後アメリカのイメージは極めて悪化し、原爆の国際管理を行う取り組みを極めて困難なものにしてしまうであろうと警告したのである。しかし、この報告は無視され、原爆は投下された。

戦争という非常時において、政治が非情な決断を下そうとするとき、科学者がいかに無力な存在でしかないかということがこの例から窺える。そして一九五二年とは、まさに目と鼻の先の朝鮮半島で朝鮮戦争が行われているさなかであった。一九五〇年に始まり、一九五三年に休戦調停が結ばれた朝鮮戦争においては、劣勢になった米軍（国連軍）が態勢を立て直そうとして原爆の使用を検討し、それが広く世に伝えられた。先に取り上げたトルーマン発言がそれである。

米ソが正面衝突した場合、朝鮮半島と至近距離にある日本がアメリカの核戦略の一環として何らかの形で巻き込まれるかもしれないという不安は、決して荒唐無稽なものではなかったのである。だからこそ、科学者は政治に対して警戒心を怠るべきではないし、原子力の研究開発のイニシアティブを政治の側に委ねるような真似は断じてすべきではないと考えられたのである。

第5節　原子力報道と政策の正当性

「原子力」という時代の最先端技術に通じることは、科学者や政治家のみならず、新聞記者にとっても少なからぬ象徴的報酬をもたらした。ここでは、新聞社が原子力報道に熱心に取り組んでいった経緯を簡単に振り返りながら、原子力の平和利用と軍事利用の間の線引きに当時の新聞メディアが積極的に関わっていた点に注目してみたい。

田中慎次郎の「蘭学事始」

日本の新聞記者で敗戦後いち早く原子力というテーマに注目して研究を進めた人物のひとりに朝日新聞の田中慎次郎がいる。田中が戦後の三〇年間に書いた様々な文章を収録した著書『はしくれ帖』は、日本の原子力報道の始まりを知るための貴重な一冊である。それによると、一九〇〇年生まれの田中は一九二六年に朝日新聞に入社し、戦時中一度社を離れたが、終戦の年に再入社して一九四六年一月に論説副主幹になった（田中 1980: 79）。前年の一〇月に国連の活動が開始されており、中でも原子力の国際管理をめぐる審議は重要課題として注目を集めていた。新聞としても原子力の問題を取り上げないわけにはいかない。田中も早々に原子力に関する社説を二本書いた。しかし本人曰く知識があって書いたわけではなく、誰かが書かなければいけないから書いたに過ぎない。そして田中は書きながら「これではいけない」と危機感を感じ、社の幹部に「勉強する機会を与えてほしい」と頼み、社内の調査研究室に自ら志願して原子力の勉強に着手したのである（同：80）。

原子力国際管理問題について理解を深めるためには、そもそも原子力についての科学的、技術的基礎知識の習得が必要だと考えた田中は「スマイス報告」の翻訳を手がけた。スマイス報告とはアメリカ政府が原爆製造の過程について公に発表した報告書 Atomic Energy for Military Purposes のことで、マンハッタン計画に関わったプリンストン大学のヘンリー・スマイスがまとめたことからそのように呼ばれている。

敗戦後間もない頃であり、海外の資料を入手することは決して簡単なことではなかったが、田中は付き合いのあった物理学者の武谷三男から資料を借りることができた（同：426）。当時武谷の家と田中の家は軽い散歩にちょうどいいほどの距離であったとのことで、田中は武谷の家を幾度となく訪ねて雑談する仲であったという（同：422）。先に触れたように、武谷は開かれた環境で秘密主義を排して研究者たちが相互に協力して研究することが大切であるという信念の持ち主であった。だから貴重な資料も「共同の資産」という考え方で、積極的にこころよく貸してくれたのだという（同：426）。

武谷から借り受けたその資料は *Review of Modern Physics* という学術誌に転載されたものを写真で撮影してプリントしたものだった（同：421）。コピー機もない時代だったので、田中は新聞社の写真部に依頼してその写真をさらにもう一度一枚一枚写真に撮ってもらった（同：422）。

この翻訳は、朝日新聞の社内報告書としてまとめられた（同：426）。翻訳の手続きを一切行っていなかったため社外には一切発表されなかった。当時原爆製造に関する知識は極秘中の極秘でアメリカ政府が異様な神経を使って秘密の漏洩を恐れていたことは確かだが、当のアメリカ政府が公にしてよい情報とそうでない情報を弁別した上で作成した公式報告書である以上、その翻訳を行うことは何ら後ろめたいことではなかった。だが、田中は占領軍にどんな因縁をつけられるか分かったものではないという警戒心を持っていたため、他の誰にも迷惑のかからないよう翻訳に際しては武谷をはじめ知人の研究者などに助言を求めるようなことは一切しなかったという[21]。

こうした特殊な事情も手伝って、田中は専門家の助言もないまま翻訳に打ち込むことになったが、それはまるで「蘭学事始」のようであったという（岸田 1990: 218）。これは田中の後輩記者である同じ朝日新聞記者の岸田純之助が田中本人の述懐するのを聞いたものである。専門性が高く当時まだほとんど原子力の技術のことは世の中に知られていなかったので辞書をひいても適当な訳語を見つけることができないことも多々あった。岸田は、敗戦直後の食うや食わずの時代に日曜も返上してひとりコツコツと翻訳作業を行った田中の姿を思い浮かべながら田中の勉強熱心さに敬意を表している（同：218）。

下町の正義感

学究肌の田中が原子力についての研究をひとり積み重ねながら、専門家の知識に少しでも近づこうと努力していたのに対し、先に積極論の立場として紹介した読売新聞は全く異なるアプローチを取った。読売新聞の社会部は、専門家の知識を読者大衆の目線に引き下げようとした。いわば原子力問題そのものを大衆化するアプローチを取ったのである。

ビキニ事件のスクープが生まれた当時、読売新聞社会部は、総勢およそ八〇名はいたといわれ、その社内における勢力の大きさから「社会部帝国」の異名をとった。この大軍団を率いていたのが、社会部長の原四郎であった。社会部が原子力問題に切り込んでいくということ自体が、そもそも人を驚かせるものであった。一九五四年の段階において既に原子力に関連した報道は盛んに行われていたが、それは主として科学、政治、国際という分野の仕事で、事件報道を中心とする社会部にはほとんど関係のないはずの問題であった。しかし、原は社会面という土俵に敢えて原子力というテーマを持ち込もうとしたのである。

それは、社会部長としての原の明確な方針によるものでもあった。[22] もともと読売新聞は、庶民的な読み物を売りにする小新聞として出発したこともあり、社会面に力を入れる伝統があった。読売の経営上の成功をめぐっては、前述したような正力松太郎の経営者としてのカリスマ性や、販売の神様といわれた務台光雄の手腕が語られることが多い。しかし紙面に関していうならば、原が社会部長時代に打ち出した新しい方針と斬新な企画もまた読売の躍進を大いに盛り立てたのである。

例えば、前述の「ついに太陽をとらえた」の企画がどのように立ち上がったのかについては、当事者の間で説明の食い違いがみられるが、もっとも信頼性の高いものと思われる原の証言によると、辻本芳雄の提案によって立ち上がった企画であった[23]。辻本は知る人ぞ知る辣腕記者、名文家であり、デスクになるために生まれてきたような人間といわれた。活気溢れる「社会部帝国」の全盛時代を牽引した中心的人物であった。

辻本は一九一九年に大阪で生まれた。父親を早くに亡くし、尋常高等小学校を卒業して一四歳で読売新聞大阪支社の事務の手伝いをする「こどもさん」の仕事についた（河谷 2012: 164）。向学心に溢れる辻本少年は仕事の合間も岩波文庫を手放さず、寝る間も惜しんで本を読んだという（有須 2015: 1268）。やがて辻本少年は支社長の目にとまり、記者に抜擢された。戦時中はマニラ支局に従軍記者として赴任し、過酷な南方戦線で命がけの取材にあたり、同僚と死に別れる経験をしながらも帰国した。

戦後復帰してすぐに戦災孤児の悲劇をテーマに書いた記事が注目を集め、東京本社社会部から引き抜かれる。この時彼を引き抜いたのが原であった（内川・春原 1989）。原に実力を認められた辻本は一九五〇年、若干三〇歳の若さで社会部次長に抜擢された（河谷 2012: 164）。実力本位の原の方針が見事に反映された大胆な人事であった。辻本は原の大抜擢に大きな成果をもって応えたといえる。元読売の記者で『読売・梁山泊の記者たち』の著者である三田和夫によると、原部長時代にヒットした連載企画記事のほとんど全てが辻本のデスク作品であったとのことだ。辻本はその後社会部長時代に自ら企画し、通算二七九五回という異例の長期連載の半分近くを自ら執筆したといわれる「昭和史の天皇」で菊池寛賞を受賞している。こうした経歴から窺える企画力の高さ、名文家としての確かな腕については、本田靖春や黒田清など辻本の薫陶を受けた「辻本学校」出身の辣腕記者たちの証言によっても確認できる（有須 2015; 本田 2013）。

原の率いた社会部が原子力報道において大きな存在感を発揮したことの背景には、当時の読売新聞の社風が時代の雰囲気と上手く噛み合っていたことも無視できない。下町の庶民層に受け入れられることで部数を拡大していった読売の庶民性が、「過渡期」のまだ貧しい日本の社会意識をリアルに言語化し、共感を獲得していく上で強みとなったと考えられるのである。第一回菊池寛賞を受賞した「暴力追放キャンペーン」からビキニ事件のスクープに至るまで、全盛期の読売社会部帝国時代を支えたのは、他でもない読者庶民層に支持された「下町の正義感」であった。

この「下町の正義感」という卓抜な表現は、「過渡期」の時代の読売社会部をひとつの可能性に満ちた時代であったと愛してやまなかった本田靖春によるものだ（本田 2000: 35-8）。本田は一九五五年に読売新聞に入社し、社会部帝国時代に社会部記者として活動した。その後退社してノンフィクション作家として有名になった後も、自らのアイデンティティが「社会部記者」であることを強調するほどかつての読売社会部に深い思い入れを持っていた（本田 2013: 115）。そして、本田が懐かしむ読売社会部の古き良き時代とは、読売だけではなく、本田が日本社会そのものに対して可能性を感じることができた時代でもあった。本田の仕事について行われた吉見俊哉と佐野眞一の対談において、吉見は次のように興味深い見解を示している。

1945年から50年代半ばぐらいまでというのは、必ずしも戦時の総力戦体制時代の歴史にも、60年代以降の高度成長にも、どちらにも簡単に帰属させられてしまうものではなかった。そこに本田さんは戦後の可能性を見ていますよね。植民地支配、帝国主義に繋がっていく部分と、それらが崩れた時に空が開けたというか、美空ひばりにしても花形敬にしても金嬉老にしても、そのぽっかり開いた空の下に見えてきたものにこだわった。（佐野・吉見 2010: 5）

この発言を受けて、佐野は「あの時代の一瞬の青空感」を見事にすくい取ったのが本田の仕事であったと応じている。対談における自由で直感的な表現であるとはいえ、ここで指摘されていることはこの「過渡期」特有の自由と可能性に満ちた雰囲気を上手く捉えている。こうした「過渡期」についての考察と重ね合わせることで、読売の原子力報道に対して新しい光をあてることができるだろう。

政策化のプロセスにおける正当性の線引き

原子力政策の胎動期における重要な特徴は、「原子力とは何か」という点について曖昧で不透明な部分が多く、原子力の意味がまだまだ流動的であったということだ。なかでも重要な問題は、希望のシンボルとみなされていた原子力の「平和利用」という概念そのものが、曖昧であったということだ。抽象的な「平和利用」の理念を具体的な政策に落とし込もうとした時に、直ちに直面せざるを得なかったのが、どこからどこまでが平和利用で、どこからが軍事利用なのか、その境目がどこにあるのかという問題であった。

この正当性の境界問題の重要性を知る上で注目しておきたいのは、「原子力基本法」（一九五五年）の制定に中心的に関わった中曽根康弘（日本民主党・当時）による次の証言である。

> 基本法をつくるとき問題になったのは、どこまでが平和利用であるかということでした。言い換えれば軍事利用とは何かということで、それで、たとえば原子力が普遍化して輸送船に一般的に使われるようになった場合は軍事用の潜水艦に使ってもいいという解釈を残しておいたわけです。（中曽根 1996: 171）(24)

軍事利用と平和利用の境目がどこにあるのかというテーマがことさら深刻な問題になった背景には、当然ながら日本の特殊な政治的事情があった。例えばもし核兵器を持つことが正当な安全保障政策であるという社会的合意ができあがっている国であるならば、軍事利用と平和利用がともに正当な政策として認知されることになるので、両者の境界について神経質に議論する理由はあまりないだろう。しかし軍事利用を絶対悪とみなしながら、平和利用に積極的に邁進しようとする国であれば、正当な政策は「平和利用」の範囲に厳しく限定されることになるので、どこからどこまでが「平和利用」なのかという問題が特別な重みを持つことになるのである。この意味において戦後の日本社会は軍事利用と平和利用の境目がどこにあるべきなのかがもっとも深刻に問われた場所であったということができる。

政治的状況の不透明さや曖昧さは、多くの情報と資源を持つ人間にとってはかえって好都合な場合がある。右の中曽根の証言にみられるように、彼は後に原子力潜水艦を保有できるような解釈の余地を残しつつ、原子力基本法を作成した。自らの立法化の能力を用いて、原子力の「平和利用」という影響力の大きな政治的シンボルの意味を操作し、自らの制御下に置こうとしたわけだ。政治家がシンボルを掌握しようとするひとつの有力な方法をここに確認できるであろう。

ここで、軍事利用と平和利用の境目がどこにあると考えられていたのか、当時の全体的な状況を整理しておくことにしよう。図6‐4は、一九五〇年代の原子力政策論争を、軍事利用と平和利用の境目がどこにあるかという観点から整理したものである。先に取り上げた積極論、慎重論、反対論が異なる場所に線引きをしていることが分かるであろう。

日本学術会議の席上で大きな力を持った科学者たちの反対論は、紙と鉛筆だけでできる理論研究までが承認可能であるという立場だった。大規模な国家予算を使って大掛かりな研究を始めた途端に研究の自由を奪われてしまう恐れが生じるので、実験装置を使った研究自体に反対したのである。

慎重論は、原子力の研究開発を積極的に進めていくべきであると考えたが、あくまでも他国に技術的、資金的に依存しないで、自主的に、地道に研究を進めていくべきだと主張した。技術的、資金的にアメリカのような大

憲法解釈による「自衛のための核兵器」岸発言

------------------------ 鳩山発言

在日米軍基地への核配備

---------------------------- 積極論

アメリカの濃縮ウラン供給

-------------------------- 慎重論

原子力研究　原子力発電

---------------------- 反対論

原子核研究

図 6-4　正当な原子力政策の境界

国に依存する形で研究を進めていくと、アメリカの核戦略に巻き込まれてしまうと恐れたのである。だからこそ、アメリカが濃縮ウランを提供すると提案してきた時に、日本の研究者たちの主体性が奪われ、アメリカの核戦略の下請け工場化することを警戒して、これに反対したのである。

積極論においては、原子力発電の研究開発を積極的に進めるべきだという共通見解が存在したが、軍事利用の政策領域をどこまで許容するかという点については一定の幅がみられた。中曽根が原子力潜水艦の保有を見越して「平和利用」の範囲をできるだけ広く取ろうとしたのと同じように、鳩山首相は在日米軍基地への核配備を容認しようと試み、岸首相は自衛の範囲に収まる場合は核兵器の保有を憲法が禁じないなどと発言した。自民党の中でも保守的な政治家たちは、安全保障政策を進めるための許容可能な選択肢の幅をできるだけ大きく残しておこうとしたのである。

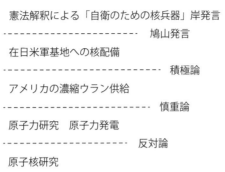

シンボル操作と報道

一九五〇年代においては、こうした政治家たちのシンボル操作の試みに対して、野党や報道機関が厳しく目を光らせていた。日本の核武装や在日米軍基地への核配備を容認するような発言、また米原潜が寄港すること、そして米英ソなど核保有国の核実験への対応などが線引きの事例として問題化してきた。

ここでは、先に取り上げた読売新聞が報道機関としてどのような形で許容可能な政策領域の線引きを行っていたかに注目してみたい。この頃の読売の原子力報道は、軍事利用に対して厳しい監視の眼を光らせており、この問題についても例外ではない。

まず在日米軍基地への核配備を認めるか否かという問題が早くも一九五五年三月に浮上してくる。これは太田昌克によるとアイゼンハワー政権の「大量報復戦略」に伴って、西側同盟国に核兵器を配備していく世界的な戦略が動き始めたことで浮上してきたものであった（太田 2011: 48）。当時は西ドイツへの核配備が実行に移され、国防総省は当然のように極東地域への核配備も望んだのであった（同: 48）。この米側の意向を汲むようにして鳩山首相は「原爆貯蔵」を容認する発言を行った。一九五五年の三月一四日付の読売新聞夕刊は、外国人記者団と会見を行った鳩山首相が「原爆貯蔵容認せん」と語ったことを大見出しに掲げ、首相が次のように語ったことを紹介している。

アメリカが日本に原子爆弾を貯蔵するという問題があるが現在は力による平和の維持ということが必要な状況であるから認めざるをえないと思う。

二日後の三月一六日付の社説紙面で読売新聞はこれに対して次のように釘を刺した。曰く、極東において台湾情勢が緊迫化する状況において、ダレス長官は中国が台湾を攻撃するようなことがあれば全面的な報復を実行し、その際「新精密兵器」を導入することを明言した。おそらくは最新の核兵器を想定した発言であり、もし本当にアメリカが中国に核兵器を使用するようなことがあれば、ソ連も報復に出るであろう。そうなったとき、七〇ヶ所以上の米軍基地を抱える日本が戦争圏外に立てることなどあり得ない。日本が原爆基地化している場合、真っ先に核攻撃の対象となることが予想される。現在の核戦争は人類の存亡そのものが問われる水準に達しており、もはや勝者も敗者も存在しない戦争となってしまう。普通の飛行場でも貸すような軽い気持ちで原爆基地を

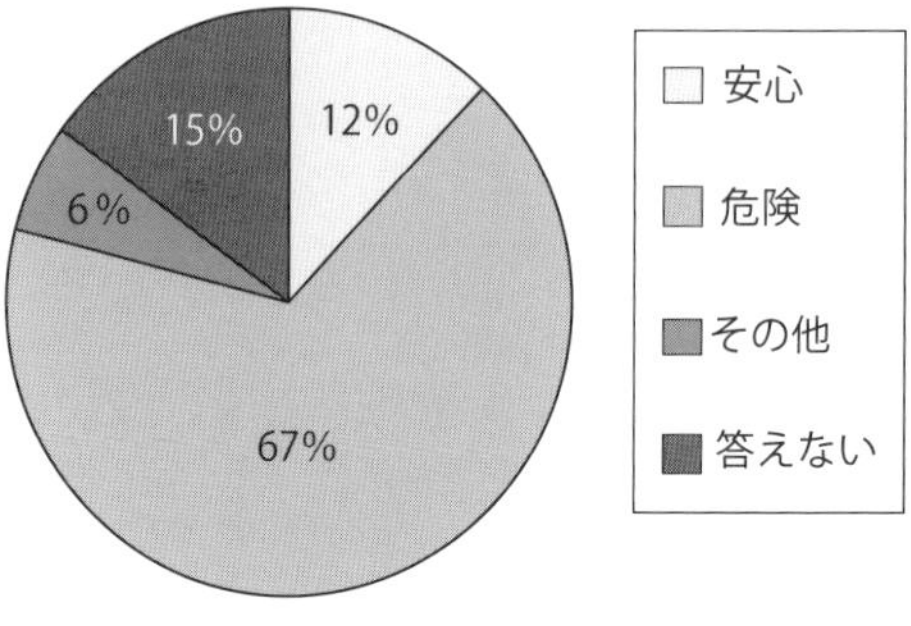

図 6-5　米軍の核戦力は「安心」か「危険」か

提供するのは大きな誤りである。

結局、この時アメリカ・国防総省は核配備を断念せざるを得なかった。駐日大使のジョン・アリソンの強い進言もあって、国務省が核配備計画に冷淡な対応を取ったため、結局、核兵器の中核部分である「核コンポーネント」と「非核コンポーネント」のうち、「非核コンポーネント」の部分だけを持ち込むことになった（同：49）。太田はこれを「幻の核配備構想」と呼んでその断念の経緯を明らかにしているが、これによると第五福竜丸事件後に国民規模で増幅した日本社会の反核感情をみて諦めざるを得なかったのだという（同：49）。

記事に表れている強い批判のトーンからは、当時在日米軍の核戦力が、日本を守る「抑止力」などではなく、日本を核戦争に巻き込むリスクとみなされていたことがよく分かる。このような認識が六〇年代後半にも根強く残っていたことを示す世論調査がいくつか存在する。ここでは一九六九年一月に朝日新聞が公表した調査結果を取り上げておこう。質問文「『原水爆などの核兵器をたくさん持っているアメリカが日本を守っているから安心だ』という意見があります。一方『アメリカの核のカサに入ることは核戦争に巻き込まれる恐れもあってかえって危険だ』という意見があります。あなたは、どちらの意見に賛成ですか」に対して、「安心」と回答した人が一二％、「危険」と回答した人が六七％であった。七割近い人間がアメリカの核戦力を「危険」視していた点は注目に値する。原子力を論ずる者の間に立場を超えて戦争に「巻き込まれる恐怖」が共有されていたことは、この時期の日本人の核意識を大きく特徴付ける点であり、極めて重要である。

憲法と核兵器

憲法は核保有を禁じていないという考え方が初めて示されたのも同じ時期であった。鳩山発言より一週間ほど前に記者会見で大村防衛庁長官は「鳩山内閣は吉田内閣と違って必要なものはどんどん持つ、自衛のためなら憲法改正の必要はない、原爆攻撃には原爆で応戦できるわけだ」（読売新聞一九五五年三月八日）と発言した。

さらにその後岸政権に移行してからの国会論戦においても岸首相が同様のことを述べている。一九五七年五月七日、参院内閣委員会の答弁において岸首相は、憲法解釈論として、核兵器という名のつくもの一切が憲法違反だというのは「言い過ぎ」だと指摘し、将来科学兵器の発達に伴い、自衛力の範囲なら原子力を用いた兵器でも持てるという主旨の発言を行った[25]。

読売新聞の社説記事は、核兵器を持たず、原子力部隊の駐留も許さないという実際の政策上の変化が無いにもかかわらず、得意げな法律書生のように憲法解釈を持ち出して内外に大きな政策変更があったかのような印象をもたせるのは外交上の政治感覚を欠いたものだと批判している（一九五七年五月一四日）。被爆国である日本が核について発言する場合、その影響力は決して小さくないのだから、もっと注意深く行動しろと苦言を呈したのである。

社説は岸の発言を外交上の政治感覚を欠いたものだと強く批判しているが、シンボルの掌握という点からみると、大変興味深い面がある。岸の発言をもう少し詳しくみてみよう。彼は次のように述べていたのである。

今日私の一番心配することは核兵器というこの言葉だけから言うと、どの辺まで核兵器といわれるのか、どういうものがいわれるのかということが明確に概念的にきめ得ないのじゃないか。そこでいろいろなものが出てくる場合において、いわゆるそれが学問上もしくは技術上核兵器と名がつくのだということで、これがすべて憲法違反になるという解釈をすることは、憲法の解釈としては行き過ぎじゃないか。[26]（傍点は筆者）

この引用からも窺えるように、岸がこの発言を行ったやり取りのなかで終始気にかけているのが、「核兵器」という言語シンボルの政治的威力であった。「被爆の記憶」が強く共有されている日本社会においては、「核兵器」という言葉が「絶対悪」という評価に直結しているため、「核兵器」という言葉を用いた瞬間に政治家たちが望む「抑止力」の政策論に持ち込むことは非常に困難になる。

ところが技術の進歩は日々目覚しい。いま「核兵器」と考えられているものと全く異質な最新兵器が登場ししかもそれが広島、長崎的な大量破壊兵器ではなく、もっとコンパクトで局地戦で限定使用できるような性質のもので、それが安全保障環境を激変させる時、ただ名前が「核兵器」というだけで何の対応も取れなくなるのは政治的にまずいのではないかというのが岸の懸念であった。

しかし「被爆の記憶」が大きな力を持つ社会において、核兵器を憲法によって正当化しようという論理は相当に激しい違和感を生み出さずにはいられない。そもそも岸の核保有合憲論は原子力基本法の存在を無視するものであった。原子力は平和目的に限定すると明確に宣言したこの基本法を廃案にするか修正しない限り、日本で核保有を合法とすることはできない。だからこそ、野党議員からこの点を指摘され追及された岸は、憲法解釈論と原子力基本法の運用は区別すべきだと反論しながらも、政策として核を保有することは無いことを強調したのだと考えられる。[27]

第6節　シンボルの意味の流動性

これまで、原子力がシンボル化されていく局面を分析、考察してきたが、これがどのように受容されていったかという点についての検討が残されている。原子力の「平和利用」が具体的に政策化され、さらに原子力施設として特定の地域に受容されていくプロセスを考察することは、ジョージ・ハーバート・ミードの考え方にならっていえば、シンボルが人々によってどのように取り込まれるのかを考えることに他ならない（Mead 1934＝1973）。[28]ミードのシンボル論を政治シンボルの研究に大胆に取り込んでいったのは異色の政治学者マーレー・エーデルマンであったが、[29]ミード流の着眼点は、シンボルとしての原子力が地域社会にどのように受容されていったのかを分析する上で極めて有益である。

シンボルの取り込みについて考える上で非常に重要なことは、本章が原子力政策の「胎動期」に焦点を当てているということである。原子力政策が動き始めたばかりの「胎動期」には、シンボルの意味が未だ一般化、固定化されていないという特徴がみられた。つまりシンボルの意味が不透明で、曖昧であるがゆえに、流動的であるという点に重要な特徴があるのだ。前節で取り上げた軍事利用と平和利用の境目の曖昧さの問題は、まさにこの特徴をよく示すものであるが、それればかりではなく、「平和利用」という「希望のシンボル」そのものの意味にしても、極めて脆弱なものでしかなかったのである。

この点は従来の研究ではあまりはっきりと認識されてこなかった。というのも、従来の研究における標準的な捉え方は、原子力政策の胎動期は、「バラ色の時代」「夢の時代」であったという評価が共有されてきたからである。しかしこれは胎動期の顕著な一面を捉えているものの、もっとも重要な本質的側面を捉え損ねた解釈といわざるを得ない。

朝日新聞の科学部長を務めた経験を持つ柴田鉄治と友清裕昭は、原発に対する数多くの世論調査を検討した上で、国民の原発世論の変遷を整理し「バラ色の時代」と呼んだ（柴田・友清 1999）。原子力関連の大規模な世論調査は、総理府が一九六八年と六九年に行ったものがもっとも古く、それ以前の時期についてはまとまったデータがほとんど存在しない。それでも柴田が一九五〇年代を「バラ色の時代」として位置付けているのは、一九五〇年代から六〇年代にかけて、いくつものエピソードが状況証拠として存在しているからだ。柴田らは、当時の新聞が平和利用を積極的に称揚していたことを紹介した上で、次のように述べている。

原子力に関する国民世論がバラ色一色だったことを示す事実は、新聞報道、新聞論調だけではない。例えば、原子力研究所をどこにつくるか、という問題にしても、各地で誘致運動が展開されたのである。横須賀・武山、水戸、高崎、川越、群馬・岩鼻などの候補地が挙がり、最初は武山が有力だったが、最終的には茨城県東海村に落ち着いた。もちろん、村をあげての歓迎だったことはいうまでもない。

その日本原子力研究所にアメリカから「湯沸かし型」と呼ばれる、出力わずか50キロワットの小さな実験炉が輸入され、その第一号炉が「臨界」に達した時、地元では小学生の旗行列が行われ、花火が打ち上げられた。「原子炉完成記念式典」では、常磐線東海駅から原研まで二キロにわたってしめ縄が張られたというからすごい。全国から見学者が殺到し、おみやげ用に「原子力まんじゅう」まで売り出されたのである。水戸市に見学者用の「原子力館」も建設された。

……大学も、58年に京大に原子核工学科が、60年に東大に原子力工学科が新設され、実験用原子炉が、近畿大、立教大、武蔵工大、京大などで、先を争うかのように相次いで建設されたのである。

国民世論は推進一色で反対もなく、世間は大変な原子力ブーム、という状況は、50年代から60年代いっぱいはつづく。原子力船「むつ」の推進式に皇太子妃の美智子さんが出席してシャンパンを割ったのが69年9月、大阪・万国博の開会式に日本原子力発電敦賀原子力発電所から送電したのが70年3月である。そのころまでは、原子力はバラ色だったといっても過言ではないだろう。（同：15-6）

原子力政策の胎動期についての以上のような説明、認識は改められる必要がある。まず、この時期、推進一色で反対がなかったと書いているところは、事実に反する。商業用原子力発電所に対する反対運動は既に芦浜で一九六〇年代から本格的に始まっていたし、一九五〇年代の時点においても、大都市近郊では原子力関連施設の誘致に対する反対運動が発生していた。

考えるべき問題は、これら初期の反対運動をどのように評価すべきかということである。原子力政策の胎動期である一九五〇年代、六〇年代の原子力施設の誘致反対運動は、一九七〇年代以降に大規模に発展していく公害反対運動や反原子力運動などと比べて規模が小さく、例外的な反応のように評価することも可能である。つまり実質的に無視してもよいという考え方だ。逆に、原子力関連施設の熱心な誘致運動は、胎動期に特有の現象であり、一九七〇年代以降にはみられなくなっていく。そのため、イレギュラーで小規模な反対運動は無視して切り落とし、この時期に特有の熱心な誘致運動や原子力平和利用への夢物語が盛んに語られたという点をもって、一九五〇年代、六〇年代を「バラ色の時代」と定義する考え方にもそれなりに合理的な理由があるといえる。

しかし、こうした捉え方では、なぜ七〇年代に入って急速に反対運動が台頭してくることになるのかが上手く説明できない。柴田らが言及している原子力船「むつ」についていえば、推進式を行って皇太子妃がシャンパンを割った数年後には、放射線漏れ事故によって日本中を揺るがすような大きな騒動を引き起こすことになるのである。もちろん、原発肯定派が主張したように、原子力船「むつ」から漏れた放射線のレベルは極めて軽微なも

表 6-4　原子力発電所の建設計画浮上時期と立地紛争

計画浮上時期	断念ないし未着工	建設中	運転中
1960 年以前			東海
1961～65 年	芦浜	もんじゅ	敦賀、美浜、福島、川内、能登（志賀）、東通
1966～70 年	日高、浪江、小高、田万川、巻、古座、那智勝浦		高浜、玄海、浜岡、島根、伊方、大飯、女川、ふげん、泊、柏崎刈羽
1971～75 年	熊野、浜坂、田老、久美浜、珠洲		
1976～80 年	阿南、日置川、豊北、窪川	大間	
1981 年以降	上関、萩、青谷、串間		

出典：原子力資料情報室編（2010: 59）より

のに過ぎず、過剰反応であったといえるかもしれない。

　だが、この反応は当然のことながら、七〇年代に入って急に人々が態度を変えることで生じたわけではない。「むつ」が実用段階に入って、些細なものとはいえ、放射線のトラブルが現実に起きたことで、人々の中にもともとあった放射線に対する恐怖が具体的な形をとって現れたと考えるのが自然であろう。原子力平和利用博覧会でつくりあげた「バラ色」の未来への人々の期待というものは、微量の放射線によって消し飛んでしまうほど脆弱なものに過ぎなかったという点にこそ目を向けなければいけない。問われるべきは、胎動期におけるシンボルとしての原子力に付与されていた意味の流動性、あるいはそれゆえの脆弱性なのである。

　原子力政策の胎動期におけるもっとも重要な特徴は、原子力関連施設に対する誘致運動と反対運動が同時に発生している点にある。この点にこそ目を向ける必要がある。表6-4は、全国各地の原子力発電に関する立地紛争の歴史的経緯を簡略にまとめたものである（便宜上、福島原発事故が起きる前年の二〇一〇年までのデータを用いている）。ここでは原子力発電所の建設計画が公に知られるようになる「計画浮上時期」に注目しながら、全国各地の原発建設計画がどうなったかが記載されている。表の右下にぽっかりと空白ができていることにすぐに気づくであろう。これは、一九七一年以降に計画が浮上した原発建設計画は、ことごとく現地住民の強力な抵抗に直面して建設を断念しているか、計画の中断を余儀なくされていることが示されている。

この空白からはいくつかの重要な含意を読み取ることができるが、ここでは一点のみ強調しておきたい。この空白は、原子力発電所の意味が、施設を受け入れる地域社会の人間の視点からみる場合、「迷惑施設」として一般化されたことを物語っている。誰も好んで受け入れたくはない、多額の「迷惑料」と抱き合わせで何とか我慢してもらう施設としての評価が定着したということである。政策の胎動期において誘致運動と反対運動の両方が発生していた状況が終焉し、反対運動しか起きなくなっていったのである。

このことを制度的に裏付けるのが、一九七四年に制定された「電源三法」であろう。原発立地地域に多額の交付金を「迷惑料」として流し込んでいくこの仕組みによって、原子力政策はかろうじて持続可能なものとなった。逆にいうと、多額の交付金を政府が支払う仕組みがあるにもかかわらず、どの地域においても原発の新設が地元住民の反対によって不可能になったことをこの空白は物語っているのである。

したがって、胎動期のもっとも重要な特徴は、原発に対する人々の態度が一般化されていなかった点に見出す必要がある。人によって、地域によって反応にばらつきがあったことにこそ注目しなければならない。それも無理からぬことで、原子力とは何かということをそもそも人はまだあまりよく知らない。それがどんなものなのか、いつ頃できるのかもよく分からない。色々な論争があったにしても、論争を理解する上での実証データそのものがほとんど無い。議論が盛んに行われてもそのほとんどが見込みや推測や願望を語るものでしかない。こうした状況のもとでは、人々は原子力の「平和利用」政策が始まるといわれても、それが一体何なのかをすぐに見極めることができないし、色々なことが徐々にはっきりしていくプロセスの中で態度を変えていくことも自然なことであった。そうしたばらつきや態度変更が収束し、ひとつの一般化された態度が出現するプロセスをこの表からは読み取ることができるのである。

胎動期において、未知のテクノロジーを前に、人々の態度変更がどのように生じていたのかを具体的に見ていくことは、重要な研究課題である。最初原子力政策に賛成していた人がその後反対の立場に変わったり、逆に反対の立場にいた人が賛成の立場に変わったりする態度変更が広くみられたことも、この時期に特有の興味深い特徴であった。

興味深い態度変更の事例は、核兵器についても同様である。既に紹介した山本昭宏の議論が示すように、占領期においては戦争を終わらせた原爆を「平和の礎」とみるような考え方も存在していたのである（山本 2012, 2015）。軍事利用と平和利用を切り分けて、それらを善と悪に区別するというはっきりした考え方は、最初からあったわけではなかった。一九四〇年代、五〇年代に散見される原爆や原発に対する態度変容を、言論の一貫性のなさのように捉えることは筋違いである。それはシンボルの意味の一般化のプロセスにおいて必然的に生じる現象として捉え直していく必要があるだろう。

第7節　天皇と原子力の象徴性

本章においては、戦後の日本社会において原子力のシンボル化のプロセスを分析していくために「希望のシンボル」、「体制転換期のシンボル構築」、「シンボルの掌握」、「原子力報道と政策の正当性」をそれぞれ有益な論点として抽出してきた。だが、今回達成できたのはあくまでも、シンボル化のプロセスを論じていくにあたって基本的な論点を析出するところまでであり、「転換」のシンボル化について詳細に論じ尽くしたとはまだいえない。

本章ではまず、シンボルとしての原子力に対して、様々な「希望」の形が思い描かれていたことに触れた。これはシンボル論の基本的論点といってよいが、この事例固有の興味深い論点は、体制転換の「過渡期」、政策の「胎動期」としての性質をシンボル論の観点からどの程度緻密に把握できるかという点にあるだろう。

体制転換の「過渡期」特有の問題として、機微な政治的資源をどう扱うかという問題が存在したことを明らかにした。本章では手短に言及するだけに終わったが、天皇制の権威については今後も十分な検討を加えていく必要があるだろう。戦後、天皇制を存続させ、昭和天皇が退位さえしないことに対しては、かつての被侵略地域を中心に厳しい批判が生じた。GHQは、天皇の権威が軍国主義者たちに利用されることは二度とあり得ないことを国際社会に示す必要があった。つまり天皇の権威を戦後も引き続き利用していくために、日本が「平和国家」としての形をはっきりと打ち出す必要があったのだ。こうした点を踏まえるにつけ、戦前から戦後にかけての体制転換のプロセスにおいて、政治シンボルとしての天皇の位置付けの変化（あるいは変化のなさ）が、政治シンボル体系の「転換」全体にどのような影響を及ぼしたのかをより詳細に把握していくことが必要と思われる。シンボルとしての「原子力」が担った役割の全体像は、体制転換の回転軸となった「天皇」の象徴性についての考察を通して明らかになるものと思われる。

政策の「胎動期」について、本章においては「原子力」の意味が流動的であった点に注目した。同様にこの時期の特性について考えることは、政治過程において中心的な役割を担う政治的アクターが変化していくことをも説明するであろう[30]。

「胎動期」は、官僚が活躍することになる政策過程の舞台を立ち上げる時期であった。そこで活躍したのは、科学者であり、政治家であり、新聞記者であった。原子力政策が制度化され官僚の日常業務になる以前の段階において、科学者が原子力の平和利用の考え方を啓蒙し、政治家が原子力政策を始めるための基本法を作成し、新聞メディアが国民大衆の感情に強く働きかけることを通して原子力を希望のシンボルとして構築していったのだ。

この「胎動期」における原子力の希望のシンボル化のプロセスが、原子力政策全体にとってどれほど決定的な意味を持っていたかは、第6節で取り上げた「原子力」の意味の一般化の分析によって明らかであろう。一九七〇年代に入って「原子力」の意味が迷惑施設として一般化されていくに伴って、原子力関連施設のために土地を入手することはできなくなっていった。吉岡が社会主義計画経済と呼んだ原子力発電事業の右肩上がりの成長は、全て「胎動期」に電力会社が購入することができた土地の上に集中立地することによって可能となったのである。「胎動期」において、原子力は人々に「希望」を与えたのだが、それは必ずしも何かの事業の実績に裏打ちされたものではなかった。慎重論者たちは日本の科学者、技術者たちがコツコツと試行錯誤を積み重ねて実績を積み上げていくことを主張したのに対して、正力松太郎が初代科学技術庁長官、初代原子力委員会委員長に就任して懸命にやろうとしたのは、「原子力時代」の本格的到来を告げるシンボルをつくることであった。ノーベル賞受賞者湯川秀樹を原子力委員会に強引に引き込んだり、東海村の原子炉が日本初の「臨界」を達成したというシンボリックなニュースをつくり出すことに心血を注いだ。国民大衆が「原子力時代」の到来を喜び、支持する雰囲気さえつくってしまえばよいというのが正力のやり方であったといってよいだろう[31]。

　正力は原子力技術のことについては素人も同然であった。専門的なことを必ずしも詳しく理解していたわけではないようだ。彼は物理学者でなければ官僚でもなかった。彼は警察官僚から新聞経営の道に入り、大衆娯楽の分野で大きな成功を収めた人物であった。大衆の心をつかむ天才ともいわれた正力は、稀代のシンボル・メーカーであった。「胎動期」の原子力政策は、その事業性において評価しようと思っても内容が乏しいのは当然である。この時期において注目すべきは、原子力が人々の希望のシンボルとして機能したことによって原子力事業の制度的土台が築かれたことである。つまり「原子力」の象徴性について理解を深めていくことこそが政治過程の全体を把握する上でもっとも大事なことなのである。

　体制転換の「過渡期」であること、また原子力政策の「胎動期」であることの意味をシンボル論の観点からより一層精緻に把握していくことが、今後さらに求められる。

終章　集合的シンボル化の探究

本書の最大の目的は、「シンボル化の政治学」の輪郭を取り出すことにあった。その目的はこれまでの各章の議論を通してひとまず果たされたとは思うが、最後に本書が取り組んだ研究の意義をより一般的な文脈において確認しながら、今後の研究課題について簡単な見通しを述べておきたい。

本書におけるもっとも重要な成果は二つあった。ひとつは、政治コミュニケーション研究の構成主義の立場の延長線上に「シンボル化の政治学」を位置付けたことである。言語学から発展してきた批判的言説分析（Critical Discourse Analysis：ＣＤＡ）のような研究が、有益な示唆をもたらすものではあっても必ずしも政治シンボル研究の切り札的な方法になるとは限らないという観点から、むしろシンボル論の知的鉱脈を改めて遡る道筋の重要性を強調した。

これは本書にとって極めて大きな選択であった。そして、シンボル論の知的鉱脈を辿り直すことで「発見」されたのがランガーの「シンボル化の欲求」という考え方であった。このランガーの議論を新たな理論的基礎として政治コミュニケーション研究の再構成をはかり、「シンボル化の政治学」という方向性を打ち出したこと、この一連の道筋を見出していったことが本書における重要な成果のひとつであった。

いまひとつの成果は、ランガーの「シンボル化の欲求」説が個人的な経験の次元に注目した議論であることを踏まえながら、そこからシンボル化の集合的次元へと研究を推し進めていったことである。とりわけ、集合的なシンボル化のプロセスを「結晶化」、「浸透」、「転換」という形で具体的に切り出し、原子力政策や水俣病事件などの事例研究を具体的に進めていけたことは本書の重要な成果であった。もちろん、本書で着手しながらも、十分に論じ尽くすことのできないまま残された課題も多い。

以下においては、以上の二つの成果を踏まえながら、今後の研究課題について触れておきたい。

権力の近代性

「シンボル化の政治学」を政治コミュニケーション研究の構成主義の延長線上に置いて考えていく場合、「不可視の権力」論が研究の前提にあることを常に忘れてはならないであろう。

「不可視の権力」について考えるにあたって、本書で言及しなかったいまひとつ忘れてはならない重要な論点に、権力の近代性の問題がある。フーコーの権力論を通して今日ではよく知られた論点といってよい。

われわれが一般に思い描く権力の典型的イメージは、立場の強い人間が弱い人間に対して無理やり何かを強いるような状況であろう。だがこのような強い者が弱い者を強制的に動かすという現象は、古今東西どこにでもみられるものだ。いわば動物的な行動といってもよく、人間が動物である以上、今も昔も変わらずにみられるありふれた現象に過ぎない。

だが、強制や無理強いではなく、もっと洗練された方法で効率的に人間を管理する技術が、近代に入って姿を現すようになる（Foucault 1975=1977)。というよりも、大規模な人間集団を効率的に管理する技術の出現こそがその社会の近代性を評価する重要な指標といってもよいだろう。フーコーは監獄制度に注目したが、当然ながら学校や工場においても同じことがいえる。大規模な人間集団を管理する技術が社会の至るところで開発されていくようになるのである。

フーコーが論じたパノプティコン（一望監視装置）を設計したのが功利主義の思想家として知られるベンサム

であったことはよく知られている。ベンサムのこのアイデアがちょうどフランス革命の時期に出版されていることは興味深い(1)。フーコーはフランス革命によって近代の政治が始まったかのように考える一般常識に対して、社会の中で人間を管理する技術が静かに浸透していったプロセスに注目し、権力の近代性についての新しい考え方を打ち出したわけである。

だが、本書としては、ベンサムがパノプティコンの設計を考えていたのと全く同じ時期に、モッセが「新しい政治」と呼んだ大衆参加型のシンボル政治が出現してきたことにこそ注目したい。いうまでもなく、秩序をつくる方法として両者のアプローチはあまりにも異なっている。ベンサム的な効率的人間管理技術が、人々の組織の中の日常の時間に静かに浸透していく性質を持つのに対し、「新しい政治」は公的領域に出現してくる非日常的な祝祭の時間を煌びやかに演出し、人々の心を魅了しながら政治への参加を促すものであった。

だが、パノプティコンも「新しい政治」も結局のところ、西欧において封建的な階級社会の枠組みが崩壊していく中で、秩序をつくり出す新しい方法が模索された結果見出されていったものであることに変わりはない(2)。いずれが権力として重要かという問題ではなく、それらが同時に必要とされるほどの課題が社会の中に存在したということにこそ目を向けるべきである。産業化と平等化が人間の生活を大きく変えていくなかで、人々の集合的な欲望を方向付け、構造化していく新しい仕組みが切実な課題として意識されていったという点にこそわれわれは目を向けるべきなのである。

その意味において、フランス革命期の一〇年間にフランス全土で繰り返し行われた「革命祭典」の興味深い研究を行ったアナール派のモナ・オズーフが、フランス革命期に新しい人間を創出しようとする野心が社会の中に漲っていたと指摘している点は極めて興味深い。新しい人間をつくろうとする野心は、旧体制から断絶した新しい理想社会の建設に人々が燃えていたからであろうが、「しかるべき環境を入念に整えるならば、思うままに人間を操作することが出来る」（Ozouf 1976=1988: x）という感覚が広まっていったというオズーフの指摘は、その後巨大な規模で統治のための政治シンボルの開発が進み、ベンサム的功利主義的人間管理技術が静かに広まっていったことを考えるならば、極めて示唆に富む指摘といえる。

権力の近代性の問題が示しているのは、近代社会における秩序形成の課題が途方もなく巨大で困難な問題であるということだ。「シンボル化の政治学」の研究に取り組むにあたっては、この研究テーマが置かれることになる歴史的文脈というものに常に自覚的である必要があるだろう。そのためにも、パノプティコンと「新しい政治」が同時に出現したフランス革命後の社会には今後、特別な関心を注いでみる必要があるかもしれない。デュルケムの『宗教生活の原初形態』においてもフランス革命後に集中的に出現した「革命の祭典」への並々ならぬ関心が寄せられていることは興味深く、シンボルの研究に関わる者にとってもっとも重要な歴史的参照点のひとつといえるかもしれない。

もちろん、シンボル研究はその歴史的文脈に慎重に配慮すると同時に、シンボルが集団的動物としての人間にとって不可欠であることにも十分注意を払わなければならない。集団の創出であるとか社会の秩序形成という課題がどんな時代においても人間に要請される普遍的課題であるという点に留意しなければならない。

シンボルを介して集団の結束力を高める集合的沸騰のプロセスについて注目したデュルケムの洞察は、シンボルの研究がなぜ戦争、革命、宗教という事例に多く集中してきたのか、その理由をよく教えてくれる。シンボルを介して人々の連帯意識を高めることが、集団の力を高め、戦闘における勝利、革命の成功、宗教的弾圧に対抗して信仰を守るという困難な事業を可能にすると信じられるからであろう。

同様に、社会や国家が大きな危機や変動に直面し、既存の秩序が大きく揺らぐような局面においても、シンボルの研究はその本領を発揮する。戦争や革命に限らず、国家体制の転換、大災害などによって秩序が壊れ、既存のシンボル体系が人々の連帯意識を高めたり、人心の安定に有効な機能を発揮できなくなる時、人間は必ずや新しいシンボルを希求する。人々の凝集性を高めることにもはや何の効力も持たなくなった古いシンボルに変わって、社会を創出する力を兼ね備えた新しいシンボルが要求されるのである。
シンボル研究を行うにあたっては、歴史的文脈と同時に以上のような集団の創出、あるいは連帯意識の強化を求める特殊な事情に常に関心を払っていく必要があるだろう。

シンボル化の集合的次元

ランガーの「シンボル化の欲求」説を起点としながら、「シンボル化の政治学」へと研究を展開していくために、シンボル化の集合的次元を「結晶化」、「浸透」、「転換」という形で切り出してみることを試みに提案したことは、本書の重要な成果であった。

だが、もちろんこれら三つで全てを網羅できたわけではない。例えば本書では該当事例が存在しなかったが、「消滅」というカテゴリーについて考えてみることは有益であろう。ここでいう「消滅」とは人々の心の中にしっかりと根付いていた有力な政治的、社会的シンボルが消滅するようなケースのことを指す。もっとも典型的な例でいうと、カリスマ性をもった君主や政治指導者がテロリズムの被害にあって殺害され、権威の真空状態が生まれるような場合が考えられるであろう。

デービッド・カーツァーは、ケネディ大統領が暗殺された時のアメリカ社会の様子に注意深い関心を払っている（Kertzer 1988=1989: 80–3）。国王が存在しないアメリカにおいて大統領は、行政権力のトップに君臨するというだけでなく、国家元首であり、人々の精神的支柱でもある。いわば国家のシンボルといってもよい存在だ。その国家のシンボルが急遽失われ、瞬間的に「シンボルの空白」状態が生じる場合、何が起きるのかということについては詳細な観察を行う必要があるだろう。ここでは、カーツァーによるケネディ大統領暗殺直後の描写を一部取り上げてみよう。

国中の人びとが――軍事基地で、学校で、公共の建物で、個人の家の芝生で――アメリカ国旗を半旗にするおさえがたい衝動を感じていた。大統領の状態について混乱した第一報をきいたばかりの大勢にとって、半旗の光景が圧倒的な悲しみを生み出した。

リンドン・ジョンソンは、自分の大統領職への昇格を、すぐにも儀式化しなければならないと感じた。ケネディの死によって、法律的には自動的に大統領になるとはいえ、それだけでは充分でない。アメリカ人が彼を大統領だと考えるためには、就任式をする自分をみる必要がある、と彼は感じた。いっしょにワシントンにかえる航空機に乗ると、ジョンソンは、式典のあいだそばに立っていてほしいと、夫の死を目撃したばかりのジャクリーン・ケネディに懇願した。連続性のシンボリズムと、ジョン・ケネディ死後の新大統領正統化のために、彼女の列席が必要だった。彼女のスーツがまだ夫の血を浴びている、彼女の顔が苦痛と悲嘆の表情に黙している事実は、その儀式をなおさら痛切にするばかりだった。

そのあいだにもホワイト・ハウスでは、補佐官たちが〈東の間〉を大急ぎで模様替えした。未亡人がそこに棺を安置したかったからである。一世紀まえ、リンカーンが暗殺されたときとおなじようにである。彼等はリンカーンの遺体が東の間に横たわる写真をみつけ、作業員が大急ぎでアルミニウムの雨戸をとりはずして、黒いカーテンをかけた。他は、寸分たがわぬ黄色の蝋燭をみつけに駆けまわり、その一方でホワイトハウスの車道を照らすため、骨董品のオイル・ランプを手に入れた。

まもなく、国中の政治家が弔問に到着しはじめた。地位高い政治家にとっては、こうした儀式への不参加は政治的自殺を意味していた。ケネディのもっとも辛辣な敵の幾人かが、棺のそばで公的な悲嘆を見せびらかしたときには、死んだ大統領の補佐官たちは、うんざりして部屋を出て行った。

…中略…

葬列がセント・マシュー教会につくと、ボストンの大司教リチャード・カーディナル・カッシングに迎えられ、彼は聖水をふりまいたあと、列を教会に先導した。まさに正午をまわったこの瞬間、全国のアメリカ人が、国民連帯の儀式をするため、あらゆる活動をストップした。タイムズ・スクエアが沈黙につつまれた。タクシー運転手は車を止め、外に出て、頭を垂れてたたずんだ。列車も田舎の野原のまんなかで止まり、バスが道の片側に寄り、地下鉄が地下の線路で停止した。五〇州全部の州都で葬儀をおこない、幾百万人が教会やシナゴーグの同時葬儀式典につめかけた。パナマ運河が閉鎖され、海ではアメリカ船が大海に花環をおろし、その瞬間、世界中の七〇〇〇箇所の軍事基地で、大砲が二一発の弔砲を響かせた。（同：80–3）

シンボリズムという言葉が、あるシンボルと別のシンボルの結合作用を説明する言葉であることは本書冒頭において言及した。このカーツァーの詳細な描写には、あるシンボルが消滅した場合、古い消えたシンボル（暗殺された大統領）と新たなシンボル（新しい大統領）が、どのようにして可視的な繋がりをつくり出すのかがよく示されている。

ジョンソンが、夫の死ぬ瞬間を目の当たりにしたばかりのジャクリーン・ケネディに懇願したのは、突然の大統領の死に誰もが動揺している状況下で、自分が新しい大統領だといきなり登場しても、到底心理的に受け入れられないことが想像されたからであろう。自分が正統な大統領であることを人々に示すためには、ジャクリーンに横にいてもらい、ケネディという「消滅」した国家シンボルと自らが連続的な存在であることを可視化する必要があったのだ。また、ジャクリーンがリンカーンと同じ場所にケネディ大統領の棺を置こうとしたのは、リンカーンというアメリカの民主主義の精神を体現した偉大な英雄と同じ場所にケネディが並び立つ存在であることを誇示せんがためであったのだろう。

おそらく、要人の暗殺やテロについての記録は少なからず存在するものと思われるが、それを有力なシンボルの「消滅」現象として自覚的に記述しているものはさほど多くはないかもしれない。個別の事例を拾い集めながら、政治シンボル論としての含意をそこに読み取っていく必要がある。

いずれにせよ、今後のもっとも重要な研究課題は、「結晶化」、「浸透」、「転換」、「消滅」についての事例研究を積み重ねていくことで、それぞれの概念の精緻化をはかっていくことであろう。「結晶化」の事例は枚挙にいとまがないであろう。というのも、ニュース生産過程の研究は今日においても、メディア研究において豊富な知見が蓄積されている領域の一つであり、そこから多くの示唆を得ることができると期待できるからである。第4章で示したようなニュース生産過程の分析は、今後も引き続き継続していきたい。

そのために改めて注目していきたいのが、メディア・イベント論である。「シンボル化の政治学」にとって、メディア・イベントとは何かという定義論はあまり重要ではない。それよりも、メディア・イベント論が象徴人類学から取り出した「非日常」の時間・空間に関わる理論的視座から、「強いシンボル」が生産される謎を解き明かせるという点が決定的に重要である。テレビ番組が通常の編成を中断して、一斉にある対象に注目するという「歴史的瞬間」について、これを「受け手」の意識に対する影響という観点ではなく、公共空間に産出される「強いシンボル」という観点から評価し、その含意を詳細に明らかにしていくことが必要である。

こうした象徴人類学の再評価は、メディア社会の風景の変化という点から見ても意義のあることだと思われる。現代のメディア社会の一般的風景は、ダニエル・ダヤーンとエリユ・カッツらがメディア・イベント論を提起した時代とは大きく異なっている。この点について、当事者の一人であるダヤーンの証言は興味深い（Dayan 2010）。ダヤーンらが『メディア・イベント』を出版した一九九〇年代初頭は、冷戦が終結し国際的緊張が解けた和平の雰囲気が世界中に溢れていたという（同：26–7）。彼らの議論が、メディア・イベントを通した社会統合の可能性を楽観的に信じる傾向が強いのは、そうした雰囲気から強く影響を受けていたためであろうとダヤーンは自己分析しているのだ（同：26–7）。

だが、二〇〇〇年代に入るとテロや自然災害が頻発し、メディア社会の風景は大きく変化していった（Katz &

Liebes 2010; 三谷 2019)。メディア・イベントを通して社会統合を推進するという研究のシナリオは現実とあまりにもかけ離れたもののように思われるケースが増えてきた。近年においても、二〇一一年の東日本大震災と福島原発事故、二〇二〇年以降世界を覆った新型コロナウイルスのパンデミック、二〇二二年二月に勃発したウクライナにおける戦争など、ダヤーンとカッツの『メディア・イベント』を覆う祝祭感とは大きくかけ離れた出来事に人々の目は釘付けになってきた。祝祭性や社会統合という問題から切り離した形で、改めてメディアの中の「非日常」や「歴史的瞬間」について考え直していく必要がある。

「浸透」の事例に位置付けた石牟礼道子のシンボリズムの研究については、今後本格的な調査研究を進めていく必要がある。特に『苦海浄土』を一種のバイブルとして、水俣が聖地化（＝シンボル化）されていくプロセスについての経験的な調査を進めながら、福島原発事故後に思想家の東浩紀が主張した「観光客の哲学」の可能性について検討してみたい（東 2017）。この検討を通して、「ダークツーリズム」の研究とメディア社会学の研究を、シンボル論を媒介として接続していくことができるのではないかと考える次第である。

他方で、現代のメディア社会の発展が、シンボリズムの浸透プロセスをどのように変えてきたのかという観点から、全く別の事例に注目していくことも必要だと考えている。特にQアノン現象については、現代の政治コミュニケーション研究が取り組むべき喫緊の課題と思われる。

周知の通り、二〇二一年一月六日、アメリカの連邦議会議事堂はトランプ支持者たちの攻撃を受けて警察官一名を含む五名の人間が死亡した。この襲撃事件は二〇二〇年のアメリカ大統領選挙が不正に行われたという「不正選挙」陰謀論を信じた人々たちが、ジョー・バイデンの大統領就任を阻止するために行ったものであった。そして、この暴徒たちの中には数多くのQアノンと呼ばれる人々がいたのである。

ここでいうQアノンとは、Qと呼ばれる人物の提供する陰謀論を信奉するネットユーザーたちのことを指す。二〇一七年、アメリカの匿名掲示板に「Qクリアランス」（政府の最高機密にアクセスする権限）を持つQを名乗る人物が出現し投稿を始めた。「Qドロップ」と呼ばれる暗号めいたその人物の投稿は、「ディープステート」(闇の政府)の一味とされる民主党の大物議員たちがトランプの手によって一網打尽にされ、粛清される時が目の前に迫っていると予言するものであった。このQの謎めいた投稿の意味を理解するためにネットで情報を収集しながらQのシンボリズムの中に熱心にはまりこんでいった人々がQアノンと呼ばれる人々である。

Qアノン現象とは、本書の観点からいえば、Qのシンボリズムがネットユーザーの中に「浸透」していった社会的プロセスのことである。この事例の特異な点は、宗教であれ、政治的イデオロギーであれ、「浸透」のプロセスが通常長い時間を要するのに対し、このQのシンボリズムの浸透スピードは極めて短時間であったということだ(Rothschild 2021: 107)。Qが初めて登場したのは二〇一七年一〇月である。そこから二〇二一年一月六日の議会襲撃まではおよそ三年ほどの時間しかない。

陰謀論が人々の間に瞬く間に「浸透」していくこの現象はおそらく新しい現象と考えてよいだろう。いうまでもなく陰謀論を信じる人自体は随分と昔から存在したし、それ自体に何か特別な新しさがあるわけではない。だが、マイク・ロスチャイルドが *The Storm is Upon Us* において興味深く論じているように、従来の陰謀論は普及するのに長い時間を必要とした。荒唐無稽な陰謀論は日常生活の中で面と向かって人に語れるものではなく、同人誌で取り上げられる都市伝説、深夜のラジオ番組で囁かれる怪奇談のようにマイナーなコミュニケーションルートを通って少しずつ世の中に広まっていく以外になかったのである(同: 141)。

ところがインターネットの普及以後、陰謀論はネットを経由して瞬く間に共有されるようになった。世の中に浸透するスピードがそれ以前とは比較にならないほど早くなったのである。しかも以前の陰謀論が何がしかの事実をもとに修正が加えられていったのに対して、今日の陰謀論には何の根拠も必要とされていない。ソーシャルメディア上で思いついた陰謀論を披露して、それが運よく拡散しさえすれば、そこで新しい陰謀論が場合によっては猛烈なスピードで既成事実化していくことになるのである(同: 142)。(3)

Qアノンの陰謀論がアメリカの民主主義制度の根幹をなす選挙制度の正当性を土台から揺さぶるに至るプロセスを、Qのシンボリズムの「浸透」のプロセスとして詳細に分析していく必要があるだろう。その際、アメリカの民主主義はなぜこれほど荒唐無稽な陰謀論に対して脆弱になってしまったのか、つまり陰謀論の「浸透」に対する免疫力がなぜここまで弱くなってしまったのかということを考えていかなければならない[4]。そこでは世界的に広がる「メディア不信」や権威主義勢力の台頭現象なども視野に入れていく必要がある。特にロシアや中国が熱心に力を入れるディスインフォメーション の威力は、今日の政治コミュニケーション研究にとってもはや軽視できない問題となりつつある。

無論、Qアノン現象そのものも、日本から遠く離れた対岸の火事というわけではない[5]。日本においてもJアノンと呼ばれるQアノン現象に連帯しようとする人々がいることはよく知られている。また、ルポライターの清義明が興味深く解き明かしているように、そもそもQアノンが生まれ育った4ちゃんねる、8ちゃんねるというアメリカの匿名掲示板のルーツは、日本の2ちゃんねるにある（清 2021）。その意味では、日本のメディア文化がアメリカに移植された結果生まれてきたのがQアノンだったといえなくもないのだ。したがって、日本の社会学者が九〇年代にオウム真理教を通して論じたカルト問題や、2ちゃんねる研究の成果などがQアノン研究を進めていく上で大いに役立てられるべきなのである（宮台 1998; 北田 2005）。

「転換」については、本書第6章で取り組んだ。原子力の象徴性が、敗戦後の日本の体制転換のプロセスをどのように推し進める力となったのかということについて、今後さらに研究を掘り下げていく必要がある。本書においては、大日本帝国から戦後の日本への体制転換期において、「機微な政治的資源」をどのように正当化して再活用し、国の復興に役立てていくかという切実な課題が存在したことを明らかにした。この点は非常に重要な知見であったと評価できる。

今後の課題としては、政治体制論や体制転換についての既存研究を幅広く展望しながら、政治的正当性の原理が大きく刷新される政治変動期において、シンボル体系の再編成がどのようにして進んでいくのかについての一般的な知見を数多く拾い集めていくことが必要である。

「消滅」については、著名な事例を拾い集めてみることが先決であろう。先ほど言及したケネディ大統領の暗殺事件や九・一一の同時多発テロ事件などのケースについて詳しい検討を加えることで、ある社会の中心的なシンボルが「消滅」することの社会的影響について具体的な知見を得ることが期待できる。日本の事例でいえば、例えば昭和天皇が逝去した際に国中を自粛ムードが覆い、異様な雰囲気に包まれたことが思い起こされる。

「消滅」の事例の現代性について考える場合、テロリズムについてのまとまった考察も必要となってくるであろう。現代のテロリズムというものについて理解を深めるためにわれわれは、もう少しシンボル論の観点から考える必要があるのではないか。九・一一の米同時多発テロが、かつて資本主義のシンボルともいわれたマンハッタンの世界貿易センタービルを標的にしたように、テロリズムとは多くの場合、人々の心の中に深く根を下ろした有力なシンボルの破壊を通して、人々の精神に強い影響を与えようとする計画的行為であると考えられる。シンボル化の政治学は現代のテロリズム研究から多くの示唆を得ることができると思われる。

以上のような事例研究を積み重ねながら、「結晶化」、「浸透」、「転換」、「消滅」についてのより詳細で分厚い理論的考察を行い研究成果を提出することが、本書の今後の喫緊の課題である。

最後に、本書全体を通じて繰り返し用いてきた「強いシンボル」という概念についても、今後本格的に検討を加えていく必要がある。本書において「強いシンボル」という言葉は、多くの人々が強い感情や欲望を結びつけているシンボルという程度の緩やかな定義で用いてきた。第1章で言及したリップマンの「大象徴（great symbols)」という用語に代表されるように、実は類似の概念が少なからず存在しており、それらとの異同をはっきりさせていく必要がある。

その場合、短期的で集中的な報道を通して生まれる「強いシンボル」と、長い時間をかけて人々の内面に浸透していくシンボリズムの力を区別して考える必要がある。何をもってシンボルの影響力の強さとみなすのかについて踏み込んだ検討を加えていく必要があるだろう。

いずれにせよ、本書において「シンボル化の政治学」の輪郭を取り出すことはできた。今後はこれをどこまで展開させていくことができるかが問われることになる。シンボル論の成果は特定分野に集中しているわけではないため、それらの成果を拾い集めていこうとするならばどうしても学際的な研究にならざるを得ない。そのため、無理に体系化を目指すよりも、おそらくは個別の研究成果との間に対話を積み重ね、知見を蓄積させていく方が生産的であろう。

かつてランガーが予言したように、シンボルをめぐる知は今や豊穣なる収穫期を迎えている（Langer 1957=1960: 27）。「シンボル化の政治学」は、広大なシンボルをめぐる知の森の一本の木に過ぎないが、本書を皮切りにこの大いなる収穫の営みに関わっていくことができればと願う次第である。

注

はじめに

（1）恐怖のシンボルから希望のシンボルへの転換という指摘は、吉見（2012: 38）を参照。吉見の議論はシンボル論を前面に押し出したものではないが、随所に巧みなシンボル分析が織り込まれている。この点は吉見が自らの研究の理論的視座に人類学的、演劇論的パースペクティブを早くから取り込んでいたことと無縁ではないと思われる。吉見が一九九三年に書いた論文「メディアの中の祝祭」には、本書の問題意識を先取りするような視点が随所に見られる（吉見 1993）。改めて慎重に読み直されるべき論考と思われる。

（2）例えばトドロフは議論の対象を西欧に設定することを断った上で、象徴論を含む記号学の歴史的発生をアリストテレスの『命題論』から始めている（Todorov 1977=1987）。崎山（1989: 19）を参照するならば、『命題論』（早瀬篤訳）の第1章冒頭には「声に出して話される言葉は、魂において受動的に起こっているものの符号であり、書かれている言葉は、声に出して話される言葉の符号である」（アリストテレス 2013: 112）と述べられているが、ここで符号（シュンボロン）と訳されている言葉 σύμβολον が、シンボルという言葉の確認し得る限りもっとも古い使用例のようである（崎山が参照している文章では山本光雄訳を用いており、こちらでは符号ではなく象徴と訳されている）。なお同書には、このシュンボロン（σύμβολον）については、次のような有益な解説が添えられている。「もともと、嵌め合わせることによって契約相手を特定するために用いられる、骨などの物品の片割れを意味した。ここでは、取り決めによって思考内容を表示する言葉の働きを意味しているが、言葉と思考内容が『片割れ』として類比的性格をもつことも示唆する」（同：113）。

（3）この大石研究室でシンボル論に関わる修士論文を執筆した人間もいる。政治的正当性をテーマにシンボル論の視座の可能性を論じた興味深い論文である（湯本 2004）。

（4）コミュニケーション概念は、どこまでいっても「送り手」と「受け手」のイメージが最後には根強く残るのが普通である。例えば、これまでのマス・コミュニケーション研究で「シンボル操作」の概念が利用される際にも、送り手によるシンボル操作によって受け手の反応が操縦されるという視点から議論が組み立てられてきた。

だが、カッシーラーやランガーの示した道筋に沿って「シンボル論」を徹底していった場合、その先に出現するのは、あらゆる人々がシンボル化のプロセスに関与する政治コミュニケーションのイメージである。全ての人がシンボルの生産と利用の過程にそれぞれの方法、距離感で関わり、全ての人がシンボル化と脱シンボル化の過程に関与する、そのようなものとして政治コミュニケーションはイメージされることになるだろう。

このようなコミュニケーション観を徹底するために必要とされるのが、複数の人間の存在によって生み出される公共空間に思考の準拠点を設定する考え方だ。この場合、個人の内面がどう影響を受けるかということは二義的な問題に過ぎない。個人に注目するのはあくまでも、その個人が公共空間の成立にどのように貢献しているのか、あるいはその公共空間から何を受け取っているのかという関心によるものに過ぎない。

もちろん言うまでもなく、ハーバーマスの公共圏の議論に大きな注目が集まるようになって以降、メディア社会学や政治コミュニケーション研究の領域において、公共性をめぐるテーマは世界中の研究者によって熱心に議論されてきた。公共性は新しいテーマであるどころか、もっとも熱心に研究されてきたテーマのひとつといってよいほどだ。ただし、メディアと公共性に関わる膨大な先行研究を現時点で筆者が十分にフォローできているわけではないので、ここではあくまでも、シンボル化の政治学を公共性や公共空間の社会学との対話を通して展開させていくアイデアについて、備忘録的に記しておくにとどめたい。

本書の考え方に沿っていうならば、公共空間とは、シンボルが可視化され、そのシンボルへの他者の反応も可視化されることになる空間と定義することができる。「他者の反応」が可視化されることは極めて重要である。なぜなら、デュルケムが集合的沸騰について論じるにあたって指摘しているように、人間は外側から他人の心の中を見ることができないからだ。シンボル化の政治学の今後の展開にとって極めて重大な意味を持つと思われる彼の記述をここに引用してみよう。

個人意識それ自体は互いに閉じ合っている。それは、その内的状態が表現されてくる徴を手段にしないでは、互いに交通できない。それらの間に定められる交際が、交霊、いいかえればあらゆる特殊的感情が一つの共通的感情へと溶解しうるためには、ひいては、それらを表す徴が自らユニークな合成力に溶解しなければならない。諸個人が連合していることを彼らに知らせ、また、彼らに自らの道徳的統一を意識させたのは、この合成力の出現である。彼らが一致し、また、一致していると感ずるのは、同じ叫びを発し、同じ言葉を発し、同じ対象について同じ所作をすることによってである。……各個の精神は、自らを脱却することを条件としてのみ、合致し、交通しうるのである。けれども、それらは運動によらずしては不可能である。これらの運動の同質性が集団に自我の感情を与え、したがって、集団を存在させる。この同質性がひとたび確立し、これらの運動がひとたびステロ型の形をとると、これらの運動は対応する諸表象を象徴化するのに役立つのである。(Durkheim 1912=1975: 414-5)

ここに記されているのは社会学者デュルケムによるシンボル化の理論といってよい。この引用箇所の後、デュルケムはシンボルが集団の存続にいかに貢献するかという一般的によく理解されている論点についての記述を加えていくのだが、ここで注目したいのは、そのシンボルの集団形成機能の議論が、個人意識は「互いに閉じ合っている」という指摘から始まっていることである。

公共空間を形成するコミュニケーションについて考える場合、そのコミュニケーションを駆動させる集合的エネルギーの源泉は、おそらくこの他者の内面の「不可視性」であろう。他者の心が不可視であるというその厳然たる事実が、人間のコミュニケーションにとってどのような意味を持つのかを考えなければならない。人間がこの「不可視性」を超えて、他者を理解しようとしたり、他者と何かを共有したいと望むこと、その願望こそがコミュニケーションを駆動させる力となる。

他人の心が見えないものであるがゆえに、特定のシンボルに対して自分と同じように反応している他人の反応が可視化されることは、重要な意味を持つ。人間はより一層安心してそのシンボルに強く感情的に没入していくことができるようになるかもしれないし、特定のシンボルをめぐって仲間意識や忠誠心ばかりでなく、競争心や敵対心さえも刺激されるようになるかもしれない。つまりシンボルとそれへの反応が可視化される方法が人間の社会関係のあり方に大きな影響を及ぼすのだ。

当然ながら、新しいメディア技術の登場は、このシンボルの可視化を軸にした人間の社会関係のつくり方を変えていく。メディア技術の歴史的変遷について、シンボルが可視化される方法、シンボルに対する他者の反応が可視化される方法がどのように変化していくことになるのかという点に注目して研究を進めていく必要がある。もちろんこうした問題意識のもとに行われているメディア史や公共性の社会学の研究が既に数多く蓄積されているはずである。それら既存研究との対話を通して、シンボル化の政治学を実り豊かなものにしていきたい。

(5) カルチュラル・スタディーズの登場は、その後のメディア研究の方向性を大きく転換させる歴史的事件だったといえるかもしれない。日本においても一九八〇年代から二〇〇〇年代にかけてカルチュラル・スタディーズの研究がもたらしたインパクトは相当に大きなものがあった。その影響は政治コミュニケーション研究にも及んでいる。山腰(2012)は、カルチュラル・スタディーズの理論を積極的に取り込みながら、政治コミュニケーション研究の領域に批判的研究の視座を持ち込もうとした。

政治コミュニケーションのプロセスを情報伝達のプロセスではなく、意味をめぐる闘争のプロセスとして捉え直したスチュアート・ホールの研究などは、政治シンボルの研究に関わる者にとっても必須の理論的前提といってよいだろう(Hall 1980)。本書第1章で取り上げるウィリアム・ギャムソンの政治コミュニケーション研究の構成主義の考え方、そしてカルチュラル・スタディーズ、いずれも一九七〇年代から八〇年代にかけて本格的に登場した一連の新しい理論的、思想的潮流が本書「シンボル化の政治学」の知的前提を構成していることは知識社会学的にみて興味深い事実である。

（6）エルダーとコッブの研究は、エーデルマン以後の政治シンボル論においてもっとも重要なもののひとつである。とりわけ彼らが様々な未組織集団の凝集性をシンボルへの意識と関連づけて論じているところが興味深い。例えば労働者階級に属する人々は多くの場合「階級」という言語シンボルに強い愛着を持たない（Elder & Cobb 1983: 124）。労働者がなかなか階級意識に覚醒することがなく、革命意識が育たないことは革命思想の大きな課題であったことはよく知られているが、こうした問題を「シンボルの共有」という観点から考えることができるということだ。同様に、マス・メディアのつくり出す大衆文化と呼ばれるものが、階級横断的な共通のシンボル（例えばスポーツのスター選手、テレビドラマの流行やヒットソング）をつくり出すことによって階級意識を相対化するということも指摘されてきた（同：124）。こうした議論は近年社会学者が盛んに論じている象徴的境界（symbolic boundaries）の考え方にも通ずるものがある（Lamont & Fournier eds. 1992）。文化社会学の領域で注目を集めてきた社会学的集団論のこの新しい方向性は、結局のところ集団形成の社会学的研究がシンボル分析を避けて通れないことをよく物語っている。

（7）政治言語論、政治シンボル論の重要な研究成果を積み重ねた石田雄は、日本の政治学者の中では例外的な人物といってよいかもしれない。比較的入手しやすいものとしては、石田（1989）がある。

（8）ソシュールの記号論が、シンボル概念を切り落としたことは事実だが、記号論の研究者がシンボル論を一切無視してきたというわけではない。例えば日本の記号論研究で著名な石田英敬の著書には、象徴政治の興味深い考察がみられる（石田 2003）。また石田が提唱する「新記号論」において高く評価されている理論神経科学者のマーク・チャンギージーの脳と認知の関わりについての研究は、人間のシンボル認知の力についての画期的な研究であり、現代シンボル論の今後の展開を大きく方向付けるものといってよい（Changizi 2009=2020）。チャンギージーの議論は現代科学の最先端をいくような性質のものであるが、そこで論じられている内容の一部（人間がいかにしてシンボルを認識するのかという問題）は、ランガーが『シンボルの哲学』において哲学の立場から詳細に論じたものでもあった。なお、記号論の再解釈という文脈において研究が展開してきたようにみえる伊藤守の近年の「情動の社会学」（伊藤 2017）がシンボル論にとってどのような含意を持ち得るのかは現時点で判断することが難しく、この点についてはホワイトヘッドの記号論、シンボル論についての考察も含め、今後の検討課題としたい。

第1章

（1）言語哲学の研究者である石黒ひでは、「言語論的転回」という用語について次のような見解を述べている。

そもそも米国の哲学者、リチャード・ローティなどが使った"linguistic turn"という言葉を「言語論的転回」と翻訳することに私は賛成できない。"linguistic"という形容詞はここでは言語論に関するという意味でなく、むしろ言葉自身への関心という意味で用いられている。哲学の問題を考えるに当って、言葉に注目するということである。……成熟期のヴィトゲンシュタインは、言葉の使用に注目することによって伝統的な哲学的思い込みから逃れ、問題に新しい光を当てられると考えた。にもかかわらず、言語に関する学説にはむしろ必要以上の猜疑心を抱き、これを拒絶した。"linguistic turn"について語ったローティがもっとも評価する二〇世紀の哲学は、後期ヴィトゲンシュタインと後期ハイデガーの哲学、そしてプラグマティズムであることを考えれば、「言語論的転回」という訳語は誤解を招くと考えざるをえない。（石黒 1993: 88–9）

つまり、言語論的転回なるものは、言語論や言語学という研究領域が諸学の王のような位置を占めるというものではなく、「言葉自身への関心」という緩やかな意味として理解すべきものである。このことは哲学に限定された話ではなく、人文・社会諸科学のそれぞれの領域において、独自の「言葉自身への反省」がみられたことを意味している。

本書においてはこうした広範な現象を言語論的転回と解釈する。また石黒の指摘は示唆に富むものではあるが、本書においては一般的な用法に従って「言語論的転回」という表記を用いることにする。

（2）表象とは、人間の観念、想像、イメージなどを総称する概念であり、それらが頭の中にある状態、あるいは表現された状態のいずれであっても用いられる。観念論的な哲学の基本用語であり、人間は「物それ自体」を知らず、ただ自分たちの視点を介して物事を見ているに過ぎず、「人間を取り巻いている世界はただ表象として存在するにすぎない」（ショーペンハウアー 2004: 5）という理解の文脈で用いられることが多い。

表象という概念の中にはシンボル概念も含まれる。ウサギという動物を例に取り上げてみよう。ウサギは言語的に表象することもできるし、映像として表象することもできる。神話的に語ることも（神話的表象）、学術的に語ることもできる（学術的表象）。それらは食用にウサギを料理する料理人が語る言葉とは当然ながら違ったものになるだろう。ウサギの表象は限りなく多様なものであり得る。

しかし、例えば絵画的表象を例に考えてみる場合、どれほど多様な表象の方法があり得たとしても、ウサギがウサギであるためには、欠いてはならない要素がある。それは「長い耳」だ。これこそはウサギの視覚的表象におけるシンボル的要素だ。われわれはある文化の中に生まれ落ちて、幼少期から数多くの絵画や視覚表現に接しながら、あらゆるウサギの視覚的表象において「長い耳」が「普遍的」な「共通のパターン」として盛り込まれていることを学習している。表象の中にある膨大な「その他の情報」を無視して、この「普遍」を抽出する人間の能力こそは、シンボルを操る人間の能力の中核をなすものといってよい。この点について詳細に論じているランガーの「サインとシンボルの論理」（Langer 1957=1960: 62–95）は極めて重要であり、慎重に検討する必要がある。

（3）言説とは何か、言説分析とは何かという点については佐藤（2006）、遠藤（2006）がもっとも力強い議論を展開している。おそらく海外の著名な批判的言説分析の論者も含めて、佐藤や遠藤ほど深い教養的裏付けをもって「言説分析」を論じている人間はいないのではないだろうか。近年、彼らほど「意味」とは何か、「方法」とは何かという根源的テーマの地平で「言説」を論じた人はいないようにみえる。

彼らの毒に溢れた文章に触れて慄くことも反発することもなく、「言説」という言葉が当初もっていた「胡散臭い」性質を何ら思い起こすこともなく、無毒化された「言説分析」を気軽に標榜する議論には筆者も当惑や失望を覚える。だが、結論からいえば、本書は佐藤や遠藤らの批判に従うことはできない。言説分析と知識社会学は異なるものだという佐藤が徹底的に強調した論点を承知の上で、敢えて、典型的な知識社会学の研究書である本書においても「言説」や「言説分析」という言葉を彼らとは異なる形で用いる。

その最大の理由は、「言説」が、「反‐概念」（遠藤 2006: 28）であるとみなす彼らの考え方にある。彼らの論ずるところによると、言説とは「〜である」という形で積極的に定義できないものである。そのため「言説分析」という方法が何であるかということも、「否定的な形を通してしか指し示せない」のである（佐藤 2006: 6）。佐藤は、言説分析の考え方から引き出され得る含意について論じながら、意味を確定するための最小単位など存在しない、どんなものも十分な「言表」の単位になることはできないのだという見解を示していった。こうした議論には、心底驚くと同時に深く納得もした。そして「言説分析」という「方法」が知的な意味合いにおいてどれほどラディカルな問題提起をおこなったのかをよく理解できたように思う。

だが、そうはいえ、否定的な形を通してしか指し示せない「反‐概念」の「方法」を取り込むことは容易なことではない。彼らの主張を受け入れる以上は、佐藤や遠藤が自らの文体によって示したように、自分自身の学術的な文体を根本から変える大手術を避けて通ることはできない。しかしながら、言説分析ではなく、政治シンボル論を主題とする本書にとってそのような大きな選択をすることはできない。否、もっと率直にいえば、そもそも「反‐概念」の「方法」によって社会科学が本当に可能であるのかということに確信を持てないし、その「方法」を選んだ先に何が得られるのか、正直なところ筆者には何の展望もないのである。そこで、本論で言及したようにプラグマティックな判断を優先させて、彼らのあまりにもラディカルな問題提起を（深い敬意とともに）やり過ごすことを選んだ次第である。

（4）「構成主義」という言葉の扱いについては色々な考え方があり得るので、本書の考え方をここに記しておくことにする。以下本文中で示すカッシーラーの哲学史の解説を踏まえて、「構成主義」という言葉については次のように定義しておきたい。構成主義とは、ある明確な目的によって定義される。それは、任意の対象の実在性や客観性を信じて疑わない態度がみられるところで、その「実在性」や「客観性」が結局は人間の側の認識の働きによって生み出されていることを暴露しようという目的だ。

社会学の学説史に沿っていえば、「構成主義」と「構築主義」の用語を厳密に区別することが筋ではあるが、ここではそれら学派や立場の差異に関わる議論に詳しく立ち入るつもりはない。そのため本来であれば、構成／構築主義という二重表記が本書の立場を正確に示すものともいえるが、あまりに煩雑なので、省略して構成主義という単独表記を用いることにしたい。

単独表記をするにあたって構成主義の側を選ぶ最大の理由は、本書がバーガーとルックマンの議論から受け取っている影響力の大きさである。一九六六年に出版されたバーガーとルックマンの『現実の社会的構成』は世界中でロングセラーとなり、今でも多くの人に読み継がれている。バーガーらが論じたシンボルの宇宙（symbolic universe）についての議論は、構成主義や構築主義という看板のもとに行われた議論において本書にもっとも重要な示唆をもたらすものである。そのため、本書においてはバーガーらの立場が一般に「構成主義」と呼ばれてきたことを踏まえて、この表記を選択した。

今日構築主義という言葉の方がはるかに一般的に利用されていることを思えば、これはかえって読者を混乱させる表記の選択であるかもしれない。だが、近年の構築主義という言葉には、社会問題の社会学の研究の強い影響が及んでおり、「社会学の方法論」を探求するというニュアンスがかなり強く込められている（このような構築主義の立場からジャーナリズム研究に取り組んだ興味深い成果としては山口（2018）がある）。こうした方法論への強い関心は、バーガーとルックマンやギャムソンらの態度とかなり異なるものであり、構築主義の単独表記は避けた次第である。

いずれにせよ、本質的に重要な論点は、構成、構築いずれの表記が正しいかということではなく、哲学者のイアン・ハッキングが論ずるように、これまでの歩みを通して、「構成」と言おうが、「構築」と言おうが、これらの言葉がいまや「退屈な比喩」に成り下がってしまったという事実にある（Hacking 1999=2006: 86）。いずれの表記を用いるにせよ、「何が」、「どのようにして」構成・構築されるのかを詳細に把握することこそが肝心であることを銘記しておきたい。

（5）ギャムソン自身の説明は、限定効果論との対比をより強く意識したものである。限定効果論を批判するという課題は、今日の研究にとっては意義が薄いので、本書のテーマと関連の深い点に絞って要点を抽出した。また、社会調査の方法がアンケート調査から自由形式の質問調査をより重視する傾向が出現しつつあることなど今日「対話的構築主義」として知られる研究の萌芽にも言及されているが、ここでは省略した。

（6）哲学者のイアン・ハッキングは、現代の構成主義者たちが軒並み哲学者カントの末裔であると興味深い表現を用いているが、これは卓見であろう（Hacking 1999=2006: 99）。カントこそは、人間の認識がいかに世界を構成するかを徹底して問い詰めた哲学者の代表選手だからだ。だが、カッシーラーの議論を参照するならば、現代の構成主義の源流はさらに古代ギリシャの哲学者プラトンのイデア論にまで遡ることができることが分かる（Cassirer 1923=1989: 20）。本文で引用しているカッシーラーの観念論の説明は、プラトン哲学の意義を論ずる文脈において行われたものである。

このプラトンを嚆矢とする観念論的転回は、今日に至るまで歴史上幾度も繰り返され、連綿と続いてきたようだ。その系譜においては、常に、重要な動機が共有されてきた。その動機とは、認識の基礎を根本から問い直すということだ。構成主義（構築主義）が現代において広く人文、社会科学の中に浸透しているように見えるのは、何も全く同一の思想を多くの人間が信奉していることを意味しない。それぞれの研究領域が一定の発展段階まで進んだ状況において、認識の基礎を改めて問い直す運動が個別に発生したというのが実際のところであろう。

社会学者の中河伸俊は、『方法としての構築主義』において次のように論じている。

人文・社会科学における種々の構築主義的アプローチは、より大きなタイムスパンの中でみれば、自然科学に倣おうと努める実証主義モードの調査研究へのオルターナティヴの模索の試みだといえる。さまざまな分野の〝構築主義〟はほぼ例外なく、その分野の従来の正統的パラダイム（たとえばバーガー／ルックマンや社会問題の構築主義の場合の構造機能主義理論、精神医療のナラティヴ・セラピーの場合の精神分析学や生理学モデル、SSKの場合のマートン派科学社会学や哲学的実在論）への対抗運動として登場しており、したがってそうした仮想敵と対照しない限り、それぞれの主張の中身の適正な吟味と評価はできない。（中河 2013: 3）

中河の以上のような指摘は、構成主義（構築主義）が認識の基礎の問い直しという動機を基本とすることをよく物語っている。こうした点を踏まえるならば、構成主義と呼ばれる広範な知的運動の意味について掘り下げていこうと思えば、自らの専門領域の文脈に沿って考察を進めていく必要があることがみえてくるであろう。当該の専門領域において、どのような形で認識の基礎が問い直されてきたのかを明らかにしていく必要がある。

（7）日本で初めてコーランを翻訳した人物としてよく知られているため、一般にはイスラム学者のイメージが強いが、言語学においても重要な業績を残している。慶應義塾大学文学部で言語学概論を担当していた時期があり、この講義内容が書籍化された *Language and Magic* は、今日の眼からみても驚きに満ちた著書であり、政治シンボル論の立場からみても必読の文献といえる。特に井筒が生涯を通して追求したという「超越のことば」、つまり神の聖なる言葉についての考察は、人間の用いる言葉に時として強く宿る「魔力」について考えるにあたってもっとも重要な先行研究のひとつといってよいだろう（安藤 2018）。なお、筆者がこの井筒の *Language and Magic* の存在を知ったのもやはりエーデルマンの著書においてであった。

井筒俊彦という人物そのものについては、作家司馬遼太郎との対談や司馬が書いた追悼文などを通して強い印象を受けた人も多いのではないか。一説には二〇～三〇の言語を使うという話もあったほどの桁違いの語学力や日本人でありながらイラン王立哲学アカデミーで教授を務めるなどの経歴、また博識な司馬がひたすら恐縮しながら井筒を語る様子は筆者にとっても強烈な印象として残っている。司馬の表現によると、「20人ぐらいの天才らが一人になっている」というのが井筒俊彦の人物評であった（司馬 1997: 399)。

（8）ランガーは、シンボル論の知的鉱脈について次のような重要な指摘を行っている。なおここで言及されている論理学の貢献について、本文では一切取り上げることができなかった。具体的な研究業績としては、例えばウィトゲンシュタインの『論理哲学論考』などがあるのだが、こうした研究についての検討は、今後の課題としたい（Wittgenstein 1933=2003)。

> シンボル使用、またはシンボルの解釈がきわめて重要なことが発見されたために、急激にあらゆる予想を超えた発達をみた少なくとも二つの局限された、また専門的な分野がある。それらは互に著しくかけはなれた分野であり、それぞれの問題と手順とは、どの部面においても共通点があるとは考えられない。一つは現代の心理学であり、他は現代の論理学である。
>
> 前者の場合、精神分析の登場によって、われわれは、その気質によってあるいは刺激をうけ、あるいは焦燥を感じたり、とにかく心をかき乱されている。後者の場合、われわれは記号論理学という名前で知られている新しい手法が起ってきているのを目撃する。これら二つの研究が時を同じうして発達したことは全く偶然による。一方は医学から、他方は数学から起こってくる。しかも両者は互に覚書を比較するとか、討論したいと思うような、なんらの共通問題をももっていない。だが両者はいずれも今日の哲学的時代の第一の関心事であり、またその時代に対してすばらしいひらめきを与える同じ創造的観念を具体化するものであると、私は信ずる。というのは、いずれもそれ独特のしかたによって、シンボル化の力を発見したからである。（Langer 1957=1960: 24）

（9）シンボル操作についての学術的考察としては、例えば藤竹（1973）がよくまとまっている。

（10）このシンボル闘争の詳細については、Chakhotin（1940=2019）や佐藤（2014）を参照のこと。チャコティンが独自のシンボル理論を打ち立てつつ、ナチスの鉤十字の威力を無効化するべく鉤十字を貫く自由の「三本矢」のシンボルマークを考案し、闘争を展開していく様子が詳細に描かれている。このシンボル闘争は史実として興味深いと同時に、シンボルの理論と実践の稀有な結合という意味においても極めて興味深いものである。現代のメディア社会の事例でいえば、例えば「ミーム学」などは現代版シンボル闘争の研究テーマとして興味深い。この点については今後の課題としたい。

(11) メディア論の名著を三〇冊紹介している佐藤（2020）でもエーデルマンのこの著書が紹介されているのは興味深い。

(12) 行動主義という言葉でどこからどこまでの理論や思想を含めるべきなのかについては慎重な検討が必要である。特にエーデルマンにもっとも強い影響を与えたアメリカの社会心理学者ジョージ・ハーバート・ミードの思想も「社会行動主義」などの表現で語られることがあることには注意が必要である。

　行動主義心理学で有名なJ・B・ワトソンが内観心理学を否定し、精神や意識という曖昧な現象を切り捨てて、条件反射や生理メカニズムの観察可能な「反応」に絞り込んでいったことはよく知られている。ミードはこのワトソンの行動主義を批判しながら、自らの立場がより適切な行動主義であることを論じている（Mead 1934=1973: 109–18）。つまり意識や精神というテーマを切り捨ててしまうのではなく、生理現象とは異なる次元の観察可能な人間行動として把握することがミードの議論の狙いであった。そのことがよく表れているのがミードの意味論であり、そこでは「意味の本性」が「心」ではなく「社会的動作の構造」の中にあることが強調される（同：89）。意味の問題を人間の心の領域に閉じ込めるのではなく、社会的な行動の中に捉え、経験的で観察可能な研究テーマに仕立て上げたことがミードの研究の真骨頂であった。なおワトソンとミードの行動主義の対比については伊藤（1997）が参考になった。

(13) エーデルマンは、政治エリートたちがシンボルを駆使して人心を掌握しようとする試みが単純に通用するとは考えない。本章第5節の「政治シンボルと社会の循環図式」の箇所において強調している通り、むしろ人々が心の奥深くに取り入れ、自らのアイデンティティと深く結びつけているシンボルが、政治の中にいかにして取り込まれていくかに注目しようとする。こうしたエーデルマン独自の視点を支えているのがミードの理論であることは、『政治の象徴作用』を読んだことのある人間であれば誰でも直ちに了解できるだろう。エーデルマンのこの著書でもっとも頻繁に引用されるのが、このミードであり、それ以外ではやはりアメリカの文芸批評家のケネス・バーク、そしてアメリカの政治学者ハロルド・ラスウェルである。

(14) この書においてデュルケムは野心的な問いに取り組もうとしている。人間とは何か、われわれが現在知るような「人間」とは一体何かというのがデュルケムの出発点における問いである(Durkheim 1912=1975: 18)。彼はこの問いに答えるために原始宗教を研究するというアプローチを採用した。宗教こそは人間の精神の発展を促した最大の力であったからだ。デュルケムは次のように述べている。

人が世界と自己とについて行なった表象の最初の体系が宗教的起源のものであったことは以前から知られていた。……哲学や諸科学が宗教から生まれたということは、宗教が最初は自ら科学と哲学を代行していたということである。しかし、宗教が、予め形成されていた人間精神を、いくつかの理念によって豊富にしただけではないという事実は、それほど注目されてこなかった。宗教は精神そのものを形成するのに貢献したのである。……われわれの判断の根本にはいくつかの基本的範疇があって、あらゆる知的生活を支配している。それはアリストテレス以来悟性の範疇と呼んでいるもの、すなわち時間・空間・類・数・原因・実体・人格性などである。それらは事物のもっとも普遍的な特性に相応するのである。それは思想を囲む堅い枠のようなものである。思想はそれを脱却すると破滅するらしい。われわれは時間または空間に存在しないあるいは数のない対象物などを考ええないからである。その他の概念は偶発的で動き易く、ある人、ある社会、ある時期ではそれを欠くことも考えられる。ところが前の範疇は精神の正常な機能からほとんど分離できないようである。これはあたかも知能の骨格である。原始的な宗教信念を組織的に分析してみると、必ずその途上でこの範疇の主要なものに出会う。これは宗教の中で宗教から生まれた。これは宗教思想の所産である。(同:29–30)

原始宗教の精神世界を母体としてより高次の文明が生まれ育ってゆくというこのデュルケムの文明史観が同時代的にどれほど他の思想家や研究者たちと共有されたものだったかは分からないが、こうした考え方が人間文化を新たなシンボル形式の獲得、集積の上に捉えようとするカッシーラーの「シンボル形式の哲学」にも色濃く共有されていることは確かである。また呪術が言語に先行したという井筒俊彦の考え方も、おそらくはカッシーラーなどを介して、こうしたデュルケム的な視座を共有している。

(15) ランガーの学説は、本能論に取って代わるシンボル論の理論的基礎を提供しているという点において重要である。本能論に基づくシンボルの研究が広く知られているとは言い難いが、佐藤卓己が近年訳出したセルゲイ・チャコティンの著書『大衆の強奪』は、その興味深い事例である。

イワン・パブロフのもとで助手を務めた経験を持つチャコティンは、本能論とパブロフの条件反射の理論を結びつけて独自の宣伝心理学を展開した(Chakhotin 1940=2019)。チャコティンの理論は、人間の本能を第一本能(闘争)、第二本能(食欲)、第三本能(性欲)、第四本能(母性)の四つに分けた上で、それぞれの本能にプロパガンダを通して働きかけることによって「条件反射」を形成し、人間行動のコントロールを目指すものであった(同:64)。社会民主主義者であったチャコティンは、この宣伝心理学を武器にナチスと激しいシンボル闘争を戦ったのである。

(16) なお、同じ社会学の研究ということでいえば、ハーバート・ブルーマーに代表されるシンボリック相互作用論というよく知られた学派の名称がある。社会学を研究する人の中には、シンボル論と聞いてこの学派の存在を思い起こす人もいるかもしれない。しかし、名前に「シンボリック」という言葉が入っているものの、ブルーマーの著書においては、シンボルとは何かを問う姿勢はほとんどみられず、シンボルを用いて人間が相互作用することを自明の前提として議論が成り立っている。だが本書は、人間がシンボルを用いることを当然視しない。人間がシンボルを操る能力に驚くところから出発し、人々がどのようにしてシンボルをつくり出し、利用するのかを研究する。

(17) シンボル・エリートについては既にヴァン・ダイクや大石が論じている(Van Dijk 1993; 大石 2005)。ただし、これまでの象徴権力論においては、人々が潜在的に抱える「シンボル化の欲求」を充足させる能力に焦点を置いた議論はみられない。

(18) マーケティングの現場で長年企業コミュニケーションに関わってきた嶋浩一郎とマーケティングの研究者である松井剛が共同執筆した『欲望する「ことば」』には、現代の日本社会において人々の欲望を言語化することに成功した実例が豊富に紹介されている(嶋・松井 2017)。婚活、就活、美活、女子力、老人力、断捨離、壁ドン、一気飲み、おひとり様、負け犬、撮り鉄、意識高い系、デパ地下、ゆるキャラ、激辛、草食男子、イクメン、美魔女、カリスマ店員、リア充、加齢臭、メタボ、パワハラ、合コン、できちゃった婚、公園デビュー、等の人口に膾炙した流行語が数多く取り上げられている(同:103)。著者らはこれらを「社会記号」と呼んでおり、社会記号が世に流通し、新しい言語として定着していくためには、「欲望の裏付け」(同:53)が必要であるという。

例えば、「美魔女」(=四十代を中心とした〈年齢を超越した若さと美しさ〉を持つ女性たちのこと)という社会記号の成功を支えたのは、ミドルエイジ(=「中年」とは言わない)になっても「自由で美しく生きたい」と願う女性たちが数多くいたからである(山本由樹 2012:5)。そしてこうした潜在的な欲望の存在に他の人間よりも一足早く着目してブームをつくり出すことで、化粧品、下着、食品、エステティックサロンなどのアンチエイジング関連商品を購入する層が急激に成長し、一兆円ともいわれる「美魔女」市場が出現した(同:6)。美魔女という新しい言葉が巨大な市場そのものを創出するという点は極めて興味深いものであり、言語シンボルの「魔力」について考える上で示唆に富む。

(19) 「実質的合意(substantive consensus)」は、認知面でも感情面でも合意が共有されている状態のこと。ただ政治シンボル論においては通常こうした例はほとんど想定されない。というのも、このようなレベルでの合意の達成は小集団においてのみ可能であり、規模の大きな集団では普通は困難であるからだ(Elder & Cobb 1983:134)。

(20) 「連合的合意(associative consensus)」は、認知面でも感情面でも合意が共有されている状態であるが、実質的合意というわけではなく、シンボルの解釈について統一的な指導が行われるような場合、このように呼ぶ。例えばある宗教の信者が政治争点についての考え方について、組織上層部からの指導に従って解釈し、それらの解釈を素直に信じているような場合が該当する（Elder & Cobb 1983: 134）。

(21)「象徴的合意（symbolic consensus)」は、特定のシンボルに対して多様な認知内容と共通の感情が存在する状態のことである。例えばアメリカ人は総じて「社会福祉」政策が嫌いである。だが社会福祉についてアメリカ人が連想する内容は人によって様々であろう。人々が認知的次元においては多様な内容を思い浮かべつつ、特定のシンボルに対する同じ感情が共有されている状態がこの象徴的合意である。政治シンボルがつくり出すもっとも典型的な状態がこの象徴的合意といってよい（Elder & Cobb 1983: 134）。

(22)「象徴的不一致（symbolic discord)」は、シンボルについての認識を共有しながら、そこに鋭く対立的な評価や感情が存在するような状態のことである。例えば、労使交渉に臨む経営側と労働者側は争点についての認識を共有しつつ、対立的な評価や感情を抱いているであろう（Elder & Cobb 1983: 135）。

(23)「象徴的差異化（symbolic differentiation)」は、特定のシンボルに対して、多様な認識と多様な感情が存在するような状態のことである。エルダーらは状況的なシンボル（situational symbols）という表現をしばしば用いている。（Elder & Cobb 1983: 135）。これは、移り変わりの激しいメディア社会において短期間の内に消費され、忘られていくシンボルのことだと理解できる。このようなシンボルは、人々の認知や感情を一本化するだけの強い力がないので、多様な認識と多様な感情へと拡散していくのだと思われる。

(24) エルダーらの類型論は認知レベルと感情レベルの区別がシンボルの理論の前提となっているが、この点がどれほど妥当なものなのかは慎重な検討が必要である。エーデルマンは『政治の象徴作用』の刊行後二〇年目のタイミングで自著の内容を振り返りながら、次のようなことを述べている。

サピアの立てた指示的象徴と凝縮的象徴の区分は古典的なものである。けれども、第1章の該当箇所を書きなおすとしたら、私はこの区分にはたいして注意を払わないであろう。指示的象徴など存在しないのではないかと思うからである。象徴として作用するいかなるものも、ある一定の思考や感情、心情の凝縮をもたらす他はなく、

しかも、その凝縮化は人ごとに異なるはずである。(Edelman 1964=1998: 300)

認知と感情の次元を区別してシンボルの働きを論ずるエルダーらの議論は、おそらくこのサピアの古典的区分を前提としている。エーデルマンのこの反省がもし妥当であるとするならば、エルダーらの類型論についても再検討の余地があるかもしれない。

(25) ブルデューから何かを得ようとすれば、シンボル論を軸に新しい社会理論をつくり出そうとした彼の挑戦を総体的に評価するような視点が必要になってくる。この点はアンソニー・ギデンズのような他の総合理論の作成者にはみられないブルデュー独自のユニークな点であり、格別の関心を寄せるに値する。とりわけ本書の視座からみる場合、ブルデューの象徴権力論は、カッシーラーの「シンボル形式の哲学」を社会理論のパラダイムの中に本格的に組み込もうとした野心的な試みであったという点が重要だ。彼は既存の社会理論がシンボルをどう捉えてきたかについて、次のような三つの系統を想定して議論している(Bourdieu 1991: 164-5)。

カント、カッシーラー＝構造を構造化するものとしてのシンボル
ヘーゲル、ソシュール＝構造化された構造としてのシンボル
マルクス、ウェーバー＝支配の道具としてのシンボル

こうした整理の仕方がどの程度妥当なものであったかは、現状筆者には判断できない。またブルデューの社会理論が本書にとってそこまでの価値を持つものであるかの確信も持てない。だがおそらく彼の「シンボル革命」(Bourdieu 2017) に関する研究は、本書における「転換」の研究にとって重要な示唆をもたらしてくれるはずで、このような問題意識から今後彼の社会理論の評価を試みてみたいと考えている。

(26) 脚注 (25) の指摘に加えて、メディア社会学の理論で近年国際的にもっとも影響力ある人物の一人といってよい

ニック・クドリーのブルデュー論（Couldry 2003, 2012=2018）についても、慎重な検討が必要であるだろう。また、本書が大いに示唆を得たカーツァーのシンボル研究もブルデューを重視していることは念頭に置いておく必要がある（Kertzer 1996）。

（27）メディア社会学の領域においては、カリスマ論に言及しながら有名性の社会学的研究を行った石田（1998）なども参考になる。石田が言及しているリンドホルムによる「カリスマの総合理論」（Lindholm 1990=1992）は、政治シンボル論にとっても極めて示唆に富むものである。

（28）近年社会学やメディア研究において大きな注目を集めてきた「集合的記憶」に関する研究は、この「歴史的瞬間」ないし「非日常」の時間がいかにして社会的に生み出されていくのかという局面に慎重な分析のメスを入れていく必要があるのではないかと思われる。集合的記憶とメディア・イベントの研究を結びつける理論的道筋についても大石（2005）がいち早く示唆に富む考察を加えている。また、このテーマについての近年の業績として、佐藤（2022）が興味深い。

（29）この点については既に、飯田・立石ら（2017）が既存のメディア・イベント論について整理を試み、複合的なメディア環境のもとでメディア・イベント論をいかに再構成できるかを共同研究の成果として提出している。現代におけるシンボルの社会的生産について考えるための示唆に富む先行研究といえる。

（30）この問題に関して極めて興味深いのが、アンソニー・スミスの「エスノシンボリズム」（Smith 1998）の概念であり、これを批判的に検討しているスティーブン・モックの議論である（Mock 2012）。政治シンボルと社会の循環についての研究を進めていく上で、今後エスノシンボリズム論はひとつの重要な焦点となると思われる。

（31）「シンボルの空白」という表現は、カーツァーの著書において紹介されているマイケル・ノヴァクによるものである（Kertzer 1988=1989: 89）。カーツァーが参照しているノヴァクの *Choosing Our King* は加筆されて *Choosing Presidents* というタイトルで新しい版が出版されている。

（32）ナショナリズムを事例にシンボリズムの「浸透」について考えることは、現代における「ナショナリズムの生命力」を考えることにも通ずるであろう。この点については津田（2016）が示唆に富む。津田によれば、ナショナリズム研究は対外的紛争、文化、言語、移民などのテーマに集中する傾向が強い（同：113）。だが、津田は一見するとナショナリズムとは関連性が希薄な国内の社会問題や政策の中にまでナショナリズムの論理が潜んでいることに積極的に光を当てている（同：113）。これは国民国家の建設が成功し政治体制が安定した社会を研究対象にする場合に求められる重要な視点であり、社会生活の隅々にまで深く根を下ろすナショナリズムの「浸透力」を明らかにする視点としても評価できるものである。

(33) シンボリズムという概念を宗教、芸術、学問の領域を包含するものとして用いるようになる場合、シンボル論は人間の文化、文明を包括的に評価するための総合的な哲学の色彩を帯び始める。そうなると政治コミュニケーション研究という限られた研究領域の課題を大きく踏み越えていくことになるが、もともとカッシーラーの「シンボル形式の哲学」は、あらゆる学問領域の成果を吸収しながら、そのような総合的な人間学の位置を目指そうとしていたように思える。

またマーク・ポスターの情報様式論は、マクルーハン的な視点から人間の歴史を「シンボル交換の様式」の変遷という観点から整理し、現代の情報社会を位置付けている（Poster 1990=2001）。ポスターの議論は、それほどシンボル論に強い関心を寄せているようにはみえないが、情報社会の歴史的位置付けを考えるにあたって、「シンボル交換の構造における諸変異体」（同：12）によって区別することが可能であるという考えをもとに「情報様式」という概念を打ち出している点は興味深い。

(34)「象徴の貧困」については、スティグレール（Stiegler 2004=2006）を参照。ここでは一点だけ興味深い点に触れておきたい。それは、彼がギリシャ語の語源にまで遡りながら、シンボル概念と対置させる新しい概念を打ち出している点である。これは筆者の知る限り類例のないものであり、興味をひく。訳者であるガブリエル・メランベルジェとメランベルジェ眞紀らが脚注に付した解説によると、シン－ボル（sym-boles）概念が「われわれ」（神話的、宗教的、政治的われわれなど）を保証するものであるのに対し、ディア－ボル（dia-boles）概念はスティグレールがdiaballeinというギリシャ語から個体化が促進される原理を説明するためにつくり出した概念であるという（同：133）。このギリシャ語の第一の意味は、「一様なもののあいだに道を開く、そのあいだを通る」ことであり、そこから第二の意味の「分裂」が生じたという。訳者らは続けて以下のような説明を付している。

ディアボルも、シンボルによって統一された〈われわれ〉に完全に組み込まれない〈私〉の特異性を開くものであり、同時に〈われわれ〉を分裂させるディアボリック（悪魔的）な危険性でもある。しかしディアボルによって〈われわれ〉の固体化の均衡が崩されることが、その促進につながるのである。したがってシンボルとディアボルは対立ではなく、共立しなければならない。ただしそれは両者の単なる並立でもなく、いわばがっぷり四つで「組み合う」ことであり、その目的は相手を抹消することではなく、時には互いに妥協し合いながらしかし融合はせず、その絡み合いから新たなエネルギーを汲むというそんな運動なのだ。（同：133）

（35）この点に関連して極めて興味深いのが、フランス革命後に実施された「理性の祭典」「最高存在の祭典」などの革命祭典に関する解釈である。このテーマについては、デュルケム、モッセ、カーツァーらの研究において並々ならぬ関心が払われている。アナール学派のモナ・オズーフは革命祭典についての優れた著書において、多くの人が「理性の祭典」や「最高存在の祭典」について語りながらも、それらがまるで一度きりしか行われなかったかのように理解していることを批判している。本当は、「理性の祭典」や「最高存在の祭典」は革命の一〇年間、フランス全土で何千回も繰り返し行われたのであった（Ozouf 1976=1988: 3）。その背後には旧体制と断絶した「新しい人間を創造する」という野心が存在したのだという（同：4）。この点に関するオズーフの次の記述は、政治シンボル論にとって非常に示唆的である。

……フランス革命後一般化するこれら二つの観念を支えるものは、人間存在についての発生的かつ感覚論的な見方である。なぜ発生的かといえば、人間は本性をもたず、生成するものだと考えるからである。なぜ感覚論的かといえば、人間は目の前に展開するスペクタクルによって決定的に影響されるものであり、それゆえ、しかるべき環境を入念に整えるならば、思うままに人間を操作することが出来る、と考えるからである。(同：ix)

第2章

(1) ニック・クドリーはメディア社会学におけるイデオロギー論的テクスト分析が想定する権力の考え方の不十分さを指摘しているが(Couldry 2002: 8)、こうした点を自覚しながら、権力論として現在においても意義を持ち得るギトリンの著書の成果を再評価すると表現する方が正確かもしれない。ただし、ギトリン自身は「メディアの権力」という表現を積極的に用いているわけではない。彼の議論を「メディアの権力」の研究の文脈で重視しているものに、アルセイドやマックラフの研究がある(Altheid 1985; McCullagh 2002)。

(2) 第一世代の中枢メンバーであり、SDSの政治思想を宣言した文書として知られるポートヒューロン声明の起草にも中心的に関わった。C・W・ミルズから大きな影響を受けたことでも知られる。社会学者ダニエル・ベルはニューレフトの旗手であったヘイドンが実は一度自分のもとを訪ねて来たことがあり、ミルズのもとで学ぶか、ベルのもとで学ぶか悩んでいたことを紹介している(Dorman 2000: 133)。政治思想でいえば、ベルは終生一貫してリベラル・デモクラシーのイデオローグであることを貫き、アメリカのデモクラシーを擁護し続けた人物であった。これに対しミルズはパワー・エリートに支配される大衆社会へと変質したアメリカにはトックヴィルが描いたような古き良きデモクラシーが失われたとして鋭い批判のメスを入れ、晩年にはキューバ革命を理想化するまでに至った。両者の政治思想は大きく隔たっているはずだが、ベルの言葉からはニューレフトの「ラディカル」も内実はそれほどのものではなかったというニュアンスが読み取れる。だが、ギトリンの自伝からは「リベラルの揺りかご」で育った彼らを急進化させたのが、ベトナム戦争だったということだ。なおヘイドンは、女優ジェーン・フォンダと結婚したことでも有名であり、後にカリフォルニア州上院議員となる。

(3) ただしカッツは同時に批判も忘れていない。彼はギトリンの著書 *Inside Prime Time* の書評において「支配的パラダイム」批判の意義を認めつつ、ギトリン自身の研究からオルタナティブなパラダイムが生まれてこないことを指摘している。

(4) ただし「批判学派」という場合、フランクフルト学派やカルチュラル・スタディーズの研究が中心的に議論されることになるため、ギトリンの名前が登場しない場合も多い(Rogers 1982; 佐藤 1986; 藤田 1988)。

(5) そもそも六〇年代を大学生として過ごすことのなかった後続世代の人間にとって、ニューレフトと言おうが新左翼と言おうがその末路を思えば無条件に共感することは難しく、「ニューレフトにマス・メディアを事後的に告発する一体どのような資格があるのか」と率直な疑問を抱く人も少なくないであろう。当事者たちがどれほど擁護しても仲間の一味が爆弾を製造していたような運動組織に対して当時のアメリカの有力メディアがネガティブで冷淡な態度をとり続けたことは驚くにあたらない。むしろ真っ当な反応を示したものだと考えるべきではないのか。それを「メディアの権力」として批判的に分析するというのは、研究の体裁を取ったただの自己弁護、責任転嫁でしかないのではないか。ギトリンのテクストはこうした後続世代の冷たい疑問に徹底して晒される必要がある。そして本書は、彼の著書がこのような懐疑の視線の中に置かれてなお生き残る価値のあるものかを検証した上で始められた。

(6) もちろん以上のようなマス・メディア批判とニューレフトへの自己批判の双方を同時に含み込む内容を想定すればこそ、ギトリンは「ヘゲモニー」という概念を重んじたのであった。支配への同意が調達される社会的力学に注目するこの概念は、支配者と被支配者の間の価値観に基づく積極的な相互作用を通して形成される「常識」が、支配を正当化することを論じるものであった。つまり本章が注目するようなSDSを排除した「常識」の形成過程にSDS自身も参加していた側面を説明することが十分に可能な概念ではある。

(7) 二〇〇〇年までのフレーミングの効果研究については池田(2000)のレビューが参考になる。ただし、池田の視界の中にはギトリンの研究が存在しておらず、「批判学派」がフレーミング研究を無視しているという指摘まで行われている。もちろんこれは事実誤認である。

(8)ギャムソンの場合、社会学や人文学系の思想に限定されず、政治学、メディア研究の領域からも大きな影響を受けている点に特徴がある。彼は *Talking Politics* でマス・メディアへの理解を深めるにあたり特に影響を受けた研究者の名前として、マーレー・エーデルマン、マイケル・シュドソン、ハーバート・ガンス、トッド・ギトリンの四名を挙げている。またリップマンとラスウェルから早くに受けた影響についても言及している(Gamson 1992: vii)。ギャムソンの構成主義はこれらの名前に示される通り、アメリカ社会学の良質の伝統を継承するものであり、ポスト構造主義など西欧からの影響を直接的に強く意識したものではない。

(9)類似の問題意識は近年、伊藤守が「情動」というキーワードで表現している。

(10)一九六八年八月二九日当時のテレビ映像は、現在ネット上に散見される。例えばシカゴ事件から二〇年の節目で作成されたCBS Chicago のドキュメンタリー番組 "The Whole World's Watching: 20 Years Later" (https://www.youtube.com/watch?v=DqavbkwHoZs 最終アクセス日二〇二二年六月二六日)。またシカゴ出身のロックバンド Chicago の初期の作品「流血の日」冒頭にはこの時のフレーズが収録されている。この一九六八年は世界的にみても、パリの五月革命、チェコの「プラハの春」が起きた年であり、日本でも全共闘による東大紛争、日大紛争が発生した騒然とした一年であった。

(11)さらに取り締まる側は、武装を固めたばかりでなく、反戦運動の暴力行為を視聴者に印象付けたいと考えて潜入捜査員を若者の間に紛れ込ませていた。シカゴ事件から一〇年後の一九七八年、CBSは民主党大会が開催されていた期間、デモ参加者の六人に一人は潜入捜査員であったこと、デモ参加者がテレビカメラの前で警官隊に激しく攻撃された日には少なくとも二〇〇人の捜査員がその場に紛れ込んでいたことを、陸軍関係筋からの情報として伝えた(Gitlin 1980: 188-9)。ギトリンはこれが明らかに誇張された数字であるとしながらも、たとえ少数の挑発者でも微妙な状況下では大変な意味を持つと指摘している。

(12)ルービンは「デイリー市長がおどし、ふれまわり、威嚇したので、人々の足が遠ざかってしまった」、「中産階級の平和運動グループは声をそろえて叫んでいた『家に留まっていろ』と」、「みんな、ワナだと思って怖気づいちゃっていたのだ」と説明している（Rubin 1970=1971: 258)。

(13) こうした点から分かるように、SDSの過激派イメージはメディアがつくり出した部分も大きいが、かといってメンバー大半が穏健な思想の持ち主であったわけではない。ギトリンのメディア批判を読む際の難しさがここにあるが、SDSに危険な匂いを感じて警戒したメディアの反応はあながち間違いではなかったのである。というのもギトリン自身がチェ・ゲバラやマルコムXをリスペクトし、「非暴力主義を軽蔑していた」と述懐しているように、SDSはもっとも知的で理性的な第一世代を含めて暴力革命に崇高な理想の極限をみるような信条の持ち主の集まりであった。

(14) ロビンソンは主要メディアにおける類似の調査結果も紹介しているので参照のこと（Robinson 1970)。現場にいたジャーナリストは巻き添えをくって警官隊に暴力を加えられる者もいたので、デモ参加者に同情的な報道を行ったが、視聴者の中にはこの報道の仕方に怒りを覚えた者が多数いたのである。

(15) ギトリンは、SDSを右翼対左翼という極端な対立のイメージの中に無理に押し込んでメディアが報道しようとする傾向、ニューレフトの運動の中に共産主義者が潜入していることを強調する傾向などを指摘している。これらは一般の視聴者にとってSDSの悪いイメージが流布されたという意味において確かに運動を主催する若者たちにとって不本意なことであったかもしれないが、同世代の若者たちへの働きかけという点ではメディアに報道されること自体に非常に大きな意味があったと理解するのが適切と思われる。

(16) さらに、ギトリンの説明によると、以下のような世代間の特徴的な違いがみられたという（Gitlin 1980: 129–33)。まず「草原パワー」世代は、厳しい家庭教育のもとで育った保守的な親を持ちながら、彼ら自身は根っからの反抗者で、公民権運動を支持したことで親と衝突し、これ幸いにと家出をした者が多くいた。彼らは保守的な家庭との絆を断つことによってより一層左傾化しながらSDSに飛び込んできたため、第一世代の頭を悩ませたリベラルや労働組合との距離感という問題は、はなから存在しなかった。

第一世代が慎重に距離を取っていた対抗文化といとも容易く結びついたことも「草原パワー」世代の大きな特徴で

あった（Gitlin 1987=1993: 300）。そもそも世界中の抑圧された人々のために意義ある運動を行おうとするニューレフトの政治的、倫理的な論理と、いまこの場の生を全面的に解放することを全てとする対抗文化の論理は決して予定調和的に一致するものではあり得なかった。「草原パワー」世代は何の躊躇もなく平気でマリファナを吸って、ＬＳＤに手を出す者もいたが、第一世代のほとんどはマリファナでさえ警戒する者がほとんどであった。

(17) ハリンがＳＤＳの典型的なニュースイベント発生の経緯を分かりやすく紹介してくれている。曰く、ＳＤＳのデモのメンバーの中に「ベトコン」の旗を持っている人間がいた。デモの見物人の中に「ベトコン」の旗を見つけて激怒し、その旗を奪い取ろうとする男が出現し、乱闘騒ぎに発展した。こうしてＳＤＳはまたしても暴力を誘発し、社会に混乱をもたらしたのであると（Hallin 1989: 194）。

もしこのデモ隊の中に「ベトコン」の旗を持っている人間がいなかった場合、また乱闘が起きなかった場合、このデモがそれだけでニュースになった確率は極めて低いといわざるを得ない。ハリンはＳＤＳが常に「逸脱」的な役回りでしかニュースに登場することを許されておらず、ＳＤＳの側もその点を了解して敢えて「逸脱」的にふるまって注目を集めようとし続けたことが、世論の多数派から嫌われるようになった決定的な理由であったと指摘している（同：194）。

(18) クロンカイトは次のように述べた。「今日、われわれは勝利に近づいていると言うとすれば、それは、これまで明らかに過ちを続けてきた楽観主義者を信じることにほかなりません。一方、われわれは敗北の淵に立されていると言うとすれば、それは、いわれのない悲観主義に屈服することであります。したがって、われわれは膠着状態という泥沼にはまり込んでいるというのが、不満足ではありますが、唯一、現実的な結論のように思われます。……ここから抜け出すための、理に適ったただ一つの道は、勝利者としてではなく、民主主義を守るという誓いに忠実に最善の努力をしてきた名誉ある国民として交渉の場に臨むことであるとの思いを、私は一段と深めるに至りました」（Cronkite 1996=1999: 326）。

(19) 政治学者の杉田敦がいう「境界線の政治」（杉田 2015）が直接的に想定しているのは、人間の群れを囲い込みその内側の人間集団の安全と繁栄に強く特別な関心を抱きつつ、様々な異質性やリスクをその境界線の外部に放出していくことで秩序を安定化させてきた政治の営みである。第3章でも論じたように、典型的には近代国民国家の国境線および国民の境界に関わる概念である。この事例においては「愛国」や「国益」の定義をめぐる争いが正当な論争の主題であり、そもそも米帝国主義を弾劾し、第三世界の革命家を讃えるSDSは「愛国」を否定する存在であるがゆえに逸脱集団として扱われた。

(20) ダニエル・ハリンは周知の通り、ベトナム戦争をめぐるアメリカメディアの報道を詳細に検証し、傾向の異なる報道内容を定位させる文脈として「合意の領域」「正当な論争の領域」「逸脱の領域」の三つを切り出した(Hallin 1989)。テト攻勢後の政治状況についてハリンは、アメリカのメディアが反戦論に明確に傾斜したわけではなく、合意の領域から正当な論争の領域へとシフトしていったと指摘している。

(21) ニクソンのメディア攻撃の背景として、ハルバースタムは先に言及したシカゴ民主党大会のデモ騒動に対する敵対的反応を挙げている(Halberstam 1979=1983: 159)。彼によれば南部の保守派層や北部のブルーカラー労働者層はあの騒動を目撃し、テレビに対して強い不満を抱くようになっていた。彼らはもともと六〇年代の激しい変化によって自分たちが尊重してきた価値観が激しく攻撃されるようになったと感じており、三大テレビ局の報道番組はその変化を煽り立ててきたと感じていた。その不満があのシカゴの報道を通してピークに達したというのである。ニクソンは、これらの層の中にマスコミ非難のムードが高まっていることに鋭く反応した。政治的に大きく得点を稼げると踏んだのである。

(22) アグニューの演説全文は現在ネット上に多数散見される。例えば以下のリンク https://www.americanrhetoric.com/speeches/spiroagnewtvnewscoverage.htm を参照されたい(最終アクセスは二〇二二年六月二四日)。

(23) こうしたニュークラス批判に連動したマス・メディア論は、その後S・ハンチントンの「統治能力」の研究においても興味深い形で再現されている。ハンチントンは日本の政治社会学者綿貫譲治などとともに行った『民主主義の統治能力』である興味深い調査結果を紹介している(Huntington 1975: 98)。アメリカの指導的地位にある四九〇人を対象に、公共機関や民間機関の諸制度を「意思決定や行動全般に対してもつ影響力の多少」によって位置付けるように質問した回答結果をまとめたものである。最小の影響力を1、最大の影響力を10として回答してもらった結果、テレビが一位で大統領を凌いだ（調査の出典は、U.S. News and World Report. April 22, 1974）。

興味深いのは、ハンチントンのデータの読み方である。彼は五〇年代から七〇年代にかけて、政府の権威が著しく失墜していくプロセスにおいて、テレビが大きな役割を果たしていたと解釈している（同：98）。その証拠としてこのデータが用いられているのである。周知の通り、日本でも類似のエリートを対象とした影響力調査が実施され、その結果を踏まえて蒲島郁夫がメディア多元主義モデルを提唱した（蒲島 1990）。類似のデータが、七〇年代アメリカ社会では「民主主義の統治能力の低下」を示す論拠として用いられ、九〇年代日本社会では「日本型多元主義」を示す論拠として用いられている点は興味深い。このデータ利用のされ方の相違は、「メディアの権力」が持ち得る政治的、社会的含意が時代や社会によって大きく変わること、また研究者の問題意識によっても変わるものであることを示唆している。

(24) この点を踏まえると、「偏向報道」批判に対するクロンカイトの批判にも相応の言い分があると言えそうである。彼は自らが常に「不偏不党」を誇りとしてきたことを自伝の中で強調している（Cronkite 1996=1999）。彼によると国論が分裂したこの戦争では、メディアの不偏不党の姿勢がかえって、保守派、反戦派のいずれからも攻撃を受ける結果を招いたという。つまり、保守派はメディアが「非愛国者たちと手を結んだ」と考え、反戦派はメディアを「体制派の代弁者と決め付けた」というのである（同：322）。「不偏不党」という言葉の背後に強力なリベラル派の政治、経済エリートがいた事実が隠されていること、そしてそれらエリートと「不偏不党」を標榜するメディア・エリートが連携を組むことで政治的多数派が形成される脅威を告発したのが反戦派と保守派であった事実をすっかり見落としていることは大きな問題であるが、保守派と反戦派に挟撃されるマス・メディアという構図がはっきりと浮かび上がってくる。

(25) ここで注意すべきはイデオロギーという言葉が通常理解されているような、個人の政治的思想、信条という意味とは異なるという点である。つまりエリートの単なる「個人的」な思想ではなく、社会の成員の常識(コモン・センス)や日常的実践の中にまで浸透し、現実に機能し、社会の趨勢を左右するような生きた思想(大部分の人にとっては思想というより意識的な体系化の作業を加えられていない自然で自明な世界観)こそがイデオロギーと呼ばれているのである。そしてこのコモン・センスとしてのイデオロギーを媒介にして支配関係が構成されるというのがギトリンの基本的な発想であるといえる。

(26) とりわけ現代のように多メディア化が進み、メディア・システムのグローバリゼーションが急激に進む状況下においては、国外からの国境を越えた支援、資源動員を通じて国内の政治的対立状況がエスカレートしやすい傾向にある。ハンチントンが有名な『文明の衝突』で論じた「フォルト・ライン・ウォー」の議論はこの点を鮮やかに示した重要な議論である(Huntington 1996=1998)。

第3章

(1) 初版は一九九四年。改定版には第2節で触れるダムの洪水調節効果に関するデータ検証が新たに加えられている。

(2) 「考・川辺川」は全体としてみれば多角的観点からダム問題を検討したものであり、五木日記にその意義が限定されるものでもないが、ここでは地方紙の特色が強く出ているこの連載に焦点を絞る。

(3) 川辺川ダムの事業目的については、国土交通省九州地方整備局・川辺川ダム砂防事務所のHP(https://www.qsr.mlit.go.jp/kawabe/)を参照した。ただし、かつての事業目的の説明は現時点で参照することはできない。本文中の説明は、二〇〇六年一月にアクセスした情報をもとにした記述である。

(4) 一般論として見た場合、住民の利益認識だけを絶対的基準とすることは誤りである。国の担当者がいう「住民はのど元過ぎれば」という指摘は重く受け止める必要があった。そのことは二〇二〇年夏の豪雨災害後の人々の意識変化を見れば明らかである。ただしこの事業の場合、四〇年以上の月日をダムなしで生きてきた人々が「不要」と言い切った事実は軽視してはならなかったといえる。また治水事業そのものの必要性については誰も否定はしておらず、終始問われていたのは治水事業の方法であるという点を見落としてはいけない。

(5) 治水の方法論をめぐる代替案の可能性は、二〇〇一年から始まった国側と反対派市民団体による公開の場におけるダムの是非を討論する住民討論集会においても中心的な争点となった。

(6) この献金問題は、その後小沢和秋衆院議員(日本共産党)によっても調査され、一九八六年から二〇〇〇年にかけて六億円にのぼる政治献金が行われていたことが報告されている。詳細は https://www.jcp.or.jp/akahata/aik/2002-06-22/10_0403.html を参照のこと(二〇二二年三月現在閲覧可)。

(7) 例えば二〇〇五年一〇月、熊本県連は「川辺川ダム問題プロジェクトチーム」を結成し、ダム推進のための働きかけを強めることを確認している(毎日新聞熊本版二〇〇五年一〇月一八日)。

(8) ただし、一般のダム反対派は別である。ドキュメンタリー作品『せめて自らにだけは恥なく瞑りたい~川辺川ダム異聞~映画版本編』(二〇〇五年三月に上演された演劇舎蝶恋花第一回公演の製作過程における取材映像をドキュメンタリー作品として再編集したもの。ネット上にて二〇一三年一二月三〇日現在視聴可能)では、五木村の住民が住む家屋が非常に立派なものであり、ダムの補償金によって御殿を建てたとして「何が『苦渋の決断』じゃ」と吐き捨てるように語る下流域市民が登場する。

(9) 福岡記者が「よそ者」的視点を持ち込んだ積極的な意義について言及しているものとして土肥(2005)がある。また環境運動における「よそ者」的視点の有効性について論じたものに鬼頭(1998)がある。

第4章

(1) 元朝日新聞記者の河谷は、新聞記者の仕事はとにかく現場に行くことだとした上で、現場へ行って何をするのか問い、次のような興味深い指摘を行っている。

新聞記者の仕事は、そこで起きていることがらを定義することである。火事は火事でも、それが放火であるなら

ならない。そのためには、取材しなければならないし、明確な判断力を持っていなければならない。(河谷 2012: 316)

「放火」と定義しなければならない。殺人事件がただの殺人でなく、テロであるなら「テロ」と定義しなければ

(2) 福島原発事故に際して大きな注目を集めた『フクシマ論』の著者である社会学者・開沼博は、しばしば「にわか」という表現を用いて中央メディアの反応を批判した。これは事故が起きなければ原発のことなど一切気にもしていない中央の報道機関や有識者たちが放射能が飛んできそうだということになると大騒ぎして原発批判を始めることに対して強い不信感を向けたものである。この批判にはいくつか興味深い論点が含まれているのだが、ひとつだけここで確認しておきたいのは、この「にわか」批判が開沼の個人的な表現ではなく、原発立地地域の人間が中央の報道関係者や原発反対運動に対してしばしば用いる特有の表現であるということだ。筆者も原発立地地域の関係者インタビューなどで繰り返しこの表現を耳にしたことがある。

(3) 報道量は文字数の総計によって示されている。朝日と読売の記事データベースを利用した。なお東京本社に限定していないので、大阪本社の記事が数多く含まれている。

(4) この記事では動燃職員の次のような証言が紹介されている。

「国や地元に建設計画を認めてもらうため、『ナトリウム漏出はありえない』と言い続けてきた。『絶対ない』と言い切った事故を想定して対策を作れば、地元から猛反発を受けるに決まっている」。

(5) 朝日新聞の一九九五年一二月一三日夕刊記事には、この点についての動燃側の言い分が紹介されている。「火災という用語は、燃焼によって引き起こされる災害という印象を与え、インパクトが強すぎる。国に対する設置許可申請書に『漏えい』という言葉を使っており、今回もそれにしたがった」までだという。またこの件については地元の消防関係者も「火災」ではないという立場であった。というのもナトリウムが漏れた配管室が酸素を断って火を消す仕組みをとっており、消防組合が消化活動を行わなかったからである。消火活動をしていないから火災ではないという

見解である。しかし福井県側はそうした定義には納得がいかず、火災じゃないと言い張る動燃側に強い不満を表明している様子が紹介されている。

(6) 例えば「事象」の表現をめぐっては事故から五日後に開催された福井県議会全員協議会の席上の様子として次のように詳しく描写されている（「『事象』の表現に福井県会騒然　動燃、事故と訂正」朝日新聞一九九五年一二月一三日）。

爆発の恐れもあるナトリウム漏れという非常事態を、動燃幹部らが「今回の事象」と表現したため、議員らは猛反発。あわてて「事故です」と言い換えたが、議場は一時騒然とし、原発推進の立場をとってきた自民党の県議からも「開発を打ち切って福井県から出ていってほしい」という声が飛び出した。……同席した動燃の理事が「法手続き上の『事象』という言葉を使い慣れていて、つい出る。厳しい事故と受け止めている。社会的には事故だ」と後を継いで説明した。しかし、用意していた資料には「事象発生」「事象の経緯」などの見出しが並び、何度も「事象」と言いかけて「事故」と言い直した。

(7) これは毎月一回開催される定例コンサートの一環であり、親子連れら一五〇人が参加したという。記事の中ではコンサートの冒頭「ナトリウムが漏れましたが、大した事故ではありません。住民の方たちに迷惑をかけることはありませんから安心してください」と説明のあったことが紹介されている。

(8) https://wikileaks.org/wiki/The_Monju_nuclear_reactor_leak より（最終アクセス日二〇二一年三月二六日）。もんじゅ事故の映像は二〇〇八年にウィキリークスにリークされたため現在では誰でもネットで閲覧することが可能となっている。なお図4-2は、最初に隠蔽が発覚した十数分間のヴァージョンのものである。配管に巨大な穴があき、ここからナトリウムが大量に漏れたことが分かる映像である。

(9) 漫画家・西原理恵子は突撃体験取材漫画『できるかな』で、ガイガーカウンターを自作でつくり、いろいろな場所で測定していく様を漫画にしたが、どこで測定しても数値が変化しないことに苛立って放射能が漏れていそうなところに行こうとナトリウム漏れ事故騒動後のもんじゅを訪れ、動燃関係者に取材を行っている。漫画の中では動燃関係者があまりにもみんなに怒られすぎて興味本位で漫画のネタを探しに来ただけの西原に対してもひたすら事故の騒動について謝罪を繰り返した様子を異様な光景として描写している。ただ施設の中に入ってもガイガーカウンターは一向に反応せず、西原の近所の蕎麦屋で一番高い数字が出たというのがこの回のオチであった。ただこの『できるかな』のなかで、動燃のPR動画に登場するプルト君がところどころに登場し、「ネタ」として利用されていた点は興味深い。

(10) 来馬によると、一分間の簡易版のビデオの他にオリジナルビデオがあることは福井県の立入調査後の事情聴取の中で動燃関係者がついうっかりとその存在を漏らしてしまったことで発覚したという。ただ県の側は報道陣ほど「ビデオ隠し」を深刻な問題として考えておらず、その場で叱責しただけでその問題はすぐに片付いたのだという。ところがその場に科技庁の関係者が居合わせたことが事態を大きく変化させた。科技庁にとってはいわば身内に嘘をつかれる格好となったからである（来馬 2010: 144–5）。

(11) 一九九三年一月一六日の朝日新聞一一面で関西大学教授の山川雄己は、二ヶ月に及ぶ輸送期間の間、朝日一一九件、毎日一〇三件、読売六六件、日経六六件の記事が掲載されたことを報告している。またNHKはこの騒動を契機にドキュメンタリー『NHKスペシャル：プルトニウム大国日本』（一九九三年五月二三日放映）を製作している。

(12) 無論、こうしたプルトニウム利用政策をめぐるリアリティの変容は、日本社会を完全に覆いつくしたわけではなかった。朝日、毎日に対抗して、読売新聞は欧米が撤退したから日本も撤退せよという論法を強く否定する。日本は「孤立」しているわけでもなければ意味の無い事業に「固執」しているわけでもない。開発の困難さが広く知られるようになっただけの話で、これはむしろ海外技術の導入にばかり依存してきた日本が、開発の先頭に立ち世界に創造的「貢献」を果たし得る好機であると解釈された。

日本が原子力技術で世界に貢献したことが、かつてあっただろうか。……世界が手を引きつつある中、困難であっても、日本にはプルトニウム利用体系を築ける技術的基盤も国力もある。それさえ出来ないと、日本は遂にこの分野で何も残しえない寂しい国になってしまう。(読売新聞科学部 1996: 274)

第5章

(1) テレビ・ドキュメンタリーとしては、例えばRKB『ドキュメンタリー 苦海浄土』(一九七〇年一二月二五日)のような作品がある。また小林直毅ら(2012)によると、『苦海浄土』に「ゆき女」として登場する人物のモデルとなったのが、村野タマノであり、この村野を主人公として取り上げたドキュメンタリーが存在する。NHK『特別番組 村野タマノの証言~水俣の17年』(一九七二年一〇月二一日)である。筆者の個人的な経験談としていえば、村野の映像を視聴することは、石牟礼作品の幻想性を理解する上で重要な経験であった。映像の中の村野は、一切の解説や脚注を知らずに見れば、どこにでもいる普通の女性である。石牟礼の抽象化、幻想化の力がいかに凄いものであるかを実感することができた経験であった。もちろん、これらの番組において、石牟礼文学のシンボリズムがどのような形で映像化されているのかを丹念に検証することは今後の重要な研究課題である。なお、水俣病事件関連の一連のドキュメンタリー作品に頻繁に登場する「怨」の字の黒旗も、石牟礼の発案によるものであるといわれている。こうしたものもまた、石牟礼の「作品」であり、彼女のシンボリズムの研究の対象に含めていく必要がある。

(2) 水俣病事件関連資料を収集、保存している一般財団法人水俣病センター相思社には、これら地方紙をはじめとする事件関連の新聞記事が大量に保存されており、本章ではこれを資料として利用した。ただしデータベースなどで系統的に収集された資料ではないので、厳密な量的分析を行うことはできなかった。

(3) 当時熊本県の新聞購読状況は、トップを走る地元紙『熊本日日新聞』、次いで福岡に本社があり九州一円で広く読まれている『西日本新聞』、これらをおって中央紙の『朝日新聞』『毎日新聞』が続くという状況で、これを四大紙と呼んでいたという(宇井 1968: 26)。宇井はこれら四大紙に加えて『水俣タイムス』のような豆新聞と呼ばれる定期、不定期の小さな新聞の果たした役割も高く評価している（同：27）。

（4）実はこのチッソの「なぜ今」「なぜ水俣だけ」という主張はその政治的意図を別にして、学問的には正当な問いであり、その問いの完全究明は岡本達明と西村肇が二〇〇一年に発表した『水俣病の科学』まで待たなければならなかったという驚きの事実をここで指摘しておかなければならない。

（5）衆議院の社会労働委員会、農林水産委員会の双方で一九五九年一一月一二日に報告が行われている。報告の結論部分における政策的対応については内容が異なるが、状況説明に関してはほぼ同じ文章が用いられている。その中でチッソ側の言い分は次のように紹介されていた。

新日本窒素肥料株式会社においては、水銀については研究に着手したばかりで、実験に基づくデータは発表の段階に至らないが、……次の通りの見解を発表し、有機水銀説は納得できないとしているのであります。すなわち、水俣工場は、昭和7年以来今日まで27年間酢酸の製造に水銀を使い、また、昭和16年以降においては塩化ビニールの製造にも水銀を使っており、これら水銀の損失の一部として工場排水とともに水俣湾内に流入しているのは事実である、しかも、その量は、過去における酢酸生産量19万トン、塩化ビニール3万トン程度であるところから、60トン、最高120トンということであります。しかるに、昭和29年になって突然水俣病が発生した事実は無視できない、また、水俣病は昭和28年以前には全くなく、29年から突発したことは、昭和28年、同29年を境として水俣湾に異変が起こったと考えるのが常識的と思われると言うのであります。（農林水産委員会議録第4号、昭和三四年一一月一二日、二頁）。

（6）宇井はいち早く『公害の政治学』のなかで公害問題の「起承転結」と称して、公害問題が被害の発生（第一段階）、原因究明（第二段階）に続いて反論が出され（第三段階）、どれが正しいのかさっぱり分からない中和の段階（第四段階）を経る法則性を持つと論じた（宇井 1968: 146）。この水俣の一九五九年の局面はまさに宇井のいう中和の段階に該当していたわけだ。そしてこの事例に関していえるのは、企業の側が恐ろしく明確な意図をもって真相の隠蔽をはかったということであり、報道の側はその真相を知らされることなく「円満解決」を祝福する役割を果たしたということだ。

(7)『「水俣」の言説と表象』において、小林義寛は、一九五四年と一九五五年の新聞記事を検証した上で、当時の水俣の漁民が「忘れられた存在」であって、水俣市民からは「みえない存在」であったと指摘している(小林義寛 2007: 168-70)。この結果、水俣の海はチッソの工場と漁民が共存する空間ではなく、もっぱら〈チッソの海〉として当時の人々には意識されていたのだといえる。同書の編著者である小林直毅はこの点について次のように語っている。

……1950年代半ばの水俣をめぐる言説は、自らが語る対象である「水俣」を、貿易開港を果たし、今後もチッソとともに地域経済を発展させ、日本の経済成長の一翼を担う地域として構築していたのである。……この言説では、水俣の海が、チッソのための天然の良港として語られている。貿易開港を歓迎し、経済発展を志向する言説が、水俣の海を、チッソのための貿易港へと変態させるとき、水俣の海は、そこに暮らす人びとの生活の場として語られることはなくなる。いうまでもなく、海を生活の場とする人びとの暮らす空間が漁村であり、そうした人びとの生業が漁業であり、海を生活の場とする人びとが漁民とよばれる。(小林直毅 2007: 27)

(8)関礼子は『新潟水俣病をめぐる制度・表象・地域』(2003)において、報道などを通じて水俣の悲劇性が強調され続けたあまり、典型的な急性劇症型の患者以外は水俣病患者にあらずという社会「常識」が生まれてしまい、典型症状から外れた患者たちが患者として扱われにくくなってしまう状況が生まれたことを指摘している。これは非常に重要な論点である。しかしここで指摘したかったのは、それではなぜ水俣の悲劇性がことさらに強調されなければならなかったのかということである。水俣病事件にはこうした「意図せざる結果の連鎖」がみられるが、そうした連鎖が生まれてしまうそもそもの理由について考える場合、被害者の運動が乏しい資源でもって世論に訴えていかざるを得ない苦しい状況に置かれていたことが理解されなければならない。

第6章

(1) ウェルズの物語の中には、ある大学教授が核エネルギーの解放について語った講演会を熱心に聞き入っていたひとりの若者が、頭の中に充満する興奮を一人抱きしめていたいがために街を離れて山の頂きにのぼり、黄金色の夕日の中に佇む場面が描かれている。若者は、絶えず力を求めてきた人類の歴史がいままさに「究極の力」と出会うところにまで進んできたことに思いを馳せながら、講演会の内容を一人夢見心地で反芻しているのだった。原子力という「究極の力」に魅せられた若者の恍惚ぶりを描写するウェルズの文章を引用してみよう。

……若者は、やっと恍惚からさめたような顔になった。気がつくと、太陽が目の前にあった。はじめは、ぼんやりと眺めていたが、やがて、だんだんと思い出すように若者の心によみがえってくるものがあった。それは、あの石器時代の野蛮人、つまり二十万年前の堆積のなかに骨となって散らばっている先祖たちの空想のこだまであった。

「おい、おまえ」と若者は、太陽に向かって、目を輝かせ、片手でつかむような格好をしながら言った。

「おい、おまえさん、いまに、つかまえてやるぜ」(ウェルズ 2003: 370)

(2) 読売新聞社が実施した原子力平和利用博覧会の内容を伝える記事においては、会場の中に展示されていたマネキン人形についての説明が次のように行われていた。「アイソトープでアザ抜き――美しいハダはお嬢さんたちのあこがれ、アイソトープの利用によってアザもきれいにとれることを示すマネキン人形三体がある。リン32をアザの上にほうたいでしばる。まわりのハダをいためないように鉛の型ワクが当てられる。何回かくりかえすと見事にアザがとれるという仕掛」(読売新聞一九五五年一〇月二六日)。

(3) アイゼンハワーのこの国連演説の全文は、アメリカ大使館のHPで読むことができる。以下(https://americancenterjapan.com/aboutusa/translations/2375/)を参照(最終アクセス日二〇二二年六月二四日)。

(4) リフトンの説明を引用しておく。

この不可解な病気には「原爆症」という名前がつけられたのであるが、名前をつけられても、その恐怖は減ることはなかった。逆に、ある僧侶が述べているように、この名前が恐怖の象徴となったのである。人々はこの恐ろしい不可解な病気の前に、なすすべを知らなかったのである。

「原爆症という恐ろしい言葉が生まれました。その恐ろしさは、この病気にかかった人をみればわかります。朝、自転車に乗って元気よく通った人も、急に血を吐いて死んでいったのです。私たちは一人残らず体や健康のことが気になって、生きるのだろうか、死ぬのだろうか、と思いわずらいました。いちどこの病気になると、治療方法がないと聞きましたので、何も頼るものもなく、覚束ないことしきりでした」。(Lifton 1968=2009: 104)

(5) このような祝祭性に満ちた雰囲気は、市民の中から苦言を呈する声が徐々に湧き上がってくることによって一九五〇年代に入る頃には翳りをみせていったという。福間は、広島の八・六をめぐる言説が雑種的な性質を持ち、様々な要素が複雑に絡まって成り立っていたと指摘しつつ、祝祭性が削ぎ落とされた後にもなお、八・六の言説が「明るさ」を保ち続けたという分析を加えている。この言説の雑種性(福間 2012: 35)という考え方は、ウィリアム・ギャムソンの価値付加過程としてメディア言説をみる捉え方とよく似ているが、ギャムソンが足し算の方法で言説分析を行うのに対して、福間のは引き算の方法といえる。

(6) 山本は、湯川秀樹の名前もここに挙げているが、湯川の議論も同じように評価してよいものか悩ましいため、ここでは名前を削った。湯川秀樹の著作集（1989）を読む限り、彼は占領期の早い段階から、人類が原子力兵器によって滅びるか、それとも原子力技術を利用して豊かになるかという岐路に立たされていることを強調する論理を展開している。同一技術を善にも悪にも用いることができるという比較的分かりやすい論理であり、そのシンプルな論理を土台として、この世紀の科学技術を善用する方向に向けて働きかけることが科学者の責任であるという主張を展開している。湯川の文章を通読して、仁科と同じような意味で「未分化」と評価することは難しいのではないかと考えたためここでは名前を挙げることは避けた。ただし、占領期の核言説がその後と比べて全般的に未分化な傾向にあったという山本の指摘は、極めて興味深く、否定されるものではない。後続の研究が共有していくべき重要な示唆に富む知見である。

（7）一九五〇年代を「過渡期」とみる考え方は、中村・宮崎編（1997）を参考にした。

（8）ネルーの大きな存在感は当時の日本の新聞記事からよく伝わってくる。非暴力主義を唱えたガンジーの平和主義と並んで「道徳大国」インドのイメージをつくるのに大きく貢献したことは間違いない。核開発の前後でインドのイメージが日本でどのように動揺し、変化していったかは興味深いテーマであるが、この点については今後の課題としたい。

（9）例えば古関彰一は、『日本国憲法・検証　資料と論点　第五巻　九条と安全保障』（2001: 53–60）において、この点を説明している。

（10）社会学者の見田宗介がこの「過渡期」に該当する時期を「理想」の時代と呼んだことはよく知られている。多くの人々が理想を掲げ、またその理想が力を持った時代であったということだ。見田は、アメリカン・デモクラシーとソビエト・コミュニズムという「進歩派」が現実主義的な保守派の権力と対峙していたという構図を描き出しているが、現実主義が理想主義であり、理想主義が現実主義でもあったという興味深い指摘を行っている（見田 1995: 14）。これは理想主義者の理想にはっきりとした現実的な基盤があり、現実主義者が理想を持つ現実的な背景が存在したことを示唆している。

例えば敗戦直後の日本においては、共産主義の思想が極めて大きな力を持っていた。戦時中共産主義者だけが軍国主義者たちに頑強に抵抗し、獄中非転向を貫いたことが多くの人々から尊敬を集めることになったのである。共産主義が新しい時代の理想を模索する若者たちにとって魅力的に映ったのは当然であった。

他方で現実主義の理想についてはどうか。見田は物質的豊かさを求める大衆の現実主義に注目しているが、政治的保守主義者も「理想」と深く関わる状況が存在したのがこの「過渡期」の興味深い側面である。その背景には日本の保守主義者が適応を余儀なくされた政治の現実を支配した最大の権力者ＧＨＱが非常に高い「理想」を掲げたことがあった。敗戦直後においては、日本から軍国主義を一掃し、民主主義を定着させようとしたＧＨＱの大胆な「理想」に素直に従うことが日本の政治家にとってまずは現実主義的な判断でもあったのだ。

(11) この点についての示唆的な分析は、小熊英二（2002）の第4章「憲法愛国主義」に詳しい。

(12) シンボルの独占、競争については、例えばGerth & Mills（1953=1970）を参照のこと。

(13) 象徴的報酬については、Elder & Cobb（1983）の第5章を参照した。また社会学者ブルデューの象徴権力の概念もこの論点と深く関わりを持っている。

(14) 新原昭治編訳『米政府安保外交秘密文書』に収録されている国務省情報報告書「核兵器、核戦争への日本のかかわり」（国務省極東調査部作成）【一九五七年四月二二日付。国務省情報調査局「情報報告」第七四六六号】は、日本政府に対する不満を次のように述べている。

政府は、核兵器と核戦争に関し国民世論を指導したり、情報を与えたりすることもやっていない。たった一つの例外は、政治的に厄介になりそうだった国民感情の高揚をそらそうとしておこなわれた、ほとんどとるに足らない努力だけに過ぎない。……（政府は、核エネルギーの平和利用計画の開発を奨励してきたし、ＵＳＩＳ主催の原子力平和利用博覧会の成功にも貢献した）。だが、国民への情報提供の点での政府のこうしたおざなりの、限られたやりかたでは、核兵器と核戦争を見境もなく憤る国民の敵意をやわらげるうえで、目に見える効果はあがっておらず、平時の核実験に向けられた恐怖感の最悪のあらわれを、せいぜい少しばかり鎮める程度に過ぎなかった。（新原編訳 1990: 49）

（15）この点については、特に核使用のタブー化プロセスを研究したニーナ・タネンウォルドの研究が重要である（Tannenwald 2007）。タネンウォルドの理論は、国際政治学の領域における構築主義（コンストラクティビズム）の立場を取るものであり、国際関係に関わる規範の構築過程に注目するものである。米ソの間に核抑止の概念が成立する以前の状況において、アメリカがなぜ核兵器を使用しなかったのかという問題を考える場合、アメリカに核の使用を思いとどまらせた国際世論の力を軽視することはできない。ビキニ事件後に日本社会に高まった反核世論もその重要な一角を占めるものである。構築主義の立場が、国際関係の核使用をめぐる問題にも当てはまるということは、非常に興味深い。

（16）FRUS 1950 Vol.Ⅶ Korea, p.1300.

（17）エマーソン国務省極東担当計画顧問からラスク極東担当国務次官補宛ての覚書における「4．アジアにおける影響」より抜粋。FRUS 1950 Vol.Ⅶ Korea, pp.1098–110．新原（2002: 113）も参照されたい。

（18）このテーマについては、例えば『日本原爆論体系 第1巻 なぜ日本に投下されたか』（岩垂・中島編 1999）が基礎的な資料をまとめていて便利である。

（19）武谷の思想の本領は、福島原発事故の後にみられるようになった原子力テクノロジーに対する総括的評価の文脈、とりわけインターネットとの対比において原子力テクノロジーの閉鎖性や秘密主義の限界を指摘する議論と接続させることでよく見えてくるであろう。この点について、加藤典洋の議論は示唆的である。加藤は、インターネットの発展が国家や企業の秘密主義から解放されて若者の手に渡った後に、今日に至る情報通信革命が起きたことの意義に注目して次のように述べている。

「役立つ」かどうか、「必要」かどうかは、わからない。でもとにかく、「楽しい」「便利だ」「面白い」。そのようなかたちでフィードバックが起こり、そういう理由で動かされる人々と組織が生まれるようになって初めて、この革命が可能になったということが、ここでの最重要のポイントである。(加藤 2014: 271)

(20) フランク委員会は、当時の科学者たちの不安な心理を象徴する名前であったので、多くの人によって言及されている。例えば伏見康治(1987: 18)。

(21) 田中はその後占領末期の一九五〇年に『朝日評論』という雑誌に「冷い戦争と日本」という論文を書いて寄稿した際、占領軍総司令部民間情報教育局からプレスコード違反を指摘された経験もあるので、「因縁をつけられる」かもしれないという配慮はあながち杞憂ではなかったともいえるだろう。この点についての田中自身の説明は、田中(1980: 15)に詳しい。

(22) 社会部長として原がどのような役割を果たしたかについては、本文で言及している三田和夫の説明が印象深い。三田が入社した昭和一八年から二〇年代にかけての読売は、まだまだ朝日、毎日の後塵を拝する二流紙に過ぎなかった。集まってくる人材もそれに相応しく、その頃の社会部は、〝エンピツやくざ〟と呼ばれるような人間がごろごろいるところであった。経歴不詳、前職不明でほとんど記事が書けない人間が珍しくなかった。しかし、〝金と酒と女〟がもたらす「事件」を嗅ぎつける能力だけは持っているという〝エンピツやくざ〟の巣窟のような場所であったという(三田 1991: 79)。三田によると、その〝エンピツやくざ〟の巣窟のような社会部を大きく変えたのが原四郎であった。情に溺れず、能力だけを買う原の一貫した方針によって、〝エンピツやくざ〟たちは自然と淘汰されていった(同: 80)。社会面も事件もの一辺倒から政治、経済、国際、文化、科学のテーマを大胆に取り込み、読み物として読ませるように変わっていったのである。

(23) 読売の社会部帝国についてのもっとも信頼できる資料としては、内川芳美、春原昭彦による聞き取り調査がある(内川・春原 1989)。

(24) ただし軍事用の潜水艦に原子力を用いることについて、つまり原子力潜水艦をつくるか否かということについては、当時新聞紙上で賑やかに議論が行われた形跡はなく、社会党左派が深く関わった超党派の基本法制定作業の場において、本当にこのような案件がおおっぴらに議論されたのかどうかも定かではない。ただ憲法を改正して自衛軍を創設することを強く心に誓っていた「青年将校」中曽根康弘が、このような秘めたる野心をもって原子力「平和利用」政策の開発体制を構築していった事実を踏まえておく必要がある。

(25) 第二六回国会内閣委員会会議録第二八号(昭和三二年五月七日)五頁参照。

(26) 第二六回国会内閣委員会会議録第二八号(昭和三二年五月七日)五頁参照。

(27) 第二六回国会内閣委員会会議録第二八号(昭和三二年五月七日)六頁参照。

(28) ミードは人間のコミュニケーションが成立するところでは、ある人間の取る態度に対して相手が引き起こす反応がその人間の内側においても同時に生まれていることを指摘する。例えば相手を威嚇したいと思っている人間は、どのような態度が相手を怖がらせることになるのかが分かっていなければならない。だから相手を威嚇している時、その人間は自分の威嚇による恐れの態度を自分の中にも呼び起こしていることになる(Mead 1934=1973: 73)。

こうして相手が引き起こすであろう態度をあらかじめ自分の内側に呼び起こすことができるときに、人間は初めてコミュニケーションを成立させることができる。本書の問題関心に沿っていうと、他者の態度を十分に取り込む機会がないような状況においては、人間の態度には大きなばらつきがあると考えるのが自然である。しかし、同一のシンボルに対して他人がどのような反応をするのかを学習し、取り入れていく中で次第に態度のばらつきは小さくなっていく。こうしてシンボルの意味の一般化のプロセスが進むと考えられる。なお、日本社会において、シンボルとしての原子力の意味が一般化する区切りは、一九七四年に制定された「電源三法」によって原発立地地域に「迷惑料」を支払う仕組みが制度化された段階とみるのがもっともよいであろう。

(29) エーデルマンについては第1章で取り上げた。ミードの学説との関係でいえば、エーデルマンの功績は、政治シンボル論にミード的転回をもたらした点にあるといってよい。ラスウェルの政治シンボル論の枠組みがその豊かな内実を伴いながらも基本的には一方向的な説得効果という文脈に回収されやすい性質を持っていたのに対し、エーデルマンは政治過程の中に人々にとって重要な意味を持つシンボルがどのように取り込まれていくのかに焦点を当てる新たな問いを設定した。

(30) 三・一一以後の報道、世論、政策の相互作用を詳細に検証した人間であれば、事故後に発足した原子力規制委員会が日本の原子力政策過程に大きな影響を及ぼすようになったことに気づくであろう。同時に、市民運動、政治家、メディア、世論における原子力政策への猛烈な批判の集中砲火が生じたにもかかわらず、原子力発電に関する政策の舵取りについて、結局のところ経済産業省がもっとも大きな力を持つこと自体に変化はないということも厳然たる事実であった。かつて吉岡斉が述べたように、原子力政策をめぐってもっとも大きな権力を持つのが行政官僚であることが改めて確認されたといってよい(吉岡 1999)。

(31) 例えば一九五七年の八月に東海村で日本初の原子炉の「臨界」が達成された。このこと自体は原子力の事業成果としては取るに足らないものでしかなかった。物理学者の武谷三男はそれがいかに取るに足らないことであるかを次のように記している。

わたくしたちとしては、ただ向こう〔原子力開発が進んでいる海外のこと〕から持ってきた原子炉、しかも一番簡単な原子炉が連鎖反応するということは当然のことであって、何の不思議もなく、別になんの功績でもない。それが記念切手まで出す大騒ぎになったということは、やはり日本が未開発国であるという印象を禁じ得なかったのである。こんな切手が外国に行ったら全く日本の物理学者の恥でしかないのである。(武谷 1968: 451)

しかし、新聞各紙はこの日本初の「臨界」を大きなニュースとして取り上げた。例えば読売新聞は同年八月二七日、「太陽の火ともる」「平和利用へ歴史的巨歩」と大きな見出しをつけ朝刊一面をほぼ埋め尽くす勢いでニュースを伝えた。

ついに日本にはじめての太陽の火がともった。26日午前11時半の燃料注入から18時間。ウラン235の重量1170グラムで臨界に達し、わが国最初の持続的連鎖反応がスタートしたのである。鹿島灘の東の空がようやく白みはじめたころ日本の夜明けにふさわしい平和の光がともったのだ。

終章

(1) ベンサムが考案したパノプティコンについての著書が出版されたのは一七九一年のことである。この点については、土屋恵一郎（2012: 44-8）に詳しい説明がある。

(2) 現代社会論の嚆矢ともいえる大衆社会論において盛んに論じられたように、西欧社会には伝統的に、上層階級にはその地位に相応しい高潔さや大きな責任が伴うという「ノブリス・オブリージュ」の規範が浸透していた。人はそれぞれの所属する階級に相応しい規範、振る舞いに従うことによって、社会の秩序は定まり、安定を得ると考えられていたのである。それゆえ、産業化と平等化の衝撃によって階級社会の枠組みが崩れ、人間の欲望を方向付ける「構造」が弛緩し、極端な場合には、制御を失った人々の欲望が「大暴走」を起こしてしまうことが懸念されたのであった（村上 1997: 469）。

(3) 一・六の議会襲撃を生み出した「不正選挙」キャンペーンは、Qアノンたちが拡散し、最終的にはフォックスニュースが大々的に取り上げた。メインストリームのテレビメディアがQアノンのシンボリズムを拡散させることに大きな役割を果したのである。そのため最終的に共和党支持者の多くがバイデンは正当な手段で選挙に勝ったわけではなく、何がしかの不正な手段を用いたと信じるようになったのである。

ネットの中の陰謀論とメインストリームのメディアがいかにして結びつくようになるのかという点は、今後政治コミュニケーション研究として大いに検証、考察を進めていかなければならない点と思われる。この点について、ロスチャイルドがパンデミックという背景を強調している点は興味深く、重要である。新型コロナウイルスのパンデミックによって多くの人々が家の中に閉じ込められた結果、Qアノンがインスタグラムのインフルエンサーや健康愛好家、反ワクチン派などと広範なネットワークを形成し、Qのシンボリズムがネットの中に猛烈な勢いで広まっていったこと、その結果、共和党主流派の政治的言説の中にさえ浸透していくことになったことを指摘している（Rothschild 2021: 123–39）。

なおQのシンボリズムの浸透について考える上で大変興味深いのが、宗教学を専門とする堀江宗正の「ポップ・スピリチュアリティ」の研究である（堀江 2019）。堀江の研究についての検討は今後の課題としたい。

（4）ベンクラーらは、『ネットワークプロパガンダ』において、陰謀論の信者が政治思想的には右翼、左翼、双方に存在するにもかかわらず、左翼の陰謀論がメインストリームメディアに直結する回路は、ファクトチェックなどのジャーナリズムの検証作業によって遮断されているのに対し、右翼の陰謀論がフォックスなどのメインストリームのメディアによって増幅される回路が機能していることを実証的に明らかにしている（Benkler, Faris & Roberts 2018）。アメリカのメディア市場はいま穏健な右派にほとんど価値を見出しておらず、右派的言論は極右に振り切れば振り切るほど人気が出る構造が生まれているというのがベンクラーらの分析が教えるところである。

（5）カレン・ホーバック監督の秀逸なドキュメンタリー映画『Q: Into the Storm』（HBO、二〇二一年）で克明に描かれているように、Qの正体として有力視される青年ロン・ワトキンスは、ホーバック監督のこのドキュメンタリー撮影時には北海道に住んでいた。筆者がこのロン・ワトキンスという人物に最初に興味を持ったのは、ホーバック監督の作品を紹介するネット記事において、ロンが日本の著名なアニメ「新世紀エヴァンゲリオン」に登場するキャラクター綾波レイの等身大フィギュアと一緒に写真に写っているのを見たからである。一・六の議会襲撃事件と綾波レイがどうすれば繋がるのか、その一点に非常に強い興味を覚えた。Qアノン現象は、メディア研究として注目すべき点を数多く抱えており、今後シンボル論の観点から取り組んでいきたい。

おわりに

まずは、本書を手に取って下さった皆様に感謝申し上げたい。また、少しでも関心をもって本書の内容に目を通して下さった読者の方々には、厚く御礼を申し上げたい。

本書は、政治コミュニケーション研究にとって「シンボル論」がいかに重要であるかを説こうとしたものである。シンボル論はその内容の重要性に比して、今日のアカデミズムの世界で相応の評価を得ているようには思えない。そのため、筆者は今後とも学術研究や大学の講義、ゼミの時間などを通して、このテーマの重要性や面白さについて説き続けていきたいと思っている。

森羅万象を論じ尽くそうとするほどの巨大な射程をもった思想であったとしても、その「意味」をたったひとつの言葉に凝縮してしまうことができるほど、人間が「シンボル」を駆使してつくりだす「意味の宇宙」は融通無碍で伸縮自在である。それだけに、「シンボル化」は究めようとすれば非常に奥深いテーマであるものの、その探究の入り口は常に驚くほどの単純明快さをもって万人を迎え入れてくれるように思われる。

ひとつの有力なシンボルがどのように生まれ、広まったのか。そのシンボルがどんなふうに人々に愛されたり、憎まれたり、恐れられたりしてきたのか。そうしたシンプルな疑問を持つところから「シンボル化の政治学」は始めることができる。だから、本書の内容に微かにでも何か感じるところがあった読者の方には、是非、ご自分の関心あるテーマに引き寄せて、自分が注目するシンボルの独自の由来や機能、特質などについて自由な発想でもって研究してみてほしい。そして、興味深い知見が得られたなら（得られなくともシンボル論の面白さについて語りたくなったのなら）、是非筆者にも教えてほしいし、語ってほしい（文章として書かれたものがあるなら、karasocio@gmail.com までお知らせ頂ければ、読んで返信します）。

ちなみに、筆者が担当している慶應義塾大学法学部の「メディア社会論Ⅱ」の授業では、昨年（二〇二一年）度、学生に自分で事例を選んで「シンボル化」の政治過程を分析してもらい、その成果を学期末レポートとして提出してもらった。その内容は刺激的かつバラエティ豊かで、読んでいて飽きることがなかった。例えば、王室外交やファースト・レディーの果たす象徴的な役割を分析したもの、グレタ・トゥーンベリがカリスマ的な環境活動家としてシンボル化されていくプロセスを丹念に検証したもの、タイの若者たちが抗議デモのシンボルに日本のアニメ「とっとこハム太郎」を選んだ戦略について考察したもの、絶滅が危惧される多様な動物のうち、一部の動物のみが人間によって手厚く保護される恣意的で歪な構造を、人間にとってその動物がどのような象徴性を有するのかという観点から批判的に考察したもの、イスラエル政府がパレスチナ自治区を囲むように建設する分離壁が、分断の象徴として双方の和解をますます困難にしつつある状況を批判的に考察したもの、ロシアのプーチン大統領が、「強いロシア」を象徴する「強い指導者」として自らを印象付けるために、どのような政治的演出を試みてきたかを考察したもの、等である。

テーマの多彩さもさることながら、一部学生の切れ味鋭い分析を読みながら、それぞれの多彩な事例の核心部分をシンボル化という概念が縦横無尽に抉り出していることに驚きを覚えた。深い洞察力をもった学生たちと出会えたことはもちろん幸いなことではあるが、同時に、この「シンボル化の政治学」の理論的視座が、非常に応用範囲の広いものであることにも自信が持てた。人間が「シンボルを操る動物」であり、シンボル化が人間の根源的欲求である以上、今後も「シンボル化の政治学」が取り組むべき課題が尽きることはないであろう。

もちろん、「シンボル化の政治学」の応用可能性の広さは、誰がその研究に取り組むかによって大きく違った研究成果が生み出されることも意味している。古代史や西欧の宗教史を研究する人や現代のアメリカ政治やロシア政治を研究する人であっても、それぞれ「シンボル化の政治学」について興味深い研究を行うことが可能であろう。ただし、当然ながらその成果は随分と違ったものになる。シンボル分析を通して最終的に明らかにしたいのは何なのかを突き詰めて考えることが求められるのである。

本書ではメディア分析に大きな比重を置いてシンボル化の分析を進めてきた。それは筆者の専門が現代社会を対象とした政治コミュニケーション研究、メディア社会学の領域にあるためだ。今後は現代のメディア社会の変容が、今日の政治シンボルの生産と利用のプロセスにどのような影響を及ぼしつつあるのかという問題に、今以上に集中していく必要があると感じている。そのためにも近年のメディア社会学における理論的研究成果と本格的な対話を試みることが何にも増して重要な課題となるであろう。

さて、本書は筆者にとって初めての単著である。大学院時代には「意味」の社会学を基礎理論として用いながら、政治コミュニケーション研究を発展させるという課題に取り組もうとしていた。その頃からの紆余曲折を振り返るにつけ、最初の一冊を仕上げるのに恐ろしく時間がかかってしまったことにはわれながら言葉もない。今後のアウトプットを通して、せめてこれまでの遅れを取り戻す仕事ができればと切に願うばかりである。

本書を完成させるにあたっては、現在の職場である慶應義塾大学法学部から研究留学の機会を頂けたことが大きな助けとなった。留学の機会を与えて下さった法学部の先生方、資金援助をして下さった福澤諭吉記念慶應義塾学事振興基金（福澤基金）には、心より感謝申し上げたい。また、本書の刊行にあたっては、慶應義塾大学法学会から出版助成を頂くことができた。記して感謝申し上げる次第である。

本書の執筆を含め、これまでの研究生活においても、多くの方のご助力を頂いてきた。全ての方のお名前をあげることはできないが、ここで謝辞を述べたい。

まず最初に、大学学部のゼミの頃からご指導頂いてきた大石裕先生には、最大限の感謝の言葉を述べなければならない。とはいえ、どんな言葉を並べても感謝し切れるものでもない。そのため、せめてコミュニケーションという社会過程を、権力現象としていかに読み解くことができるかという大石先生の掲げた問いを、自分もまた最後まで探究することで何とか先生の学恩に報いたいと願う次第である。

現在の職場である慶應義塾大学の先生方、職員の方々には重ねて御礼申し上げたい。特に澤井敦先生をはじめとする法学部社会学グループの先生方、また澤井先生が現在所長を務めるメディア・コミュニケーション研究所においては、山本信人先生、鈴木秀美先生、李光鎬先生をはじめとする先生方、職員の方々に様々な面でご配慮頂き、大変お世話になってきた。深く感謝を述べる次第である。

日本マス・コミュニケーション学会（二〇二二年から日本メディア学会へと名称変更された）の場でも、多くの方々のご助力を頂いてきた。藤田真文先生をはじめとする鶴木眞研究室ご出身の先生方には、若い頃に教歴を得る機会を頂いたり、研究者としての心構えについて、あるいは学会運営の様々な場面で今に至るまで色々なことをご教示頂いてきた。改めて感謝申し上げたい。

二十代から三十代にかけて、小林直毅先生の「水俣病事件報道研究会」や伊藤守先生の「ニュース分析研究会」などで、人文系のメディア社会学の先生方、諸先輩方からご指導頂ける機会が得られたことも貴重な経験であった。水俣でフィールド調査の経験を幾度もさせて頂いたり、石牟礼道子というテーマに悪戦苦闘したこと、またニュース分析研究会で記号論の使い手が映像をどんなふうに分析するのかを目の当たりにできた経験は、筆者にとってとても刺激的で貴重な経験であった。これら研究会の場で出会った全ての方々に感謝申し上げたい。

大石研究室の津田正太郎さん、山腰修三さん、山口仁さん、三谷文栄さん、平井智尚さん、新嶋良恵さん、佐藤信吾さんには何かにつけてご面倒をおかけし、お世話になってきた。特に同じ法学部社会学グループの山腰さんとは、長らく大学院合同演習の授業をご一緒させて頂き、研究面でも大いに刺激を受けてきた。また、この春からメディア・コミュニケーション研究所に移籍されてきた津田さんは、学部時代からの「腐れ縁」とはいえ、常にその研究から学ぶところが多い。現在は新型コロナウイルスのパンデミックのせいで中断されてしまっているが、研究室の恒例行事である逗子の夏合宿で、今後とも研究室のメンバーと定期的に研究交流が続いていくことを楽しみにしている。大石研究室出身で、現在テレビ局でご活躍中の湯本和寛さんとも今後も引き続き学会の場でお会いできることを楽しみにしている。また、MOS研以来色々とお世話になってきた土居洋平さんとは、引き続き「夏の社会見学」でお会いできるのを楽しみにしている。

シンボル論に本気で取り組み始めたのは、研究留学でアメリカのニュージャージー州、フォートリーに滞在している時だった。コロンビア大学で訪問研究員としての筆者を受け入れて下さったジェラルド・カーティス先生に感謝申し上げたい。そして、折に触れて「本はどうなってる?」とにやりと笑いながら尋ねてくれたマイケル・シャープさん、数えきれないほどご自宅に招待して下さり、家族ぐるみでお付き合い頂いたシャープ家の皆さんにも心から感謝したい。

本書を出版して下さる新曜社の方々にも厚く御礼申し上げたい。企画を採用して頂いた高橋直樹さん、編集作業をご担当頂いた伊藤健太さんには大変感謝している。敬愛するピーター・バーガーの著書を数多く手掛ける新曜社から本を出したいという、若い頃からの無邪気な夢を今回実現できたことは大変ありがたかった。お二人からのさりげない質問、コメント、リクエストには根本的な問いかけが含まれていることも多く、ぎくりとすることが一度や二度ではなかった。数々の有益な問いかけに深く感謝申し上げる次第である。

装幀家の吉田憲二さんにも御礼申し上げたい。カバーデザインのコンセプトは「傷から生まれるシンボル」であり、本書の内容から、「社会が大きな傷を負うところからシンボルが生まれる」というインスピレーションを得てご作成頂いたと伺った。本書の初発の動機を鮮烈に描き出してもらえたようで、今後の研究への大いなる励みとなった。厚く御礼申し上げる次第である。

妻の亜美子、息子の賢太と過ごす時間は、今のわたしの生活の大部分を占めている。どうせ結婚するなら、死ぬまで一緒に笑っていられる相手がいいと思いながら結婚した妻は、想像の遥か斜め上をゆく面白い人だった。おかげで息子も順調にひょうきんな人間に育っている。二人の明るさに心からありがとうと言いたい。そして息子が愛して止まない「鎌倉のグランマ（雅子）とミナちゃん（美奈子）」、また亡き義父の隆夫にも感謝したい。

最後に、新居浜の家族に感謝の言葉を述べたい。父・秀具、母・美智子、兄・俊、妹・はるか。なかなか独り立ちできずに迷惑をかけ通した次男坊が、今元気に毎日を過ごせているのも、人生の仕切り直しの局面における、四人の見事な連携プレーのおかげである。今でも時々、ふと高校野球の奇跡の名場面を思い出すような感覚で、あの頃の四人を思い出すことがある。四人の見事なチームワークに心より感謝したい。そして、その後も長らく支援・応援し続けてくれた父と母に、深い感謝の気持ちとともに本書を捧げる。

初出一覧

はじめに
書き下ろし

第 1 章　シンボル化の政治学序説
書き下ろし

第 2 章　メディア・フレームとメディアの権力
烏谷昌幸（2014）「メディア・フレームとメディアの権力―― *The Whole World is Watching* を読む」『メディア・コミュニケーション』(64): 5–23 頁を加筆・修正。

第 3 章　川辺川ダム問題と境界線
烏谷昌幸（2006）「地方紙と全国紙――川辺川ダム問題を事例として」大石裕編『ジャーナリズムと権力』世界思想社、158–184 頁を加筆・修正。

第 4 章　ニュース生産過程におけるシンボル化
烏谷昌幸（2016）「メディア・フレーム論の批判的再検討――『ジャーナリズムと社会的意味』研究のための一考察」『法學研究』89(5): 1–50 頁を加筆・修正。

第 5 章　水俣病事件と『苦海浄土』のシンボリズム
烏谷昌幸（2021）「水俣病事件と『苦海浄土』の世界――シンボルとしての『石牟礼道子』研究のための覚書」『メディア・コミュニケーション』(71): 15–25 頁を加筆・修正。

第 6 章　シンボルとしての原子力
烏谷昌幸（2020）「シンボルとしての原子力――戦後日本社会を事例として」『法學研究』（大石裕教授退職記念号）93(12): 27–52 頁を大幅に改稿。

終章　集合的シンボル化の探究
書き下ろし

おわりに
書き下ろし

村上泰亮（1997）『村上泰亮著作集 5』中央公論社。

森可昭（1993）「新聞と地域社会」田村紀雄・林利隆編『ジャーナリズムを学ぶ人のために』世界思想社。

山口仁（2007）「『全国報道』における水俣病事件の表象」小林直毅編『「水俣」の言説と表象』藤原書店、130–62。

———（2018）『メディアがつくる現実、メディアをめぐる現実——ジャーナリズムと社会問題の構築』勁草書房。

山腰修三（2012）『コミュニケーションの政治社会学——メディア言説・ヘゲモニー・民主主義』ミネルヴァ書房。

山本昭宏（2012）『核エネルギー言説の戦後史 1945–1960 ——「被爆の記憶」と「原子力の夢」』人文書院。

———（2015）『核と日本人——ヒロシマ・ゴジラ・フクシマ』中公新書。

山本明（1985）『シンボルとしての広告——「価値転轍器」復版』電通。

———（1998）『カストリ雑誌研究——シンボルにみる風俗史』中公文庫。

山本由樹（2012）『「欲望」のマーケティング——絞り込む、巻き込む、揺り動かす』ディスカヴァー・トゥエンティワン。

湯川秀樹（1989）『湯川秀樹著作集 5 平和への希求』岩波書店。

湯本和寛（2004）「政治的正当性（正統性）論再考——象徴理論からのアプローチ」修士学位論文、慶應義塾大学（法学）。

吉岡斉（1999）『原子力の社会史——その日本的展開』朝日選書。

吉見俊哉（1993）「メディアの中の祝祭——メディア・イベント研究のために」『情況 第二期』4(6)(33): 16–32。

———（1996）「メディア・イベント概念の諸相」津金澤聰廣編著『近代日本のメディア・イベント』同文館出版、3–30。

———（2012）『夢の原子力—— Atoms for Dream』ちくま新書。

———（2020）『五輪と戦後——上演としての東京オリンピック』河出書房新社。

読売新聞科学部（1996）『ドキュメント「もんじゅ」事故』ミオシン出版。

読売新聞社編集（1994）『読売新聞百二十年史』読売新聞社。

渡辺京二（1972）「石牟礼道子の世界」石牟礼道子『苦海浄土——わが水俣病』講談社文庫、305–25。

――――編訳（1990）『米政府安保外交秘密文書』新日本出版社。

日本テレビ放送網株式会社社史編纂室編（1978）『大衆とともに25年――沿革史』日本テレビ放送網。

日本弁護士連合会公害対策・環境保全委員会（1994）『孤立する日本の原子力政策』実教出版。

原田正純（1972）『水俣病』岩波新書。

福岡賢正（1996）『国が川を壊す理由――誰のための川辺川ダムか 第2版』葦書房。

福澤尚子（2002）「川辺川ダム問題と地域社会――五木村の生活者の視点」（http://www.geocities.co.jp/HeartLand-Cosmos/6168/column.html、2006年2月現在閲覧可、2022年4月現在閲覧不可）

福間良明（2012）「『被爆の明るさ』のゆくえ――戦後初期の『八・六』イベントと広島復興大博覧会」福間良明・山口誠・吉村和真編著『複数の「ヒロシマ」――記憶の戦後史とメディアの力学』青弓社。

藤田真文（1988）「『読み手』の発見――批判学派における理論展開」『新聞学評論』(37): 67–82。

藤竹暁（1973）「シンボルと社会的統合」内川芳美ほか編『講座 現代の社会とコミュニケーション 1 基礎理論』東京大学出版会。

伏見康治（1987）『原子力と平和 伏見康治著作集7』みすず書房。

船橋晴俊・長谷川公一・畠中宗一・勝田晴美（1985）『新幹線公害――高速文明の社会問題』有斐閣選書。

法貴良一（1998）「訳者後記」エーデルマン，マーレー『政治の象徴作用』中央大学出版部。

堀江宗正（2019）『ポップ・スピリチュアリティ――メディア化された宗教性』岩波書店。

本田靖春（2000）「『新・信条』制定で“下町の正義感”は遥か遠くへ――渡辺恒雄氏率いる『読売』は大衆を袖にした」『現代』34(3): 35–8。

――――（2013）『我、拗ね者として生涯を閉ず 上下』講談社、電子書籍版。

増田弘（2001）『政治家追放』中央公論新社。

松岡完（2001）『ベトナム戦争――誤算と誤解の戦場』中公新書。

丸野真司（2004）「継続・多角的報道が議論を熟成させる――川辺川ダム問題における取り組み」『新聞研究』(633): 58–61。

三田和夫（1991）『読売・梁山泊の記者たち――戦後・新聞風雲録』紀尾井書房。

見田宗介（1995）『現代日本の感覚と思想』講談社学術文庫。

三谷文栄（2019）「メディア・イベント論における『分裂』機能に関する一考察」『ジャーナリズム&メディア』12: 173–84。

――――（2021）『歴史認識問題とメディアの政治学――戦後日韓関係をめぐるニュースの言説分析』勁草書房。

宮台真司（1998）『終わりなき日常を生きろ』ちくま文庫。

宮本太郎（1994）『回想の読売争議――あるジャーナリストの人生』新日本出版社。

民主主義科学者協会物理部会監修（1953）『日本の原子力問題――季刊理論・別冊学習版・第Ⅲ集』理論社。

柴田鉄治・友清裕昭（1999）『原発国民世論――世論調査にみる原子力意識の変遷』ERC 出版。

柴田秀利（1985）『戦後マスコミ回遊記』中央公論社。

嶋浩一郎・松井剛（2017）『欲望する「ことば」――「社会記号」とマーケティング』集英社新書。

ショーペンハウアー，アルトゥル（2004）『意志と表象としての世界Ⅰ』西尾幹二訳、中央公論新社。

杉田敦（2015）『境界線の政治学 増補版』岩波書店。

鈴木真奈美（1993）『プルトニウム＝不良債権』三一書房。

清義明（2021）「Q アノンと日本発の匿名掲示板カルチャー（1）～（6）」『論座（RONZA）』（https://webronza.asahi.com/national/articles/2021030500011.html、最終アクセス日 2022 年 7 月 26 日）

関礼子（2003）『新潟水俣病をめぐる制度・表象・地域』東信堂。

ソシュール，フェルディナン・ド（2016）『新訳 ソシュール 一般言語学講義』町田健訳、研究社。

武田徹（2006）『「核」論――鉄腕アトムと原発事故のあいだ』中公文庫。

武谷三男（1968）『原子力と科学者 武谷三男著作集 2』勁草書房。

――――（1974）『核時代――小国主義と大国主義 武谷三男現代論集 2』勁草書房。

――――（1976）『原子力発電』岩波新書。

ターナー，ヴィクター・青木保（1984）「対談 宗教・日本・人類学――象徴人類学へ向考して」青木保編『現代の人類学 4 象徴人類学』至文堂。

田中滋（2000）「政治的争点と社会的勢力の展開――市場の失敗、政府の失敗、イデオロギー、そして公共性」間場寿一編『講座社会学 9 政治』東京大学出版会、127–61。

田中慎次郎（1980）『はしくれ帖―― 1950–1979』みすず書房。

田中優子（2020）『苦海・浄土・日本――石牟礼道子 もだえ神の精神』集英社新書。

辻本芳雄（1955）「原子力班誕生」原四郎編『読売新聞風雲録』鱒書房。

津田正太郎（2016）『ナショナリズムとマスメディア――連帯と排除の相克』勁草書房。

土屋恵一郎（2012）『怪物ベンサム――快楽主義者の予言した社会』講談社学術文庫。

土屋由香（2009）『親米日本の構築――アメリカの対日情報・教育政策と日本占領』明石書店。

土屋由香・吉見俊哉編（2012）『占領する眼・占領する声―― CIE/USIS 映画と VOA ラジオ』東京大学出版会。

土肥勲嗣（2005）「川辺川ダム建設をめぐる政治過程――ダム反対運動を中心として」『法政研究』71(4): 169–204。

中河伸俊（2013）「構築主義で何をするのか――経験的探究の方途の成熟のために」中河伸俊・赤川学編『方法としての構築主義』勁草書房。

中曽根康弘（1996）『天地有情――五十年の戦後政治を語る』文藝春秋。

中野好夫（1956）「もはや『戦後』ではない」『文芸春秋』34(2): 56–66。

中村隆英・宮崎正康編（1997）『過渡期としての 1950 年代』東京大学出版会。

新原昭治（2002）『「核兵器使用計画」を読み解く――アメリカ新核戦略と日本』新日本出版社。

北田暁大（2005）『嗤う日本の「ナショナリズム」』日本放送出版協会。

鬼頭秀一（1998）「環境運動／環境理念研究における『よそ者』論の射程――諫早湾と奄美大島の『自然の権利』訴訟の事例を中心に」『環境社会学研究』4: 44–59。

熊本日日新聞社（2005）『巨大ダムに揺れる子守唄の村――川辺川ダムと五木の人々』新風舎。

来馬克美（2010）『君は原子力を考えたことがあるか――福井県原子力行政 40 年私史』文藝春秋企画出版部編集制作。

原子力資料情報室編（2010）『原子力市民年鑑 2010』七つ森書館。

古関彰一（2001）『日本国憲法・検証 資料と論点 第五巻 九条と安全保障』小学館文庫。

後藤茂（2003）『険しきことも承知して』エネルギーフォーラム。

小林直毅（2007）「『水俣』の言説的構築」小林直毅編『「水俣」の言説と表象』藤原書店、15–70。

――――編（2007）『「水俣」の言説と表象』藤原書店。

小林直毅・西田善行（2012）「テレビアーカイブとしての『水俣』」『社会志林』58(4): 85–119。

小林義寛（2007）「『水俣漁民』をめぐるメディア表象」小林直毅編『「水俣」の言説と表象』藤原書店、165–93。

斎藤真（1973）「チャールズ・E・メリアム小伝」メリアム，チャールズ『政治権力――その構造と技術 上』斎藤真・有賀弘訳、東京大学出版会。

崎山理（1989）「自然認識と言語表現」松原正毅編『人類学とは何か――言語・儀礼・象徴・歴史』日本放送出版協会。

佐々木毅（1984）『現代アメリカの保守主義』岩波書店。

佐藤信吾（2022）「メディア記憶論の現代的展開」『メディア・コミュニケーション』72: 197–209。

佐藤卓己（1994）「訳者解説」モッセ，ゲオルゲ・L.『大衆の国民化――ナチズムに至る政治シンボルと大衆文化』柏書房、1994 年。

――――（2014）『増補 大衆宣伝の神話――マルクスからヒトラーへのメディア史』ちくま学芸文庫。

――――（2018）『ファシスト的公共性――総力戦体制のメディア学』岩波書店。

――――（2020）『メディア論の名著 30』ちくま新書。

佐藤毅（1986）「マスコミ研究における経験学派と批判学派」『一橋論叢』95(4): 559–75。

佐藤俊樹（2006）「閾のありか――言説分析と『実証性』」佐藤俊樹・友枝敏雄編『言説分析の可能性――社会学的方法の迷宮から』東信堂、3–25。

佐藤文隆（1984）「“偉人湯川”」桑原武夫ほか編『湯川秀樹』日本放送出版協会、312–7。

佐野眞一（1994）『巨怪伝――正力松太郎と影武者たちの一世紀』文藝春秋。

佐野眞一・吉見俊哉（2010）「特別対談『戦後』を繋ぎ止めるために」『本田靖春「戦後」を追い続けたジャーナリスト』河出書房新社、2–19。

塩田武史（2013）『水俣な人――水俣病を支援した人びとの軌跡』未來社。

司馬遼太郎（1997）『十六の話』中公文庫。

柴田鉄治（1994）『科学報道』朝日新聞社。

研究の最前線』恒星社厚生閣。

伊藤高史（2010）『ジャーナリズムの政治社会学――報道が社会を動かすメカニズム』世界思想社。

伊藤守（2013）『情動の権力――メディアと共振する身体』せりか書房。

――――（2017）『情動の社会学――ポストメディア時代における“ミクロ知覚”の探求』青土社。

猪瀬直樹（2005）『ミカドの肖像』小学館文庫。

――――（2013）『欲望のメディア』小学館文庫。

岩下明裕（2010）「ボーダースタディーズの胎動」『国際政治』(162): 1–8。

岩垂弘・中島竜美編（1999）『日本原爆論体系 第1巻 なぜ日本に投下されたか』日本図書センター。

岩本努（1989）『「御真影」に殉じた教師たち』大月書店。

宇井純（1968）『公害の政治学――水俣病を追って』三省堂。

植田今日子（2004）「大規模公共事業における『早期着工』の論理――川辺川ダム水没地地域社会を事例として」『社会学評論』55(1): 33–50。

ウェルズ，H. G.（2013）『解放された世界』水嶋正路訳、グーテンベルク21。

内川芳美・春原昭彦（1989）「原四郎――『読売社会部』の代名詞」日本新聞協会編『別冊新聞研究：聴きとりでつづる新聞史（25）』日本新聞協会。

NHK ETV特集取材班（2013）『原発メルトダウンへの道――原子力政策研究会100時間の証言』新潮社。

NHK総合『現代史スクープドキュメント 原発導入のシナリオ 冷戦下の対日原子力戦略』1994年3月16日放送、45分。

遠藤知巳（2006）「言説分析とその困難（改訂版）――全体性／全域性の現在的位相をめぐって」佐藤俊樹・友枝敏雄編『言説分析の可能性――社会学的方法の迷宮から』東信堂、27–58。

大石裕（1998）『政治コミュニケーション――理論と分析』勁草書房。

――――（2005）『ジャーナリズムとメディア言説』勁草書房。

太田昌克（2011）『日米「核密約」の全貌』筑摩書房。

大畑裕嗣（1988）「社会運動、マス・メディア、受け手」『新聞学評論』37: 83–97。

小熊英二（2002）『〈民主〉と〈愛国〉――戦後日本のナショナリズムと公共性』新曜社。

梶田孝道（1988）『テクノクラシーと社会運動――対抗的相補性の社会学』東京大学出版会。

加藤哲郎・井川充雄編（2013）『原子力と冷戦――日本とアジアの原発導入』花伝社。

加藤典洋（2014）『人類が永遠に続くのではないとしたら』新潮社。

蒲島郁夫（1990）「マスメディアと政治」『レヴァイアサン』7: 7–29。

柄谷行人（1990）『マルクスその可能性の中心』講談社学術文庫（初出は『群像』1974年3月号～8月号）。

苅谷剛彦編（2015）『ひとびとの精神史4 東京オリンピック 1960年代』岩波書店。

河合隼雄（2017）『無意識の構造 改版』中公新書。

河谷史夫（2012）『新聞記者の流儀――戦後24人の名物記者たち』朝日新聞出版。

岸田純之助（1990）『平和国家日本の原子力』電力新報社。

Weart, S. R. (1988). *Nuclear Fear: A History of Images.* Cambridge: Harvard University Press.
——— (2012). *The Rise of Nuclear Fear.* Cambridge: Harvard University Press.（山本昭宏訳『核の恐怖全史——核イメージは現実政治にいかなる影響を与えたか』人文書院、2017 年）
Whitehead, A. N. (1927). *Symbolism: Its Meaning and Effect.* New York: Macmillan.（市井三郎訳『象徴作用』河出書房新社、1980 年）
Wilson, T. M. & Donnan, H. (2012). *A Companion to Border Studies.* West Sussex: Wiley-Blackwell.
Winkler, A. M. (1993). *Life under a Cloud: American Anxiety about the Atom.* New York: Oxford University Press.（麻田貞雄監訳・岡田良之助訳『アメリカ人の核意識——ヒロシマからスミソニアンまで』ミネルヴァ書房、1999 年）
Wittgenstein, L. (1933). *Tractatus Logico-Philosophicus.* London: Routledge & Kegan Paul.（野矢茂樹訳『論理哲学論考』岩波文庫、2003 年）

邦語文献

東浩紀（2002）「規律訓練から環境管理へ 情報自由論第 3 回」『中央公論』117(9): 254–63.（http://www.hajou.org/infoliberalism/3.html にて閲覧可能）

———（2011）『一般意志 2.0 ——ルソー、フロイト、グーグル』講談社。

———（2017）『ゲンロン 0 観光客の哲学』ゲンロン。

有須和也（2015）『黒田清——記者魂は死なず』河出文庫、電子書籍版。

アリストテレス（2013）『アリストテレス全集 1 カテゴリー論 命題論』早瀬篤ほか訳、岩波書店。

有馬哲夫（2008）『原発・正力・CIA ——機密文書で読む昭和裏面史』新潮新書。

有山輝雄（2004）「総動員体制とメディア」有山輝雄・竹山昭子編『メディア史を学ぶ人のために』世界思想社。

安藤礼二（2018）「井筒俊彦の隠された起源」井筒俊彦『言語と呪術 井筒俊彦英文著作翻訳コレクション』安藤礼二監訳・小野純一訳、慶應義塾大学出版会、225–52。

飯田豊・立石祥子編著（2017）『現代メディア・イベント論——パブリック・ビューイングからゲーム実況まで』勁草書房。

井川充雄（2002）「原子力平和利用博覧会と新聞社」津金澤聰廣編著『戦後日本のメディア・イベント 1945–1960 年』世界思想社。

池田謙一（2000）『コミュニケーション』東京大学出版会。

石黒ひで（1993）「『言語論的転回』とはなにか」新田義弘ほか編『岩波講座現代思想 4 言語論的転回』岩波書店、87–116。

石田佐恵子（1998）『有名性という文化装置』勁草書房。

石田雄（1989）『日本の政治と言葉 上下』東京大学出版会。

石田英敬（2003）『記号の知／メディアの知——日常生活批判のためのレッスン』東京大学出版会。

石牟礼道子（1972）『苦海浄土——わが水俣病』講談社文庫。

伊藤勇（1997）「ミードの〈社会行動主義〉」船津衛編『G. H. ミードの世界——ミード

Opinion Quarterly, 34(1): 1–9.
Rogers, E. M. (1982). "The Empirical and the Critical Schools of Communication Research." *Communication Yearbook*, 5: 125–44.
Rothschild, M. (2021). *The Storm is Upon Us: How QAnon Became a Movement, Cult, and Conspiracy Theory of Everything*. London: Monoray.
Rubin, J. (1970). *Do it!: Scenarios of the Revolution*. New York: Simon and Schuster.（田村隆一・岩本隼共訳『Do it! やっちまえ――革命のシナリオ』都市出版社、1971年）
――――(1976). *Growing Up at Thirty-Seven*. New York: M. Evans.（田中彰訳『マイ・レボリューション』めるくまーる、1993年）
Scheufele, D. A. (1999). "Framing as a Theory of Media Effects." *Journal of Communication*, 49(1): 103–22.
Schmitt, C. (1933). *Der Begriff des Politischen*. Hamburh: Hanseatische Verlagsanstalt.（田中浩・原田武雄訳『政治的なものの概念』未來社、1970年）
Schudson, M. (1991). "The Sociology of News Production Revisited." Curran, J. & Gurevitch, M. (eds.). *Mass Media and Society*. London: Edward Arnold. 141–59.
Shoemaker, P. J. & Reese, S. D. (2013). *Mediating the Message in the 21st Century: A Media Sociology Perspective*. New York: Routledge.
Smith, A. (1998). *Nationalism and Modernism: A Critical Survey of Recent Theories of Nations and Nationalism*. New York: Routledge.
Stiegler, B. (2004). *De la misère symbolique*. Paris: Galilée.（メランベルジェ，ガブリエル・メランベルジェ眞紀訳『象徴の貧困 1 ハイパーインダストリアル時代』新評論、2006年）
Tannenwald, N. (2007). *The Nuclear Taboo: The United States and the Non-Use of Nuclear Weapons since 1945*. Cambridge: Cambridge University Press.
Thompson, J. B. (1991). "Editor's Introduction." Bourdieu, P. *Language and Symbolic Power*. Translated by Raymond, G. & Adamson, M. Cambridge: Polity Press.
Todorov, T. (1977). *Théories du symbole*. Paris: Seuil.（及川馥・一之瀬正興訳『象徴の理論』法政大学出版局、1987年）
Tsuruki, M. (1982). "Frame Imposing Function of the Mass Media as Seen in the Japanese Press." *Keio Communication Review*, 3: 27–37.
Tuchman, G. (1978). *Making News: A Study in the Construction of Reality*. New York: Free Press.（鶴木眞・櫻内篤子訳『ニュース社会学』三嶺書房、1991年）
Van Dijk, T. A. (1993). *Elite Discourse and Racism*. Newbury Park: Sage Publications, Inc.
Van Gorp, B. (2007). "The Constructionist Approach to Framing: Bringing Culture Back In." *Journal of Communication*, 57(1): 60–78.
Wahl-Jorgensen, K. (2019). *Emotions, Media and Politics*. Cambridge: Polity.（三谷文栄・山腰修三訳『メディアと感情の政治学』勁草書房、2020年）
Wastl-Walter, D. (2016). *The Ashgate Research Companion to Border Studies*. New York: Routledge.

（湯浅信之ほか訳『ヒロシマを生き抜く――精神史的考察』岩波書店、2009年）
Lindholm, C. (1990). *Charisma.* Oxford: Basil Blackwell.（森下伸也訳『カリスマ――出会いのエロティシズム』新曜社、1992年）
Lippmann, W. (1922). *Public Opinion.* New York: Greenbook Publications.（掛川トミ子訳『世論 下』岩波文庫、1987年）
Mandelbaum, M. (1982). "Vietnam: The Television War." *Daedalus,* 111(4): 157–69.
Matthes, J. (2009). "What's in a Frame? A Content Analysis of Media Framing Studies in the World's Leading Communication Journals, 1990–2005." *Journalism & Mass Communication Quarterly,* 86(2): 349–67.
McCullagh, C. (2002). *Media Power: A Sociological Introduction.* New York: Palgrave.
Mead, G. H. (1934). *Mind, Self, and Society: From the Standpoint of a Social Behaviorist.* Chicago: University of Chicago Press.（稲葉三千男・滝沢正樹・中野収訳『現代社会学体系 第10巻 精神・自我・社会』青木書店、1973年）
Medina-Rivera, A. & Orendi, D. (2007). *Crossing over Redefining the Scope of Border Studies.* Newcastle: Cambridge Scholars Publishing.
Merriam, C. E. (1934). *Political Power: Its Composition and Incidence.* New York: Whittlesey House, McGraw-Hill.（斎藤真・有賀弘訳『政治権力――その構造と技術 上』東京大学出版会、1973年）
Mock, S. J. (2012). *Symbols of Defeat in the Construction of National Identity.* New York: Cambridge University Press.
Mosse, G. L. (1975). *The Nationalization of the Masses: Political Symbolism and Mass Movements in Germany from the Napoleonic Wars through the Third Reich.* New York: Howard Fertig.（佐藤卓己・佐藤八寿子訳『大衆の国民化――ナチズムに至る政治シンボルと大衆文化』ちくま学芸文庫、2021年）
Mueller, J. E. (1973). *War, Presidents, and Public Opinion.* New York: John Wiley & Sons.
Neuman, W. R., Just, M. R., & Crigler, A. N. (1992). *Common Knowledge: News and the Construction of Political Meaning.* Chicago: University of Chicago Press.（川端美樹・山田一成監訳『ニュースはどのように理解されるか――メディアフレームと政治的意味の構築』慶應義塾大学出版会、2008年）
Osgood, K. (2006). *Total Cold War: Eisenhower's Secret Propaganda Battle at Home and Abroad.* Kansas: University Press of Kansas.
Ozouf, M. (1976). *La fête révolutionnaire.* Paris: Gallimard.（立川孝一訳『革命祭典――フランス革命における祭りと祭典行列』岩波書店、1988年）
Poster, M. (1990). *The Mode of Information: Poststructuralism and Social Context.* Chicago: University of Chicago Press.（室井尚・吉岡洋訳『情報様式論』岩波書店、2001年）
Pringle, P. & Spigelman, J. (1981). *The Nuclear Barons.* New York: Holt, Rinehart and Winston.（浦田誠親監訳『核の栄光と挫折――巨大科学の支配者たち』時事通信社、1982年）
Robinson, J. P. (1970). "Public Reaction to Political Protest: Chicago 1968." *The Public*

Hall, S. (1980). "Encoding/Decoding." Hall, S. et al. (eds.). *Culture, Media, Language.* London: Hutchinson & Co.

Hallin, D. C. (1989). *The Uncensored War: The Media and Vietnam.* Berkeley: University of California Press.

Hecht, G. (2009). *The Radiance of France: Nuclear Power and National Identity after World War Ⅱ.* Cambridge: MIT Press.

Hilgartner, S., Bell, R. C., & O'Connor, R. (1982). *Nukespeak: Nuclear Language, Visions, and Mindset.* New York: Penguin.

Hochschild, A. R. (2016). *Strangers in Their Own Land: Anger and Mourning on the American Right.* New York: New Press.（布施由紀子訳『壁の向こうの住人たち――アメリカの右派を覆う怒りと嘆き』岩波書店、2018 年）

Huntington, S. P. (1975). "Chapter Ⅲ The United States." Crozier, M., Huntington, S. P., & Watanuki, J. *The Crisis of Democracy: Report on the Governability of Democracies to the Trilateral Commission.* New York: New York University Press.

——— (1996). *The Clash of Civilizations and the Remaking of World Order.* New York: Simon & Schuster.（鈴木主税訳『文明の衝突』集英社、1998 年）

Izutsu, T. (2011). *Language and Magic: Studies in the Magical Function of Speech.* Tokyo: Keio University Press.（小野純一訳・安藤礼二監訳『言語と呪術 井筒俊彦英文著作翻訳コレクション』慶應義塾大学出版会、2018 年）

Jung, C. G. (1952). *Symbole der Wandlung: Analyse des Vorspiels zu einer Schizophrenie.* Vierte, umgearbeitete Auflage von "Wandlungen und Symbole der Libido," Rascher Verlag, Zürich.（野村美紀子訳『変容の象徴 上』ちくま学芸文庫、1992 年）

Katz, E. (1985). "Inside Prime Time." *American Journal of Sociology*, 90: 1371–4.

Katz, E. & Liebes, T. (2010). "'No More Peace!': How Disaster, Terror and War Have Upstaged Media Events." Couldry, N., Hepp, A., & Krotz, F. (eds.). *Media Events in a Global Age.* New York: Routledge.

Kertzer, D. (1988). *Ritual, Politics, and Power.* New Haven: Yale University Press.（小池和子訳『儀式・政治・権力』勁草書房、1989 年）

——— (1996). *Politics and Symbols: The Italian Communist Party and the Fall of Communism.* New Haven: Yale University Press.

Lamont, M. & Molnar, V. (2002). "The Study of Boundaries in the Social Sciences." *Annual Review of Sociology*, 28: 167–95.

Lamont, M. & Fournier, M. (eds.). (1992). *Cultivating Differences: Symbolic Boundaries and the Making of Inequality.* Chicago: University of Chicago Press.

Langer, S. K. (1957). *Philosophy in a New Key: A Study in the Symbolism of Reason, Rite, and Art.* Cambridge: Harvard University Press.（矢野萬里・池上保太・貴志謙二・近藤洋逸訳『シンボルの哲学』岩波書店、1960 年）

Lasswell, H. & Kaplan, A. (1950). *Power and Society: A Framework for Political Inquiry.* New Haven: Yale University Press.（堀江湛・加藤秀治郎・永山博之訳『権力と社会――政治研究の枠組』葦書房、2013 年）

Lifton, R. J. (1968). *Death in Life: Survivors of Hiroshima.* New York: Random House.

Routledge.
Foucault, M. (1975). *Surveiller et punir: naissance de la prison*. Paris: Gallimard.（田村俶訳『監獄の誕生――監視と処罰』新潮社、1977 年）
Fuhrmann, M. (2012). *Atomic Assistance: How "Atoms for Peace" Programs Cause Nuclear Insecurity*. Ithaca: Cornell University Press.（藤井留美訳『原子力支援――「原子力の平和利用」がなぜ世界に核兵器を拡散させたか』太田出版、2015 年）
Gamson, W. A. (1968). *Power and Discontent*. Homewood: Dorsey Press.
―――― (1975). *The Strategy of Social Protest*. Homewood: Dorsey Press.
―――― (1988). "The 1987 Distinguished Lecture: A Constructionist Approach to Mass Media and Public Opinion." *Symbolic Interaction*, 11(2): 161–74.
―――― (1992). *Talking Politics*. Cambridge: Cambridge University Press.
Gamson, W. A., Croteau, D., Hoynes, W., & Sasson, T. (1992). "Media Images and the Social Construction of Reality." *Annual Review of Sociology*, 18: 373–93.
Gamson, W. A. & Modigliani, A. (1987). "The Changing of Affirmative Action." Braungart, R. G. & Braungart, M. (eds.). *Research in Political Sociology, vol. 3*. Greenwich, Conn: Jai Press.
―――― (1989). "Media Discourse and Public Opinion on Nuclear Power: A Constructionist Approach." *American Journal of Sociology*, 95(1): 1–37.
Gerth, H. & Mills, W. (1953). *Character and Social Structure: The Psychology of Social Institutions*. New York: Harcourt, Brace & Company.（古城利明・杉森創吉訳『性格と社会構造――社会制度の心理学』青木書店、1970 年）
Gitlin, T. (1977). "Spotlights and Shadows: Television and the Culture of Politics." *College English*, 38(8): 789–801.
―――― (1978). "Media Sociology: Dominant Paradigm." *Theory and Societ*, 6(2): 205–53.
―――― (1979). "News as Ideology and Contested Area." *Socialist Review*, 9: 11–54.
―――― (1980). *The Whole World is Watching: Mass Media in the Making & Unmaking of the New Left*. Berkeley: University of California Press.
―――― (1987). *The Sixties: Years of Hope, Days of Rage*. New York: Bantam Books.（疋田三良・向井俊二訳『60 年代アメリカ――希望と怒りの日々』彩流社、1993 年）
―――― (2002). *The Whole World is Watching: Mass Media in the Making and Unmaking of the New Left: with a New Preface*. Berkeley: University of California Press.
Goffman, E. (1974). *Frame Analysis: An Essay on the Organization of Experience*. San Fransisco: Harper and Row.
Hacking, I. (1999). *The Social Construction of What?*. Massachusetts: Harvard University Press.（出口康夫・久米暁訳『何が社会的に構成されるのか』岩波書店、2006 年）
Halberstam, D. (1979). *The Powers That Be*. Urbana: University of Illinois Press.（筑紫哲也・東郷茂彦訳『メディアの権力――勃興と富と苦悶と 1 ～ 3』サイマル出版会、1983 年）

——— (2003). "Media Meta-Capital: Extending the Range of Bourdieu's Field Theory." *Theory and Society*. 32(5/6): 653–77.

——— (2012). *Media, Society, World: Social Theory and Digital Media Practice*. Cambridge: Polity Press.（山腰修三監訳『メディア・社会・世界——デジタルメディアと社会理論』慶應義塾大学出版会、2018 年）

Cronkite, W. (1996). *A Reporter's Life*. New York: Knopf.（浅野輔訳『クロンカイトの世界——20 世紀を伝えた男』TBS ブリタニカ、1999 年）

D'Angelo, P. (2002). "News Framing as a Multiparadigmatic Research Program: A Response to Entman." *Journal of Communication*, 52(4): 870–88.

Davis, H. H. (1985). "Discourse and Media Influence." Van Dijk, T. A. (ed.). *Discourse and Communication: New Approaches to the Analysis of Mass Media Discourse and Communication*. Berlin: Walter de Gruyter. 44–59.

Dayan, D. (2010). "Beyond Media Events: Disenchantment, Derailment, Disruption." Couldry, N., Hepp, A., & Krotz, F. (eds.). *Media Events in a Global Age*. New York: Routledge. 23–31.

Dayan, D. & Katz, E. (1992). *Media Events: The Live Broadcasting of History*. Cambridge: Harvard University Press.（浅見克彦訳『メディア・イベント——歴史をつくるメディア・セレモニー』青弓社、1996 年）

De Vreese, C. H. & Lecheler, S. (2012). "News Framing Research: An Overview and New Developments." *The SAGE Handbook of Political Communication*, 292–306.

Dorman, J. (2000). *Arguing the World: The New York Intellectuals in Their Own Words*. Chicago: University of Chicago Press.

Dower, J. (1999). *Embracing Defeat: Japan in the Wake of World War II*. New York: W. W. Norton and Company / The New Press.（三浦陽一・高杉忠明訳『増補版 敗北を抱きしめて——第二次大戦後の日本人 上下』岩波書店、2004 年）

Durkheim, E. (1912). *Les formes élémentaires de la vie religieuse: le système totémique en Australie*. Paris.（古野清人訳『宗教生活の原初形態 上下』岩波文庫、1975 年）

Eagleton, T. (1991). *Ideology: An Introduction*. London: Verso.（大橋洋一訳『イデオロギーとは何か』平凡社、1999 年）

Edelman, M. (1964). *The Symbolic Uses of Politics*. Urbana: University of Illinois Press.（法貴良一訳『政治の象徴作用』中央大学出版部、1998 年）

Elder, C. & Cobb, R. (1983). *The Political Uses of Symbols*. New York: Longman.

Elias, N. (2011). *The Symbol Theory*. Dublin: University College Dublin Press.（大平章訳『シンボルの理論』法政大学出版局、2017 年）

Entman, R. M. (1993). "Framing: Toward Clarification of a Fractured Paradigm." *Journal of Communication*, 43(4): 51–8.

Epstein, E. J. (1973). *News from Nowhere: Television and the News*. New York: Random House.

Fairclough, N. (2001). *Language and Power second edition*. Essex: Pearson Education Limited.

——— (2003). *Analysing Discourse: Textual Analysis for Social Research*. London:

文献

外国語文献

Altheide, D. L. (1985). *Media Power*. Beverly Hills, CA: Sage Publications.
Bateson, G. (1955). "A Theory of Play and Fantasy." *Psychiatric Research Reports*, 2: 39–51.
——— (1972). *Steps to an Ecology of Mind*. New York: Ballantine Books.（佐藤良明訳『精神の生態学』新思索社、2000 年）
Benkler, Y., Faris, R., & Roberts, H. (2018). *Network Propaganda: Manipulation, Disinformation, and Radicalization in American Politics*. New York: Oxford University Press.
Berger, P. & Luckmann, T. (1966). *The Social Construction of Reality: A Treatise in the Sociology of Knowledge*. New York: Double and Company.（山口節郎訳『新版 現実の社会的構成——知識社会学論考』新曜社、2003 年）
Berry, J. M. & Sobieraj, S. (2014). *The Outrage Industry: Political Opinion Media and the New Incivility*. New York: Oxford University Press.
Borah, P. (2011). "Conceptual Issues in Framing Theory: A Systematic Examination of a Decade's Literature." *Journal of Communication*, 61(2): 246–63.
Bourdieu, P. (1991). *Language and Symbolic Power*. Cambridge: Polity Press.
——— (2017). *Manet: A Symbolic Revolution*. Cambridge: Polity Press.
Boyer, P. (1985). *By the Bomb's Early Light: American Thought and Culture at the Dawn of the Atomic Age*. Chapel Hill and London: University of North Carolina Press.
Burke, K. & Gusfield, J. R. (1989). *On Symbols and Society*. Chicago: University of Chicago Press.（森常治訳『象徴と社会』法政大学出版局、1994 年）
Cassirer, E. (1923). *Die Philosophie der Symbolischen Formen, Bd. I. Die Sprache*.（生松敬三・木田元訳『シンボル形式の哲学 第一巻 言語』岩波文庫、1989 年）
——— (1944). *An Essay on Man: An Introduction to a Philosophy of Human Culture*. New Haven: Yale University Press.（宮城音弥訳『人間——シンボルを操るもの』岩波文庫、1997 年）
Chakhotin, S. (1940). *The Rape of the Masses: The Psychology of Totalitarian Political Propaganda*. London: George Routledge & Sons, Ltd.（佐藤卓己訳『大衆の強奪——全体主義政治宣伝の心理学』創元社、2019 年）
Changizi, M. (2009). *The Vision Revolution: How the Latest Research Overturns Everything We Thought We Knew about Human Vision*. Dallas: BenBella Books.（柴田裕之訳『ヒトの目、驚異の進化——視覚革命が文明を生んだ』早川書房、2020 年）
Couldry, N. (2002). *The Place of Media Power: Pilgrims and Witnesses of the Media Age*. London: Routledge.

◆ま行

◆や行

◆ら行

◆わ行

◆な行

◆は行

◆た行

◆さ行

事項索引

◆や行

◆ら行

◆わ行

◆た行

◆な行

◆は行

◆ま行

人名索引

著者紹介

烏谷昌幸（からすだに　まさゆき）

1974年生まれ。愛媛県新居浜市出身。慶應義塾大学法学部法律学科を卒業。慶應義塾大学法学研究科博士課程を単位取得退学後、武蔵野大学現代社会学部／政治経済学部准教授などを経て、現在は慶應義塾大学法学部政治学科教授。メディア・コミュニケーション研究所の所員でもある。専門は政治コミュニケーション研究、メディア社会学、ジャーナリズム論。

政治コミュニケーション研究の構成主義の立場を発展的に展開させていくことに主たる関心がある。博士論文（2016年）は「ジャーナリズムと社会的意味」をテーマとした。本書『シンボル化の政治学』が最初の単著であり、主要業績となる。

今後は、「シンボル化の政治学」の発展的課題に取り組みつつ、政治コミュニケーション研究の入門書の執筆にも取り組みたいと考えている。

新曜社

シンボル化の政治学
政治コミュニケーション研究の構成主義的展開

初版第1刷発行　2022年10月4日

著　者　烏谷昌幸

発行者　塩浦　暲

発行所　株式会社　新曜社
〒101-0051　東京都千代田区神田神保町3-9
電話（03)3264-4973(代)・Fax（03)3239-2958
E-mail：info@shin-yo-sha.co.jp
URL：https://www.shin-yo-sha.co.jp/

印　刷　メデューム
製　本　積信堂

ISBN978-4-7885-1784-4　C3031